U0709945

宅兹中國

重建有关「中国」的历史论述

葛兆光 著

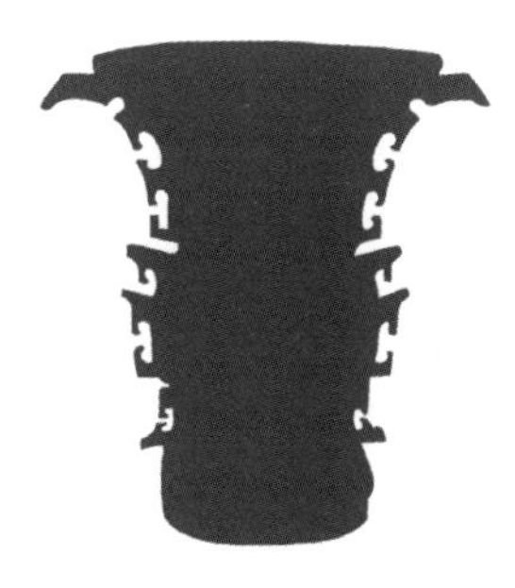

中华书局

图书在版编目(CIP)数据

宅兹中国:重建有关“中国”的历史论述/葛兆光著.—北京:中华书局,2011.2(2024.3 重印)

ISBN 978-7-101-07764-3

Ⅰ.宅… Ⅱ.葛… Ⅲ.中国-历史-研究 Ⅳ.K207

中国版本图书馆 CIP 数据核字(2010)第 238730 号

书　　名	宅兹中国——重建有关“中国”的历史论述
著　　者	葛兆光
责任编辑	李　静
责任印制	陈丽娜
出版发行	中华书局 (北京市丰台区太平桥西里 38 号　100073) http://www.zhbc.com.cn E-mail:zhbc@zhbc.com.cn
印　　刷	三河市中晟雅豪印务有限公司
版　　次	2011 年 2 月第 1 版 2024 年 3 月第 17 次印刷
规　　格	开本/630×960 毫米　1/16 印张 21¼　插页 2　字数 230 千字
印　　数	69001-72000 册
国际书号	ISBN 978-7-101-07764-3
定　　价	65.00 元

目录

自　序

这本书讨论的是“世界”、“东亚”与“中国”、“学术”与“政治”、“认同”与“拒斥”、“国别史”与“区域史”这样一些大问题。最初，我并没有想过要写这么小的一本书，来讨论这么大的一些问题。自从进入学术世界以来，我大都是在古文献、宗教史、思想史或文学史等古代中国的具体研究领域中打转，尽管也不时关注西洋东洋的新说，偶尔涉足近世日本和朝鲜的历史和文化，有时也忍不住发一些高屋建瓴的议论，但落笔成文的时候，总是觉得想要“言之成理”还是先要“持之有故”，没有文献支持好像理不直气不壮，凭理论说大问题仿佛空口说白话，总是心里没底。

可是，在这些年的研究中，越来越觉得绕不过这些大问题。

2000年秋天，当我在比利时鲁汶大学的公寓中写完《中国思想史》第二卷最后一章之后，原本下定决心停笔好好喘一口气。正如我在《后记》中说的，这八年间为了写这部书，“几乎是已经精疲力尽”，所以，总想找机会调整一下生活习惯和工作节奏。但没有想到的是，从思想史研究中引出的新问题，又带来一种急迫和焦虑。《中国思想史》

的最后一节《1895年的中国》仿佛像“谶言”，迫使我不得不进入1895年以后。1895年以后，大清帝国开始从“天下”走出来，进入“万国”，原来动辄便可以“定之方中”（《诗经》）、自信“允执厥中”（《古文尚书》语）的天朝，渐渐被整编进了“无处非中”（艾儒略语）、“亦中亦西”（朝鲜燕行使语）的世界，便不得不面对诸如“亚洲”、“中国”和“世界”这样一些观念的冲击。为什么是“亚洲”？究竟什么是“中国”？中国如何面对“世界”？

看似平常的常识背后，潜伏着一个又一个悬而未决的问题。

2002年，我写了《想象的和实际的：谁认同亚洲？——关于晚清至民初日本与中国的“亚洲主义”言说》（已收入本书，这是本书中完成最早的一章），在这一年台湾大学历史系举办的“东亚文化圈的形成”学术讨论会上宣读。当时主持这一场发言的是林毓生先生，和我同场的是日本的子安宣邦教授。细心的读者一定会从标题上察觉到，这篇带有论辩性质的文章是有感而发。所谓“有感”无非两方面。一方面，就像上面说的，写完《中国思想史》第二卷之后，对进入世界的现代中国思想产生了太多的想法，原来想写的第三卷即《1895—1989年中国知识、思想与信仰的变迁》，因为资料浩瀚，更因为问题太多而中辍，不得不一个问题一个问题重新检讨。另一方面，是因为日本、韩国以及中国台湾的学界，对于“中国”、“亚洲”的论述升温，并且波及中国大陆学界，这些没有经过检讨就使用的地理概念，究竟在什么脉络和什么意义中，可以当作“历史世界”被认同和被论述？这个问题需要有人进行回应。当然，这里说的不是从政治意识形态角度的回应，而是从历史脉络和文化立场上进行的回应。

这些问题如果只是发生在异域学界，我自然可以在神州做袖手人，不过，一百年来“西潮又东风”（这是我另一本书的书名）始终在波动（或拨动？）中国学界，有的话题在国内也常常脱了西装换马褂，或把蟹行换了汉字，不止是进入而且还发酵，重新甚至随意地解释着历史，这究竟是“格义”还是“硬译”？我很难判断。因此，那几年我便不得不进入这些问题，同时也因此开始从朝鲜、日本文献进入所谓“东亚史”领域。特别需要一提的是，2006年底，我从北京的清华大学到上海的复旦大学任教，受命组建复旦大学文史研究院，我把我对于这些问题的关心和思索，变成了新建的文史研究院的课题和方向，开始推动“从周边看中国”、“交错的文化史”、“批评的中国学”等等课题的研究，这本书所收录的各节，多数都是这几年有关这些问题的一些思考。

书名“宅兹中国”用的是1963年在陕西宝鸡发现的西周铜器何尊铭文中的一句话。何尊铭文说的是周武王灭商后营建东都之事，“宅兹中国”的“中国”可能指的是常被称为“天之中”的洛阳。我只是借它来作为象征，不仅因为“中国”一词最早在这里出现，而且也因为“宅”字既有“定居”的意味，也让人联想起今天流行语中的“宅”，意思似乎是“墨守”，这新旧两重意思，让我们反省，一个身在“中国”的学人，应当如何既恪守中国立场，又超越中国局限，在世界或亚洲的背景中重建有关“中国”的历史论述。

最后，可以顺便说到的是写这篇序文的时候，我正好在美国普林斯顿大学客座，因为六十年前胡适也曾在这里短暂“挂单”（任东亚图书馆馆长）的缘故，便常常翻看胡适的书，今天，很偶然地看到他1929年写的《拟中国科学社的社歌》，最后两句是“不怕他真理无穷，进一寸有一寸的欢喜”，不免特别感慨，便用它作为这篇序言的结束。

葛兆光

2010年4月

于美国普林斯顿大学

绪　说

重建关于「中国」的历史论述

——从民族国家中拯救历史，还是在历史中理解民族国家？

何尊铭文

真的有这样一个具有同一性的「中国」吗？这个「中国」是想象的政治共同体，还是一个具有同一性的历史单位？它能够有效涵盖这个曾经包含了各个民族、各朝历史的空间吗？各个区域的差异性能够被简单地划在同一的「中国」里吗？

引言 “中国”作为问题与作为问题的“中国”

也许，“中国”本来并不是一个问题。

在我们的书架上，摆满了各种各样冠以“中国”之名的著作，仅仅以历史论著来说，就有种种中国通史、中国政治史、中国经济史、中国社会史、中国文化史等，在我们的课堂里，也有着各式各样以中国为单位的课程，像中国社会、中国经济、中国政治、中国文化，等等。通常，这个“中国”从来都不是问题，大家习以为常地在各种论述里面，使用着“中国”这一名词，并把它作为文明的基础单位和历史的论述前提。

可是如今有人竟然质疑说，真的有这样一个具有同一性的“中国”吗？这个“中国”是想象的政治共同体，还是一个具有同一性的历史单位？它能够有效涵盖这个曾经包含了各个民族、各朝历史的空间吗？各个区域的差异性能够被简单地划在同一的“中国”里吗？美籍印度裔学者杜赞奇（Prasenjit Duara）一部很有影响，而且获得大奖的中国学著作，名称就叫《从民族国家拯救历史》（*Rescuing History from the Nation*），一个美国评论者指出，这部著作的诞生背景，是因为“中国一直是世界上国族主义情绪高涨和族群关系日趋加剧的地区”，因此不得不正视这一问题及其历史脉络，而这一问题直接挑战的，恰恰就是关于“中国”的历史论述[①]。这些过去不曾遭遇的质疑，

① 韦思谛（Stephen Averill）《中国与“非西方”世界的历史研究之若干新趋势》，吴喆、孙慧敏译，《新史学》（台北：2000）第十一卷第三期，第173页。

> 古代中国究竟是一个不断变化的「民族—文明—共同体」，一个浩瀚无边的「帝国」，还是从来就是一个边界清楚、认同明确、传统一贯的「民族—国家」？

可能使原来天经地义的“中国”，突然处在“天塌地陷”的境地，仿佛“中国”真的变成了宋人张炎批评吴文英词里说的，“七宝楼台，拆下来不成片段”。本来没有问题的历史论述，如今好像真的出了问题，这个问题就是：“中国”可以成为一个历史世界吗？

至少在欧洲，对于民族国家作为论述基本单位的质疑，我相信，是出于一种正当的理由，因为民族国家在欧洲，确实是近代以来才逐渐建构起来的，它与族群、信仰、语言以及历史并不一定互相重叠，正如福柯（Michel Foucault）所说，地图上国界内的“领土”只是政治权力的领属空间，而作为政治领土的“空间”也不过就是地图上的国界所标志的地方①，与其用后设的这个政治空间来论述历史，不如淡化这个论述的基本单位。所以，就有了类似“想象的共同体”这样流行的理论②。至于“中国”这一历史叙述的基本空间，过去，外国的中国学界一直有争论，即古代中国究竟是一个不断变化的“民族—文明—共同体”，一个浩瀚无边的“帝国”，还是从来就是一个边界清楚、认同明确、传统一贯的“民族—国家”？但是，对于我们中国学者特别是大陆学者来说，很长时期内，这似乎并不是问题，因此也不屑于讨论。

应当承认，超越简单的、现代的民族国家，对超国家区域的历史与文化进行研究，是一种相当有意义的研究范式，它使得历史研究更

① 福柯（Michel Foucault）《权力的地理学》，中译文见《权力的眼睛》（上海：上海人民出版社，1997）。

② 据说，亚洲的印度尼西亚也是如此，参看班尼迪克·安德森（Benedict Anderson）《想象的共同体：民族主义的起源与散布》（*Imagined Communities:Reflections on the Origin and Spread of Nationalism*）（吴睿人中译本，台北：时报出版公司，1999）。

作为中国学者，如何尽可能地在同情和了解这些理论和立场之后，重建一个关于「中国」的历史论述？

加切合"移动的历史"本身。而且，也不能要求欧美、日本的学者，像中国大陆学者那样，出于自然的感情和简单的认同，把"中国"当作天经地义的历史论述同一性空间[①]，更不能要求他们像中国大陆学者那样，有意识地去建设一个具有政治、文化和传统同一性的中国历史。所以，有人在进行古代中国历史的研究和描述时，就曾经试图以"民族"（如匈奴和汉帝国、蒙古族和汉族、辽夏金和宋帝国）、"东亚"（朝鲜、日本与中国和越南）、"地方"（江南、中原、闽广、川陕甚至各个州府县）、以及"宗教"（佛教、回教）等等不同的观察立场，来重新审视和重组古代中国历史。这些研究视角和叙述立场，确实有力地冲击着用现代领土当历史疆域，以政治边界当文化空间来研究中国的传统做法，也改变了过去只有"一个历史"，而且是以"汉族中国"为中心的"中国"论述。

但是，需要追问的是，这种似乎是"从民族国家拯救历史"的方法和立场本身[②]，是否又过度放大了民族、宗教、地方历史的差异性，或者过度看小了"中国"尤其是"汉族中国"的历史延续性和文化同一性？因为它们也未必完全是根据历史资料的判断，有可能只是来自某种西方时尚理论的后设观察，成为流行的后殖民理论的中国版，那么，它背后的政治背景和意识形态如何理解？特别是作为中国学者，

① 应当承认，有时候，中国大陆学术界以现代中国的政治领属空间为古代中国来研究历史的习惯，确实是会引起一些问题的。

② 杜赞奇（Prasenjit Duara）《从民族国家拯救历史——民族主义话语与中国现代史研究》（*Rescuing History from the Nation,Questioning Narratives of Modern China*）（王宪明中译本，北京：社会科学文献出版社，2003）。

如何尽可能地在同情和了解这些理论和立场之后，重建一个关于“中国”的历史论述？

这是本书要讨论的中心话题。

一　从施坚雅到郝若贝：“区域研究”引出中国同一性质疑

1982年，郝若贝（Robert Hartwell）在《哈佛亚洲研究》上发表了题为《750—1550年中国人口、政区与社会的转化》（Demographic, Political and Social Transformation of China 750-1550）的论文，他提出，中国在这八百年来的变化，应当重点考虑的是（一）各区域内部的发展，（二）各区域之间的移民，（三）政府的正式组织，（四）精英分子的社会与政治行为的转变。他把唐宋到明代中叶的中国历史研究重心，从原来整体而笼统的中国，转移到各个不同的区域，把原来同一的文人士大夫阶层，分解为国家精英（founding elite）、职业精英（professional elite）和地方精英或士绅（local elite or gentry），他特别强调地方精英这一新阶层在宋代的意义[①]。这一重视区域差异的研究思路，适应了流行于现在的区域研究，并刺激和影响了宋代中国研究，比如韩明士（Robert Hymes）、Richard von Glahn、Richard Davis、Paul Smith、包

① 郝若贝（Robert Hartwell）：“Demographic, Political and Social Transformation of China 750－1550”；HJAS，42（1982），PP.355－442；关于这一研究取向的形成与变化的讨论，参考了陈家秀《区域研究与社会经济史之关联——探讨宋代成都府路》第四章《新视野、新角度——宋代区域研究》（台北：台湾大学历史研究所博士论文，1993），第46~73页。

弼德（Peter Bol）对抚州、四川、明州、婺州等区域的研究。

当然，对于中国的区域研究或者地方史研究，并不是从郝若贝这里才开始的，而是早在施坚雅（William Skinner）那里已经开端。施坚雅在他主编的《中华帝国晚期的城市》一书中非常强调以城市为中心的区域[①]，不过，在中国史领域里，这种具有明确方法意识和观念意识的研究风气，却是从20世纪80、90年代以后才开始"蔚为大观"的。公平地说，本来，这应当是历史研究方法的进一步深化，中国研究确实在很长时间里忽略地方差异性而强调了整体同一性，这种研究的好处，一是明确了区域与区域之间的经济、政治和文化差异，二是凸现了不同区域、不同位置的士绅或精英在立场与观念上的微妙区别，三是充分考虑了家族、宗教、风俗的辐射力与影响力。比如，近来包弼德提出的超越行政区划，重视宗教信仰、市场流通、家族以及婚姻三种"关系"构成的空间网络，使这种超区域的区域研究更吻合当时的实际社会情况[②]。

这一区域研究方法，在日本学术界同样很兴盛，不止是宋史，在明清以及近代史中，也同样得到广泛使用，领域也在扩大，除了众所周知的斯波义信在施坚雅书中关于宁波的研究，以及此后关于江南经济史

① 参看施坚雅《十九世纪中国的地区城市化》，他指出，"在帝国时期，地区之间的不同，不仅表现在资源的天赋或潜力方面，而且也表现在发展过程所处的时间和性质方面"，所谓"发展过程所处的时间和性质"有点儿类似通常说的"社会阶段"，他把帝制中国分为九个地区，显然暗示着不同地区分别处在不同发展阶段，不能以一个"中国"来描述。此载施坚雅编《中华帝国晚期的城市》（叶光庭等译，北京：中华书局，2000）第一编，第242~252页。

② 包弼德（Peter K.Bol）："The Multiple Layers of the Local: A Geographical Approach to Defining the Local"，第九届"中华文明的二十一世纪新意义学术研讨会论文集"（上海：复旦大学历史系，2004年4月8日）。

的研究外，在思想史、文化史以及社会史研究中，也同样有相当的呼应，这一类研究成果相当多，正如日本学者冈元司所说的那样[①]，尤其是1990年以后的日本中国学界，对于“地域”的研究兴趣在明显增长，这种区域的观察意识在很大程度上，细化了过去笼统的研究。举一个例子，比如在思想文化史领域，小岛毅的《地域からの思想史》就非常敏锐地批评了过去沟口雄三等学者研究明清思想，存在三点根本的问题，第一是以欧洲史的展开过程来构想中国思想史，第二是以阳明学为中心讨论整体思想世界，第三就是以扬子江下游出身的人为主，把它当成是整体中华帝国的思潮[②]。这最后一点，就是在思想和文化史研究中运用了“区域”的观察视角，它使得原来朦胧笼统的、以为是“中国”的思想与文化现象，被清晰地定位在某个区域，使我们了解到这些精英的思潮和文化活动，其实只是一个区域而不是弥漫整个帝国的潮流或现象[③]。如果在这种区域研究基础上，对宋代到明代中国的进一步论述，这应当是相当理想的，至今这种研究方法和视角，仍然需要大力提倡。

① 冈元司《宋代の地域社会と知—— 学际的视点からみた课题》，载伊原弘、小岛毅编《知识人の诸相—— 中中宋代を基点として》（东京：勉诚出版社，2001）。

② 小岛毅《地域からの思想史》，载沟口雄三等编《交错するアジア》，《アジアから考える》1（东京：东京大学出版会，1993）。

③ 2005年1月，我到日本东京大学访问，小岛毅教授给我看一个包括了东京中国学、日本学相当多重要学者在内的跨学科研究计划案《东亚的海域交流与日本传统文化的形成》，虽然，正题中又是“东亚”又是“日本”，但其中心却是以宁波为焦点展开的，显然这种区域辐射式的研究已经成为风气。参看小岛毅等《东亚的海域交流与日本传统文化的形成—— 以宁波为焦点开创跨学科研究》，日本文部省科学研究费平成十七年度特定领域研究申请书，2004年11月（未刊）。又，顺便可以提到的是，这种注意空间范围的研究视角，也同样出现在艾尔曼（Benjamin Elman）关于清代考据学是否只是一个“江南学术共同体”的论述之中，见艾尔曼《从理学到朴学》（赵刚中译本，南京：江苏人民出版社，1995）。

区域研究的方法，在很大程度上，却意外地引出了对「同一性中国历史、中国文明与中国思想是否存在」的质疑。

但是，有时候一种理论的提出者，其初衷与其后果却并不相同，理论与方法的使用，并不一定是“种瓜得瓜，种豆得豆”，区域研究的方法，在很大程度上，却意外地引出了对“同一性中国历史、中国文明与中国思想是否存在”的质疑。

二　从亚洲出发思考：在亚洲中消融的“中国”

如果说，作为区域研究的地方史研究，蕴涵了以地区差异淡化“中国”同一性的可能，是以“小”化解“大”，那么，近年来区域研究中对于“亚洲”或者“东亚”这一空间单位的热情，在某种程度上是以“大”涵盖“小”，也同样在淡化中国的历史特殊性[①]。

对于“亚洲”的特殊热情，在日本，本来与明治时期的亚洲论述有关，那是一段复杂的历史，我在第五章还将详细讨论，这里暂且从略[②]。其实，对于“中国”作为一个历史叙述空间的芥蒂，也不始于今日，而是在明治时代就已经开始，追随西方民族与国家观念和西方中国学，逐渐形成日本中国学研究者对于中国“四裔”如朝鲜、蒙古、满洲、西藏、新疆的格外关注，他们不再把中国各王朝看成是笼罩边

① 濱下武志在其《近代中国的国际契机——朝贡贸易体系与近代亚洲经济圈》（朱荫贵等中译本，北京：中国社会科学出版社，1999）的中文版序言中，也提到过去的研究，常常把“国家以及由他们相互组成的国际来作为分析近代史的前提和框架……但是在‘国家’和‘国际’之间，可称之为‘地域圈’的领域却难以被包容进去”，而他所要当作历史论述单位的，就是这个在国家与国际之间的“地域”即“亚洲”（第6页）。

② 参看本书第五章《想象的和实际的：谁认同“亚洲”？》。

追随西方民族与国家观念和西方中国学，逐渐形成日本中国学研究者对于中国「四裔」如朝鲜、蒙古、满洲、西藏、新疆的格外关注，他们不再把中国各王朝看成是笼罩边疆和异族的同一体。

疆和异族的同一体[①]。这一原本只是学术研究的取向，逐渐变成一种理解中国的观念，并在二战前后的日本历史学界形成热门话题。举一个例子，二战之前的1923年，矢野仁一出版了他的《近代支那论》，开头就有《支那无国境论》和《支那非国论》两篇文章，矢野认为，中国不能称为所谓民族国家，满、蒙、藏等原来就非中国领土，如果要维持大中国的同一性，根本没有必要推翻满清王朝，如果要建立民族国家，则应当放弃边疆地区的控制，包括政治上的领属和历史上的叙述[②]。1943年，在第二次世界大战的关键时刻，他更在广岛大学的系列报告中，提出了超越中国，以亚洲为单位的历史叙述理论，此年以《大东亚史の构想》为题出版，这一构想和当时日本官方对于通过历史促进大东亚共荣圈认同的意图完全一致[③]。当然这都是陈年旧事，但是，近年来由于一些复杂的原因，日本、韩国与中国学术界出于对“西方”

---

① 参看本书第七章《边关何处？》；又，参看桑兵《国学与汉学》第一章《四裔偏向与本土回应》（杭州：浙江人民出版社，1999）。

② 矢野仁一《近代支那论》，东京：弘文堂书房，1923；参看五井直弘《东洋史学与马克思主义》，载其《中国古代史论稿》，第58页，姜镇庆、李德龙译，北京：北京大学出版社，2001。五井氏指出，随着二战时期日本对中国的占领，激发了日本当时的东洋史热，矢野的这种论点越来越流行，例如《世界历史大系》（1933—1936年，东京：平凡社，二十六册）和《岩波讲座东洋思潮》（1934—1936年，东京：岩波书店，全十八卷）就是这一潮流中的产物。此期间，又相继出版了池内宏《满鲜史研究》（东京：冈书院，1933）、冈崎文夫《支那史概说》上（东京：弘文堂书房，1935）、桔朴《支那社会研究》（东京：日本评论社，1936）等等，均多少有这些观点的影子。

③ 矢野仁一《大东亚史の构想》（东京：目黑书店，1944），第31页以下。又，参看《宫崎市定自跋集》（东京：岩波书店，1996）的记载，据宫崎市定回忆，昭和十七年（1942），日本文部省曾下令编撰《大东亚史》。先后任命东京大学的铃木俊、京都大学的山本达郎、安部健夫与宫崎市定，并以池内宏与羽田亨为监修，这一东亚史的最重要的目的，是“树立新的皇国史观为基础的新史学，不止是让日本国民，也让大东亚共荣圈多民族阅读，洗净迄今为止在日本思想界流毒甚深甚广，以西洋诸国阴谋为基础的史学思想之流弊”（第295~296页）。

从历史上看，亚洲何以能够成为，或者什么时候可以成为一个可以互相认同、有共同历史渊源、拥有共同「他者」（欧美或西方）的文化、知识和历史甚至是政治共同体？

即欧美话语的警惕，接受后殖民主义理论如东方主义的影响，以及怀着摆脱以欧美为"普遍性历史"的希望，这种"亚洲"论述却越来越昌盛，他们提出的"东亚史"、"从亚洲出发思考"、"亚洲知识共同体"等等话题，使得"亚洲"或者"东亚"成了一个同样不言而喻的历史"单位"，从宫崎市定以来日本习惯的"アジア史"，突然好像成了"新翻杨柳枝"①。

应当承认，近二十年来，日本、韩国、中国的一些学者重提"亚洲"，在某种意义上说，有超越各自的民族国家的政治边界，重新建构一个想象的政治空间，对内消解"国家中心"，向外抵抗"西方霸权"的意义。但是，从历史上看，亚洲何以能够成为，或者什么时候可以成为一个可以互相认同、有共同历史渊源、拥有共同"他者"（欧美或西方）的文化、知识和历史甚至是政治共同体？这还是一个问题。且不说亚洲的西部和中部现在信仰伊斯兰教的国家和民族，也不说文化和历史上与东亚相当有差异的南亚诸国，就是在所谓东亚，即中国、朝鲜和

① 明治以来日本"亚洲"论述的风气，可以参看竹内好编《アジア主义》（东京：筑摩书房，"近代日本思想大系"第九种，1963），特别是书前的竹内好《解说：亚洲主义的展望》和书末所附的《亚洲主义关系略年表》。在进入1990年代以来，日本对与亚洲的研究又一次兴盛，仅仅根据手边的资料举例，像追溯亚洲主义与日本主义之间关系的，有1997年小路田泰直的《日本史の思想：アジア主义と日本主义の相克》（东京：柏书房，1997），直接讨论这一问题的，像1996年古屋哲夫编的《近代日本のアジア认识》（东京：绿荫书房，1996），间接用这种视角来思考历史的，如1992年荒野泰典、石井正敏、村井章介编《アジアのなかの日本史》（东京：东京大学出版会，1992），特别是第一卷《アジアと日本》的卷首《刊行にぁたつて》。尤其值得重视的，是在当代中国相当有影响的日本学者沟口雄三、滨下武志、平石直昭和宫岛博史所编的丛书《从亚洲出发思考》，更是再一次在90年代的日本和中国都引起了这个话题，见《アジアから考ぇる》（东京：东京大学出版会，共七卷，1993—1994）。参看本书第五章《想象的和实际的：谁认同"亚洲"？》。

日本，何时、何人曾经认同这样一个“空间”，承认过一个“历史”？“亚洲”究竟是一个需要想象和建构的共同体，还是一个已经被认同了的共同体？这还是一个大可考究的事情，特别从历史上看尤其有疑问。

不必说“亚洲”或者“东亚”本身就是来自近代欧洲人世界观念中的新词，就说历史罢，如果说这个“东亚”真的存在过认同，也恐怕只是17世纪中叶以前的事情。在第四章里我会指出，在明中叶以前，朝鲜、日本、越南和琉球对于中华，确实还有认同甚至仰慕的意思，汉晋唐宋文化，毕竟还真的是“广被四表”，曾经让朝鲜、日本、琉球、安南感到心悦诚服，很长时间以来，中国也就在这种“众星拱月”中，靠着“以夏变夷”的想象而洋洋得意。可是，这种以汉唐中华为历史记忆的文化认同，从17世纪以后开始瓦解。先是日本，自从丰臣秀吉一方面在1587年发布驱逐天主教教士令，宣布日本为“神国”，一方面在1592年出兵朝鲜，不再顾及明帝国的势力，其实，日本已经不以中国为尊了。不仅丰臣秀吉试图建立一个以北京为中心的大帝国，就是在学了很多中国知识的德川时代的学者那里，对于“华夏”和“夷狄”，似乎也不那么按照地理学上的空间来划分了，从中世纪佛教“天竺、震旦、本朝（日本）”衍生出来的三国鼎立观念，到了这个时候渐渐滋生出一种分庭抗礼的意识，他们开始强化自我认识。1614年德川秀忠发布“驱逐伴天连之文”中，自称是神国与佛国，“尊神敬佛”，在文化上与中国渐行渐远[①]，特别是到了清朝取代明朝以后，他们更接过古代中国的“华夷”

① 参看渡边浩《中国与日本人的“日本”观》（打印本，北京：中国社会科学院日本研究所主办国际研讨会论文，2002年9月7日）。

观念[①]，使日本形成了神道日本对儒家中国，“真正中华文化”对“蛮夷清国”的观念[②]。接着是朝鲜，毫无疑问，在明帝国的时代，朝鲜尽管对“天朝”也有疑窦与戒心，但是大体上还是认同中华的[③]，然而，由于本身是“蛮夷”的女真人入主中国，改变了朝鲜人对这个勉强维持的文化共同体的认同与忠诚。所以，他们一方面始终坚持明代的衣冠、明代的正朔、明代的礼仪，一方面对他们眼中已经“蛮夷化”的清帝国痛心疾首，反复申斥道：“大抵元氏虽入帝中国，天下犹未剃发，今则四海之内，皆是胡服，百年陆沉，中华文物荡然无余，先王法服，今尽为戏子军玩笑之具，随意改易，皇明古制日远而日亡，将不得复见。”[④]

近来，为了破除那种把现在的民族国家政治空间当作历史上的“中国”的研究方式，也为了破除试图证明历史上就是一国的民族主义历史观念，“亚洲”被当作历史研究的一个空间单位，这很有意

① 比如1672年林春胜父子所编的《华夷变态》、1669年山鹿素行所著的《中朝事实》都已经开始强调，应当把“本朝”当作“中国”，这是“天地自然之势，神神相生，圣皇连绵”，到了本居宣长等人提倡“国学”，更是确立了平分秋色的国与国的对峙立场，甚至是凌驾于中国之上的观念，参看黑住真《日本思想とその研究——中国认识をめぐって》，载《中国—社会と文化》（东京：东京大学，1996）第十一号，第9页。

② 《华夷变态》卷首载林春胜（即鹅峰，著名朱子学者林罗山的第二子）的序文中，就解释“华夷变态”这个书名，说这是因为“鞑虏横行中原，是华变于夷之态也”，见《华夷变态》（东洋文库丛刊第十五种，东京：东方书店，1981再版），第1页；又，日本的山鹿素行（1622—1685）在《谪居童问》中，也曾经说到日本的礼用人物自与圣人之道相合，所以应当将日本称为本朝，把清帝国称为“异朝”，这种思想被后来学者称为“日本型华夷思想”，见桂岛宣弘《思想史の十九世纪：他者としての德川日本》（东京：ぺりかん社，1999）第八章，第198页。而著名的近松门左卫门所编，1715年演出的《国姓爷合战》，则以郑成功为基础想象一个出身日本的唐（明）忠臣，驱除鞑靼恢复国家的故事，据说，这更显示了日本对清朝的敌意。

③ 今西龙《朝鲜古史の研究》（东京：国书刊行会，1970），第146页。

④ 《燕行纪事·闻见杂记上》，《燕行录选集》（首尔：成均馆大学校，1960）下册，第644页。

> 当「亚洲」成为一个「历史」的时候，它会不会在强化和凸现东亚这一空间的连带性和同一性的时候，有意无意间淡化了中国、日本和朝鲜的差异性呢？从中国历史研究者立场看，如果过于强调「从亚洲出发思考」，会不会在「亚洲」中淡化了「中国」呢？

义。但问题是，当“亚洲”成为一个“历史”的时候，它会不会在强化和凸现东亚这一空间的连带性和同一性的时候，有意无意间淡化了中国、日本和朝鲜的差异性呢？从中国历史研究者立场看，如果过于强调“从亚洲出发思考”，会不会在“亚洲”中淡化了“中国”呢？

三　某些台湾学者的立场：同心圆理论

关于台湾历史学的讨论，最麻烦的是政治化问题。我的评论不可能完全摆脱两岸立场的差异，但是，我试图尽量从学术角度讨论而不作政治价值的判断。对于“中国”这个议题，台湾方面某些学者当然一直有相当警惕，他们对于大陆用现在的中国政治领土来界定历史中国，有种种批评，有的批评并非全无道理，如一个叫做吕春盛的学者，对大陆流行的四种关于“中国”的论述，都作了尖锐有力的批评，他说，要界定一个完整意义的“历史上的中国”，恐怕也几近是不可能的事[①]。

避免界定一个包括台湾的“中国”，避免一个包含了台湾史的“中国史论述”，试图超越现代中国政治领土，重新确认台湾的位置，这一思路当然掺入了现时台湾一部分历史学家太多的政治意图[②]。不过，在历史学领域，确实也有人从台湾本土化的愿望出发，借着超越民族

① 吕春盛《关于大陆学界“历史上的中国”概念之讨论》，载《台湾历史学会通讯》（台北：历史学会，1990）第二期。

② 杜正胜近年来的很多论著，其前提都是为了在政治上与文化上建立台湾认同，参看其《到“台湾”之路》，载《自由时报》（台北）1999年1月10日。

国家的区域研究之风气，重新检讨中国史的范围[①]。其中，一些台湾学者提出了“同心圆”的理论，最具代表性的当然是杜正胜先生。在一篇相当具有概括性的论文中，他说，“到1990年代，此（指台湾代表中国）一历史幻像彻底破灭觉醒了，新的历史认识逐渐从中国中心转为台湾主体，长期被边缘化的台湾史研究，已经引起年轻学生的更大的兴趣。我提倡的同心圆史观扭转‘中国主体，台湾附属’的认识方式，也有人深有同感”[②]，他觉得，这是反抗文化霸权，因而试图瓦解传统的“中国”论述，代之以一个以台湾为中心，逐级放大的同心圆作为历史论述的空间单位，即第一圈是本土的乡土史，第二圈是台湾史，第三圈是中国史，第四圈是亚洲史，第五圈一直到世界史[③]。

在杜氏的理论背景中，除了依赖区域史与世界史论述，分别从“小”与“大”两面消解“中国论述”之外，把“中国”这个国家的政治整合与文化认同分开，也是一个相当重要的支柱[④]。由于杜氏的论述

① 比如黄秀政就指出台湾史研究本来是中国史的一个支流，但近二十年来，由于“区域史研究风气的兴起”，才逐渐蔚为大观的。黄秀政《台湾史研究》自序，转引自王晴佳《台湾史学五十年》（台北：麦田出版社，2002），第159页。

② 杜正胜《新史学之路——兼论台湾五十年来的史学发展》，《新史学》（台北：中研院，2002）第十三卷第三期，第39页。

③ 关于同心圆理论的最新表达，参看《新新闻》第924期（2004年11月18—24日），第25页，杜氏在回答记者提问时回忆这一理论的提出，说“我开始不以历史学家的角度，而是以全面性来思考，一个国家的公民对历史应该有怎样的态度和知识的思考”，也就是说，他的这种历史同心圆的理论，不是从历史研究，更主要的是从对于国民的历史态度和知识的教育角度提出来的。

④ 这个说法当然在张光直论述古代中国的时候就已经提出来，他说，在古代中国，城市与国家的形成过程中，政治程序，而不是技术、贸易等等是主要的动力，国家是“靠政治性的措施造成的”，见张光直《从商周青铜器谈文明与国家的起源》，载《中国青铜时代》（北京：三联书店，1999），第480～483页。

从历史论述上看，台湾的清晰，带来的是中国的残缺，原来似乎没有问题的中国论述，在这种「离心」的趋向中，也发生了同样的「混乱」。

是建立在把“台湾”从“中国”认同中“拯救”出来的基础上，因此他强调，所谓“中国”是在战国晚期逐渐形成的，“此‘中国’与以前具有华夏意味的‘中国’不同，它进一步塑造汉族始出一源的神话，汉文化遂变成一元性的文化，这是呼应统一帝国的新观念，完全扭曲古代社会多元性的本质”，这种依赖于政治力量的整合，使被强行整编到中国的文化，又随着政治力量进入“中国”的周边地区，改造土著，因此，“汉化”这个过程，并不像过去想象的那样，是一个文明化（华夏化）的过程，而是一个政治统合的历史，在强势力量的压力下，土著只有汉化，因为“汉化是取得社会地位的惟一途径，坚持固有文化者遂被主流价值所鄙视”①，因此，按照他的说法，台湾是被迫整编进中国论述中的，要增强台湾的族群认同，当然就要破除中国文化同一性神话，这种所谓同一性，不过是在政治权力的霸权下实现的。

他们觉得，这是祛除台湾文化认同与历史叙述的“混乱”的良方。但是，且不说这种论述的历史依据如何，从历史论述上看，台湾的清晰，带来的是中国的残缺，原来似乎没有问题的中国论述，在这种“离心”的趋向中，也发生了同样的“混乱”。2003年底，在庆祝历史语言研究所成立七十五周年的会上，作为原所长的杜正胜，又发表了一篇相当重要的讲话，其中提到当年在大陆时，傅斯年等人一方面提倡近代性的历史学，即“不该有国情之别，只有精确不精确，可信不可信”的学术，但是一方面又由于内心关怀和外在环境，有很浓烈的“学术

① 杜正胜《中国古代社会多元性与一统化的激荡——特从政治与文化的交涉论》，《新史学》（台北：中研院，2000）第十一卷第二期，第2~3页，第38页。

民族主义”，这种“学术民族主义精神使史语所扮演另一个爱国者角色”，可是，如今却不同，他在第六节《期待新典范》中提出，“史语所在台湾，客观情境让它跳出‘中国’这个范围的拘限，让它走出与人争胜的‘国’耻悲情”，这个时候，他提倡的是“超越中国的中国史”，是“从台湾看天下的历史视野”[①]。

从台湾看天下，因此台湾是中心，历史论述中，时间如果被王朝所捆绑，那么历史常常就是以政治王朝为经，以皇帝更替为纬的王朝史，空间如果被帝国所限制，那么历史描述常常就会有中心与边缘的层级差异，但是，当这种时间与空间被新的视野和新的分期所替换，那么确实会形成新的论域。1998年，郑钦仁在《当前中国史研究的反思》中引述了日本人尾形勇、岸本美绪《中国史》、矢吹晋《巨大国家中国のゆくへ——国家·社会·经济》、《岩波讲座世界历史（3）——中华形成の东方と世界》以及李济的《中国上古史之重建工作及其问题》、《再论中国上古史的重建问题》等等，重新讨论古代中国的范围，他觉得，还是日本支那史的“中国”范围比较适合，他说，古代中国的精神线，大约应当在长城以内，并批评所有中国学者都用现在的中国政治疆域来处理古代中国问题，什么都说成是中国的，这是民族主义[②]。而廖瑞铭的《远离中国史》，不仅有一个惊世骇俗的题目，而且提出一个“非常政治性的宣告”，觉得过去台湾的中国史有太多的迷思，总是沉湎于四点，一

① 杜正胜《旧传统与新典范》，原载《庆祝中研院历史语言研究所成立七十五周年演讲会文集》（台北：中研院历史语言研究所，2003年12月22日）。

② 台湾历史学会编《认识中国史论文集》（台北：稻乡出版社，2000），卷首。

在过去习惯的关于「中国」的历史论述中，最不容易被规整地纳入「中国」的，就是元朝和清朝两个帝国的历史。

是合久必分，分久必合，二是在中国历史中寻求智慧，三是中国历史提供太多词汇来定义现代事物，四是世界二分并立。他说，这里面有太多的政治考虑，“历史是一种诠释的学问，具有理性与感性的双重性，它可以是一种学术、真理，也可以是族群情感的黏合剂”①，但是，当他斩钉截铁地要远离中国史的时候，他是否也是落入了以台湾为中心的“太多的迷思”，或者完全变成台湾“族群情感的黏合剂”了呢？

有一个很著名的例子，杜正胜引起极大争议的一个话题，就是重新绘制地图。他设想以台湾为中心，改变过去横向东西纵向南北的地图画法，使它转个九十度，他认为这样一来，台湾就不是“中国”的东南“边陲”，而中国沿海就是以“台湾”为圆心的上方的一个边缘，而琉球以及日本则是台湾右边的边缘，菲律宾等就是台湾左边的边缘。那么，在这样的历史与空间叙述中，“中国”是否就被消解了呢②？

四　大汗之国：蒙元与大清帝国对“中国”历史的挑战

在过去习惯的关于“中国”的历史论述中，最不容易被规整地纳

① 台湾历史学会编《认识中国史论文集》（台北：稻乡出版社，2000），第25页。

② 台湾的中国史论述，至今仍然是一个很敏感很热闹的话题，比如2003—2004年在台湾发生的高中历史课程争论，主要就是围绕着（一）1500年以后的中国史是否应当纳入世界史？（二）决定台湾地位的国际文献中，即开罗宣言、波茨坦宣言、日华和约关于台湾地位的表述何者的国际法位阶比较重要？（三）中学两年历史课中，是否应当第一年先上台湾史等等问题展开的，而这些问题引申出来的一些话题相当刺激政治神经，就是说，对于台湾来说，中国是否“外国”，中国史是否“外国史”，国父孙中山是否“外国人”？参看许倬云《我对史学争议的看法》，《中国时报》（台北）2004年11月24日A15版。

入“中国”的，就是元朝和清朝两个帝国的历史。在宋代“中国意识”逐渐清晰也逐渐确立以后[①]，历史仿佛有意制造了一个曲折，让蒙古人建立了一个远远超过汉族中国的世界性大帝国，而在明代汉族人重新建立了一个汉族中华帝国，仿佛再次确认族群与国家重叠的这一空间后[②]，历史再一次让来自长城以北的清人取得胜利，建立了又一个远远超过了汉族中心区域的大帝国。

这两个帝国对于“中国”史学带来的“麻烦”，就是它必须超越汉族中国这个中心，采集更丰富的、来自不同立场、不同语言、不同叙述的文献资料，论述更广大的地域空间、更多的民族和更复杂的国际关系，这使得传统的“中国史”似乎不能胜任。这一历史学的困局在晚清学术界已经被敏感地注意到了，晚清西北地理研究和蒙古史的兴盛，无论是否有主动回应这一历史现象的自觉意识，实际上都是这一历史的刺激。而对于明代所修《元史》的反复重写，包括从晚清以来的魏源《元史新编》、屠寄《蒙兀儿史记》、洪钧《元史译文订补》到柯劭忞《新元史》等等，之所以反复出现，也就是因为以“元朝中国”为历史空间、以汉文史料为主要文献来源所叙述的历史，并不能充分反映那个“北逾阴山，西极流沙，东尽辽左，南越岭表”

① 参看本书第一章的论述。

② 值得注意的是，宫崎市定《洪武から永乐へ：初期明朝政权の性格》曾经指出，明王朝的建立，也许人们会认为是民族政权以及文化的大转换，但是实际上并不完全如此，明初的民族光复与革命，有时只是一种动员、旗帜和标榜，由于元代之风气长期延续于明廷，所以“太祖的政治从一开始起，主张对蒙古的民族革命的意识就非常低”。载《宫崎市定全集》（东京：岩波书店，1999）第十三册，第54页。

的王朝[①]。特别是，这个王朝既是汉地政权，又是大蒙古帝国（Yeke Mongghol Ulus）中的一部分，正如萧启庆所说，“元代君主兼具蒙古大汗与中原帝王的双重性格……忽必烈及其子孙不能仅以中国的‘皇帝’自居，立法施政必须自蒙古‘大汗’的观点着眼，否则会引起严重的政治问题”，汉族在这个大帝国中始终只是被统治者，而“蒙古至上”也表明这个王朝绝不同于汉唐宋这样的汉族王朝[②]。因此，近年来，日本学者本田实信和杉山正明就提出世界史中的“蒙古时代”，他们认为，用这一概念工具重写历史，是一个让世界史也是让中国史改变面貌的历史现象，他建议学术界要研究“蒙古时代史”（history of Mongol Period），这个历史不是“中国史”的，而是“世界史”的[③]。杉山氏本人最近不仅出版了《モンゴル帝国と大元ゥルス》一书，而且也运用超越中国的地图资料和域外文献，撰写了《东西方地图显示的蒙古时代的世界像》、《伊朗、伊斯兰文献所描绘的蒙古时代的世界像》等等论文。

① 《元史》（北京：中华书局，1976）卷五八《地理一》，第1345页。

② 萧启庆《元朝的统一与统合——以汉地、江南为中心》，载《中国历史上的分与合学术研讨会论文集》（台北：联经出版事业公司，1995），第192~194页。他觉得，与其说元朝不仅是“中国”的“统一”，而且更重要的是“统合”，即“消弭构成国家的各部门——包括区域、民族、阶级——之间的差异而形成一个向心力高、凝聚力强的政治共同体”。

③ 本田实信《モンゴル时代史研究》（东京：东京大学出版会，1991）。其序文中曾经批判，过去的这一时代历史的研究是“以中国史的立场出发，对所谓元朝的研究，通过对元代的文化与制度的考察，讨论元朝史的性质，如何从中国传统中脱离甚至断绝，又如何与中国传统妥协与同化，处于宋明之间的元朝如何把握，与辽、金的关联如何思考等等，成为具体研究的课题，因此，很大程度上无意识地具有中华文化的优越感和中心立场”（第5页）。又，可以参看杉山正明《モンゴル帝国と大元ゥルス》（京都：京都大学出版会，东洋史研究丛刊之六十五，2004），特别是参看其序章《世界史の时代と研究の展望》。

蒙古时代史并不是中国元朝史，它不同于当年重编《新元史》，只是扩充史料，而是要跳出以元朝史为中心的中国史，站在更大的世界空间来看历史，这个历史虽然包括了中国这个空间在内，但中国却并不是一个天经地义的空间，更不是唯一的历史叙述空间。同样的是清帝国，1998年，美籍日裔学者罗友枝（Evelyn S.Rawski）在其著作《最后的皇朝：清代皇家机构的社会史》（*The Last Emperors: A Social History of Qing Imperial Institutions*）中再度表达一种超越“中国史”的观点[①]。这部著作很有趣，她主要论述的是，清朝能够成功维持三百年的统治，主要原因并非像何炳棣等人所说的“汉化”或者“中国化”[②]，而是满族作为一个入主中原的群体，不仅依赖保持本身的特点，实施异于汉族的统治方式，而且有效地得到了蒙古等非汉族民族的支持，从这一点上来说，清朝统治者是以中亚诸族的大汗身份，而不是中国传统皇帝身份出现的，满族只是利用了儒家的东西，所以，清帝国和中国并非同义词，而是一个超越了“中国”的帝国[③]。

① Evelyn S.Rawski（罗友枝）：*The Last Emperors: A Social History of Qing Imperial Institutions*, Berkeley:University of California Press,1998.

② 何炳棣的说法，见于Ping-ti Ho：“The Significance of The Ch'ing Period in Chinese History”, *Journal of Asian Studies*, 26, No.2（1967）, PP.189－195。

③ 最近，流行于欧美和日本的所谓“新清史”，虽然不能说就是这一研究取向的延续，但同样延续了对满洲或满族文化独立性的重视。如美国学者 Mark C. Elliot的*The Manchu Way: The Eight Banners and Ethnic Identity in Late Imperial China*（Stanford University Press, 2001）认为，在统治中国几个世纪后，旗人虽然已经忘记了母语，但是他们那种征服者的精英意识和与外分离的自我认同感，仍然一直保存，所以，清并非被汉人文化同化的王朝；而另一位美国学者Pamera Kyle Crossley 在其 *Orphan Warriors: Three Manchu Generations and the End of the Qing World*（Princeton University Press, 1990）也认为，旗人在19世纪末20世纪初，在其政权渐渐衰落的时候，反而开始有意识地发展他们的民族意识。

罗友枝是在回应两年前的一次论战。1996年，当罗友枝针对何炳棣1967年《清朝在中国历史上的重要性》关于清朝“汉化”的论点，在全美亚洲年会上以前任会长身份发表会长演讲《再观清朝：清朝在中国历史上的重要性》后[①]，作为一个中国出身的历史学家，何炳棣曾经尖锐地反驳，写了《我对汉化的再思考：对罗友枝“再观清朝”一文的答复》。何认为，对于满清来说，儒家化就是汉化，儒家化和中国化是一回事，因而隐含的一个结论就是满清建立的是一个“中国”的王朝[②]。而罗友枝的这一论述无疑是对何炳棣的回应，也是对超越“中国”的清代历史的再度论述。

在这一争论表面，毫无疑问有出身美国（罗友枝是日裔美国人）和出身中国（何炳棣是基本教育来自中国的历史学家）的两种学者之间，在认知上和感情上的差异，不过，在这些论争的背后，却还有关于“世界”和“中国”的不同观念。从魏特夫（K.A.Wittfogel）的《中国辽代社会史》（*History of Chinese Society, Liao, 907–1125*）以来到现在，在西方学术界仍然很有影响的“征服王朝”理论中，其最重要的精髓，就在于否认所有外来民族都被汉族“同化”，而强调各个民族成分的延续和传统的影响。换句话说，强调征服王朝的“超中国”

① Evelyn S.Rawski（罗友枝）：“Presidential Address: Reenvisioning the Qing: The Significance of the Qing Period in Chinese History”, *Journal of Asian Studies*,55,No.4（Nov.1996）, PP.829–850.

② Ping-ti Ho：“In Defense of Sinicization: A Rebuttal of Evelyn Rawski's Reenvisioning the Qing”, *Journal of Asian Studies*,57, No.1（1998）, PP.123–155.中文本，何炳棣《捍卫汉化：驳伊芙琳·罗斯基之〈再观清代〉》，载《清史研究》（北京）2000年第3期。

强调征服王朝的「超中国」意义，一是保持双重民族性的历史描述，二是强调历史过程中异族对汉族的反影响，三是否认以现在的汉族中国，来追认一切以往的历史。

意义，一是保持双重民族性的历史描述，二是强调历史过程中异族对汉族的反影响，三是否认以现在的汉族中国，来追认一切以往的历史。因为在他们看来，从现在汉族中国的特性来追溯历史，就会把所有历史都按照一个后设的目的，百川归海似地归入“中国”[①]。

五　后现代历史学：从民族国家拯救什么历史？

最后，挑战还来自欧美的后现代历史学。

后现代历史学对于现代性的批判中，包括了对近代以来现代民族国家天然正当性的质疑。自从福柯关于“权力”与“话语”的理论被普遍用于历史，对于任何“天经地义”的论述的质疑，就有了相当锋利的武器。而在关于民族国家方面，特别是自从安德森（Benedict Anderson）“想象的共同体”（Imagined Communities）的理论问世以后，对于从现代民族国家反观历史的质疑，曾经深刻地揭示了历史研究中的对于“国家”的误解，这就是我们习惯于用现代国家来想象、理解和叙述古代国家[②]。可是，历史上的国家常常是流动的，仿佛罗布泊一样，空间有时大有时小，民族有时合有时分，历史有时编整在一起，有时又分开各成一系，因此，为了维护现代国家的

① 参看李明仁《中国史上的征服王朝理论》的介绍，收入台湾历史学会编《认识中国史论文集》（台北：稻乡出版社，2000）。

② 班纳迪克·安德森（Benedict Anderson）《想象的共同体：民族主义的起源与散布》（*Imagined Communities: Reflections on the Origin and Spread of Nationalism*）（吴睿人中译本，台北：时报文化出版公司，1999）。

历史学家是否要考虑与欧洲历史不同的中国历史的特殊性？中国尤其是汉族文明的同一性、汉族生活空间与历代王朝空间的一致性、汉族传统的延续与对汉族政权的认同，是「偶然的」和「争议的」吗？中国是一个在近代（西方的近代）才逐渐建立的民族国家吗？

“天经地义”，这种看起来很正当的历史书写，常常给我们带来一些尴尬①。

前面我们提到过杜赞奇的《从民族国家拯救历史》。也许，正因为上述困惑，杜赞奇提出的“复线历史”理论的确有其意义。不过，我以为，杜赞奇解构了以当然的民族国家为基础的后设历史，指出民族国家并不是“一个同一的，在时间中不断演化的民族主体”，而是本来有“争议的偶然的民族建构”，所谓民族国家的历史，其实是“虚假的同一性”，所以要从这种民族国家虚构的同一性中把历史拯救出来，这当然很敏锐也很重要。但是，我们反过来提问，历史学家是否要考虑与欧洲历史不同的中国历史的特殊性？中国尤其是汉族文明的同一性、汉族生活空间与历代王朝空间的一致性、汉族传统的延续与对汉族政权的认同，是“偶然的”和“争议的”吗？中国是一个在近代（西方的近代）才逐渐建立的民族国家吗？

我们知道，后现代历史学关于现代民族国家的思路与论据，一方面来自被瓦解和被分割的殖民地经验，如亚洲的印度、巴基斯坦、孟加拉、印度尼西亚等国家，如非洲的大湖区的部族与国家，在这种已

① 比如以现代中国的地理空间来描述古代中国，以现代中国的民族构成当作古代中国的民族构成，因而总觉得那个时代的“异族”也应当算在中国之内，因而不是把当时的异族入侵理解为“内部矛盾”，就是把汉族政权的征服描述成“中央对地方”的“统一”，像现在争论不休的高句丽问题，就是陷入了这一尴尬。关于高句丽的历史争论，我以为中国方面也许会不由自主地以现代中国的疆域来处理古代高句丽的历史归属，而韩国方面则常常会不由自主地从古代高句丽的疆域来期待现代朝鲜民族国家的空间领属，关于这一争论的情况，可以参看南黎明《韩国对中国的文化抗议》、钱文忠《高句丽是中韩共同文化遗产》，载《亚洲周刊》（香港：2004年7月25日），第16~20页。

从历史上看，具有边界即有着明确领土、具有他者即构成了国际关系的民族国家，在中国自从宋代以后，由于逐渐强大的异族国家的挤压，已经渐渐形成……

经被撕裂的族群和国家的重建中，确实有按照新的民族国家重新建构历史的现象，但是，始终延续的中国却并不是在近代才重构的新的民族国家；后现代历史学关于现代民族国家的思路和依据，另一方面来自欧洲的近代历史，我们知道，欧洲近代有民族和国家重构的普遍现象[①]，因此霍布斯邦说“民族原本就是人类历史上相当晚近的新现象，而且还是源于特定地域及时空环境下的历史产物”[②]。然而这里所说的“人类历史”其实只是欧洲历史，中国古代虽然也有分裂，但因为一是有覆盖更广的“汉文化”，二是经历了秦汉一统，习惯认同早期的“华夏”，三是中心和边缘、“汉族”和“异族”有大小之差异，所以，政治、文化与传统却一直延续，所以既无所谓传统“文艺的复兴”，也无所谓“民族国家”的重建。

对于中国民族国家的形成，我有一个可能是很固执的观念，即从历史上看，具有边界即有着明确领土、具有他者即构成了国际关系的民族国家，在中国自从宋代以后，由于逐渐强大的异族国家的挤压，已经渐渐形成，这个民族国家的文化认同和历史传统基础相当坚实，生活伦理的同一性又相当深入与普遍，政治管辖空间又十分明确，因此，中国民族国家的空间性和主体性，并不一定与西方所谓的“近代

① 可以参看彼得·李伯赓（Peter Riebergen）著、赵复三译《欧洲文化史》（*Europe A Cultural History*）（香港：明报出版社，2003）上册第三部分第八章《一个新社会——欧洲成为一个更广阔的世界》所介绍的欧洲近代民族国家崛起过程，第289～330页。

② 艾瑞克·霍布斯邦（Eric Hobsbawm，一译霍布斯鲍姆）《民族与民族主义》（李金梅中译本，台北：麦田出版社，1997），第8页。

性”有关[①]。在这样的一个延续性大于断裂性（与欧洲相比）的古老文明笼罩下，中国的空间虽然边缘比较模糊和移动，但中心始终相对清晰和稳定，中国的政治王朝虽然变更盛衰起伏，但历史始终有一个清晰延续的脉络，中国的文化虽然也经受各种外来文明的挑战，但是始终有一个相当稳定、层层积累的传统。而在宋代之后逐渐凸现出来的以汉族区域为中心的国家领土与国家意识，则使得“民族国家”相对早熟地形成了自己认同的基础。不仅如此，从唐宋以来一直由国家、中央精英和士绅三方面合力推动的儒家（理学）的制度化、世俗化、常识化，使得来自儒家伦理的文明意识从城市扩展到乡村、从中心扩展到边缘、从上层扩展到下层，使中国早早地就具有了文明的同一性[②]。因此，这个几乎不言而喻的“国家”反过来会成为汉族中国人对历史回忆、论述空间和对民族、国家的认同基础，使他们一提起来就说历史是“三代秦汉唐宋明清”，使他们一想起来就觉得应当遵循“三纲五常”的秩序，使他们习惯地把这些来自汉族文明的风俗当作区分自我和异族的标准。

也正是因为如此，中国很“特殊”，或者说，欧洲式的近代民族国家形成途径很“特殊”，在中国，至少从宋代起（这就是为什么宋代是中国的“近世”），这个“中国”既具有安德森说的那种“传统帝国式

① 参看本书第一章《“中国”意识在宋代的凸显》。

② 参看葛兆光《七世纪至十九世纪中国的知识、思想与信仰——中国思想史第二卷》（上海：复旦大学出版社，2000）第二编第三节《国家与士绅双重支持下的文明扩张：宋代中国生活伦理同一性的确立》。

对于复杂的中国，后现代历史学关于民族国家的理论，未必就像在其他国家那样有合理性。

国家”的特色，又具有一些很接近“近代民族国家”的意味[①]。作为一个中心地域很清晰的国家，汉族中国很早就开始意识到自己空间的边界，它甚至比那些较为单一民族国家（如日本、朝鲜）还清楚地认同这个空间作为民族国家的不言而喻，但是，作为一个边缘相对模糊的“中华帝国”，它的身后又拖着漫长的“天下中央”、“无边大国”的影子，使它总是觉得自己是一个普遍性的大帝国。

因此，对于复杂的中国，后现代历史学关于民族国家的理论，未必就像在其他国家那样有合理性。

六　如何在中国历史中理解历史中国？

西川长夫曾经归纳道，现代国家作为国民国家，与传统帝国的区别有五个方面，一是有明确的国境存在（国民国家以国境线划分政治的、经济的、文化的空间，而古代或中世国家虽然也存在中心性的政治权力和政治机构，但是没有明确的划定国家主权的国境），二是国家主权意识（国民国家的政治空间原则上就是国家主权的范围，拥有国家自主权不容他国干涉的国家主权和民族自决理念），三是国民概念的形成与整合国民的意识形态支配，即以国家为空间单位的民族主义（不止是由宪法、民法与国籍法规定的国民，而且由爱国心、文化、

① 安德森说，“在现代概念当中，国家主权在一个法定的疆域内的每一平方公分的土地上所发生的效力，是完全、平整而且均匀的。但是在比较古老的想象里面，国家是以中心来界定的，国家与国家之间的边界是交错模糊的，而且主权也颇有相互渗透重叠之处”（同上引书，第25页）。

在中国，并非从帝国到民族国家，而是在无边「帝国」的意识中有有限「国家」的观念，在有限的「国家」认知中保存了无边「帝国」的想象，近代民族国家恰恰从传统中央帝国中蜕变出来，近代民族国家依然残存着传统中央帝国意识，从而是一个纠缠共生的历史。

历史、神话等等建构起来的意识形态)，四是控制政治、经济、文化空间的国家机构和制度(不仅仅是帝王或君主的权力)，五是由各国构成的国际关系(国际关系的存在表明民族国家之主权独立与空间有限性)[①]。

这是一个日本学者的说法，但却是以欧洲为思考背景的定义。然而，欧洲的定义并非来自亚洲资料而是来自欧洲历史，尤其是近代欧洲的历史，并不一定适用于东方诸国特别是中国。我一直很反对把本来是来自欧洲历史的描述方式作为普遍历史的统一尺度，尽管16世纪以后，欧洲的“国际秩序”和“近代性”逐渐取代东方“朝贡秩序”和“传统性”，并获得了“普遍性”，但是那种本来只是区域的经验和规则，在解释异地历史时，总有一些方枘圆凿之处。和欧洲不同，中国的政治疆域和文化空间是从中心向边缘弥漫开来的，即使不说三代，从秦汉时代起，“车同轨，书同文，行同伦”，语言文字、伦理风俗和政治制度就开始把民族在这个空间中逐渐固定下来，这与欧洲认为“民族原本就是人类历史上晚近的新现象”不同[②]，因此，把传统帝国与现代国家区分为两个时代的理论，并不符合中国历史，也不符合中国的国家意识观念和国家生成历史。在中国，并非从帝国到民族国家，而是在无边“帝国”的意识中有有限“国家”的观念，在有限的“国家”

① 西川长夫《国民国家论から见た“战后”》，载其《国民国家论の射程》(东京：柏书房，1998)，第256~286页。

② 霍布斯邦(Eric J.Hobsbawm)《民族与民族主义》，第8页。又，他已经注意到这“是源于特定地域及时空环境下的历史产物”，所以，在讨论到民族国家的语言问题时，他也说到“不过中国的情况是一大例外”(第75页)。

认知中保存了无边“帝国”的想象，近代民族国家恰恰从传统中央帝国中蜕变出来，近代民族国家依然残存着传统中央帝国意识，从而是一个纠缠共生的历史。

也许，很多人会想到古代中国的“天下观念”与“朝贡体制”，觉得古代中国以朝贡体制想象世界，并不曾清楚地意识到“国家”的边界。但是，仔细考察可以知道，这种“天下”常常只是一种观念或想象，并不一定是实际处理“中国”的国家与国际问题的制度或准则[①]。这当然是一个相当复杂的历史过程，如果简单地说，大体上可以注意三点：首先，中国以汉族为中心的民族与国家，由于在空间上的重叠，使得这一民族和国家的“边界”很容易清晰地固定下来。从宋代起，在辽夏金元压迫下的勘界行为、海外贸易确立的市舶司制度和清晰的知识与财富的自我与他者界限的警惕，加上和战之间的外交谈判，已经使宋代中国很早就有了国境存在和国家主权的意识[②]；其次，由于汉族同一性伦理的逐渐确立，宋代以来建立的历史传统、观念形态和文化认同，已经很清楚地形成了汉族中国自我确认的民族主义意识形态，所谓“华夷”之辨、所谓“正统”之争、所谓“遗民”意识，在宋代以后的形成，本身就是这种国家意识的产物；再次，从宋到清，中国在

① 不要一听说“天下”一词就以为古代中国就没有“中国”意识，汉代也自称是“天下”，但是汉代铜镜铭文中却常常出现“中国”一词，它是与“匈奴”对举的。日本也把自己的国家叫做“天下”，西嶋定生曾经根据熊本县船山古坟出土的铁刀铭上也有“天下”的铭文指出，这一“天下”只是大和政权的支配领土即只是倭国的领域，对中国来说，似乎“天下”是中国为中心的世界，但是对于倭国来说，倭国也是“天下”，见西嶋定生《日本の国际环境》（东京：东京大学出版会，1985），第77~78页。

② 详细的论证，请参看本书第一章。

东方世界的国际关系已经形成[1]，尤其是自明清以后，明清王朝、朝鲜、日本等国家之间的互相交涉，已经形成了这样一个“国际”，只是这个“国际”原本是有一套秩序的，但是，后来却在另一套新的世界秩序冲击下逐渐崩溃，终于被取代和遗忘而已。

很多人相信理论仿佛时装，是越新越好，也有很多人总是把是否认同新理论与“政治正确”联系起来，当来自西方的超越民族国家的历史研究新理论与新方法一经提出，曾经引起研究视野的变化，人们不仅对这种时尚的理论和方法相当赞许，而且常常不由自主地对坚持“国家”这一研究空间的历史学有一种不恰当的鄙夷，觉得在今天仍然进行这种近乎“前近代”的研究方法，好像不仅“落后”，而且有“国家主义”或者“民族主义”的嫌疑。可是，这种新理论总是来自欧美等西方世界，它的历史依据和思想背景常常和我们不一样，人们反过来可以追问的是，欧洲历史可以这样理解，非洲历史可以这样理解，亚洲和中国的历史可以这样理解吗？特别是，当这个“国家”一旦形成“历史”，当这个民族和国家不仅有一个共同的空间，而且有一个

[1] 这一点，其实西嶋定生已经指出，西嶋定生《中国古代国家と东アジア世界》（东京：东京大学出版会，1983）第六章《东アジア世界と日本史》中说到，原本包含了日本在内的东亚文化圈，有四个指标，汉字、儒教、佛教、律令制，但是，在各个区域，这四者是不等同的，比如日本，假名文字以及以此写作的和歌、女流文学、能、茶汤等等，以及更后面的俳句、歌舞伎等等，就是日本特有的（第611页），到10世纪，律令制弛缓和庄园的扩大、贵族如藤原氏的全盛与武士阶层的勃兴（第612页），更开始了日本主体的形成。这与唐代9至10世纪的衰落有关。他指出，“宋代虽然出现了统一国家，但是燕云十六州被契丹所占有，西北方的西夏建国与宋对抗，契丹与西夏都对等地与宋同称皇帝，而且宋王朝对辽每岁纳币，与西夏保持战争状态，这时候，东亚的国际关系，已经与唐代只有唐称君主、册封周边诸国成为藩国的时代大不一样了，从这一状况来看，开始了不承认中国王朝为中心的东亚的国际秩序”（第616页）。

历史上的「中国」是一个移动的「中国」，因为不仅各个王朝分分合合是常有的事情，历代王朝中央政府所控制的空间边界，更是常常变化。

共同的生活伦理、有一个共同的政治体制、有一个共同的文化习俗，这种伦理、体制和习俗又有了一个漫长的历史传统，那么，这个传统是否会使历史叙述本身，很自然地环绕在一个社会、经济、政治和观念的共同体展开呢？汉族中国文明在很长历史时期中的延续，是否使围绕这个"民族"和"国家"的历史叙述，比起另外选择和组合的空间的历史叙述，更加有明显的内在脉络呢？

结语　历史、文化与政治：中国研究的三个向度

当然，我们应当承认，无论是"地方"或者"区域"的论述、"亚洲"或者"东亚"的论述，"台湾中心"或者"大汗之国"的论述，还是所谓"复线历史"的论述，都给我们研究中国历史提供了"多点透视"的新视角，使我们意识到，有关"中国"的历史的复杂性和叙述的现实性，仿佛"横看成岭侧成峰，远近高低各不同"一样，让我们这些大陆中国的历史学家意识到"不识庐山真面目，只缘身在此山中"的局限，因此，接受这些挑战和超越这些理论，重建关于"中国"的历史论述，就是可以心平气和地讨论的理论话题。在这样一个既涉及理论又涉及历史的领域中，我以为，有三点特别值得重视：

首先，在历史意义上说，谈论某某"国家"往往等于是在说某某"王朝"，因此可以承认，历史上的"中国"是一个移动的"中国"，因为不仅各个王朝分分合合是常有的事情，历代王朝中央政府所控制的空间边界，更是常常变化。关于这一点，我们可以看谭其骧编《中

> 在文化意义上说，中国是一个相当稳定的「文化共同体」……从政治意义上说，「中国」常常不止是被等同于「王朝」，而且常常只是在指某一家某一姓的「政府」。

国历史地图集》中反映的各个时代的中国。因此，一方面，不必以现代中国的政治边界来反观历史中国，高句丽不必是“唐王朝管辖下的地方政权”，吐蕃也不在当时“中国（大唐帝国）版图”，现在的东北、西藏虽然在中华人民共和国政府控制范围内，但是，历史上它们却并不一定全是古代中国的领土；另一方面，也不必简单地以历史中国来看待现代中国，不必觉得历史上安南曾经内附、蒙古曾经由清帝国管辖、琉球曾经进贡，就觉得无法容忍和理解现代越南的独立、外蒙古与内蒙古的分离，和琉球最后归于日本，同样，也不必因为原来曾经是高句丽的东北地区，现在归入中国版图，而觉得伤害了朝鲜的民族感情。

其次，在文化意义上说，中国是一个相当稳定的“文化共同体”，它作为“中国”这个“国家”的基础，尤其在汉族中国的中心区域，是相对清晰和稳定的，经过“车同轨，书同文，行同伦”的文明推进之后的中国，具有文化上的认同，也具有相对清晰的同一性，过分强调“解构中国（这个民族国家）”是不合理的，历史上的文明推进和政治管理，使得这一以汉族为中心的文明空间和观念世界，经由常识化、制度化和风俗化，逐渐从中心到边缘，从城市到乡村，从上层到下层扩展，至少在宋代起，已经渐渐形成了一个“共同体”，这个共同体是实际的，而不是“想象的”，所谓“想象的共同体”这种新理论的有效性，似乎在这里至少要打折扣。

再次，必须明确的是，从政治意义上说，“中国”常常不止是被等同于“王朝”，而且常常只是在指某一家某一姓的“政府”。政府即政权是否可以等于“国家”，国家是否可以直接等同于“祖国”？这是一些仍然需要明确的概念，一些政治认同常常会影响到人们的文化认同，甚至消泯人们的历史认同，这是很麻烦的事情。过去，“朕即国家”的观念曾经受到严厉的批判，人们也不再认为皇帝可以代表国家了，可是至今人们还不自觉地把政府当成了国家，把历史形成的国家当成了天经地义需要忠诚的祖国，于是，现在的很多误会、敌意、偏见，就恰恰都来自这些并不明确的概念混淆。

【附记一】

以上作为“绪说”的《重建关于“中国”的历史论述》，曾经有一个删节过的版本发表在2005年《二十一世纪》（香港中文大学）总第九十期上，这篇论文虽然针对的是历史学界关于“中国”的种种论述，实际上，是想讨论一些涉及历史研究，又涉及理论表述，而且还和当下民族国家认同有关的问题。

这些问题包括，第一，近来流行的“从民族国家中拯救历史”理论，以及近来流行的地方史研究、亚洲研究、台湾同心圆历史研究、以蒙古时代和满清时代为主的征服王朝史研究和后现代历史研究等方法，虽然有超越简单的、现代的民族国家，对超国家区域的历史与文化进行研究的意义，但是，在历史研究中对于“中国”这一论述单位的简单超越或消解是否合适，它是否过度放大了民族、宗教、地方历史的差异性，或者过度小看了“中国”尤其是“汉族中国”的文化同一性？第二，“中国”这个民族国家和欧洲民族国家之间的历史差异，我总觉得“中国”尤其是汉族中国的形成，其实在宋代以后就开始了，这一历史似不宜用欧洲近代民族国家的形成历史为基准或尺度简单理解，所以，当务之急不是“从民族国家中拯救历史”，而是在“历史中理解民族国家”，即在中国历史脉络中理解历史中国。第三，理解“中国”这个民族国家，可以有三个向度，即历史、文化和政治。从历史角度说，“中国”在空间上是一个边界移动的“中国”；从文化认同上说，中国是一个边缘虽然有些模糊，但核心区域相当清晰和稳定的文化共同体；从政治体制上说，很多人笔下口中的“中国”，常常指的是一个王朝或一个政府，而这个政治意义上的王朝和政府并不等于国家，更不是历史论述中的中国。

2006年，哈佛燕京学社的林同奇先生在《二十一世纪》总第九十四期上发表《民族、民族国家、民族主义的双重含义——从葛兆光的〈重建“中国”的历史论述〉谈起》，对我提出的一些看法作出回应，林先生的论文态度诚恳、充分理性而且相当有见地，他一方面肯定我“坚持从中国历史自身的演变出发，作出自己的结论”，“把一个公众迫切要求解答的、极易引起政治冲动的问题从学术上加以冷处理”，而且认为，我所提出的三个认同即历史认同、文化认同和政治认同，“已将如何理解与对待中国民族主义的课题和盘托出”（第116页）。但是，另一方面他也对我的论述进行商榷，他指出，我对于“民族国家”的认识，其实和通行的，包括我所引用的日本学者西川长夫的观点不同，通行的包括西川心目中的“民族国家”，看重的是和欧洲近代一样的因素，即“主权”和“国民”，这个民族国家的模式是侧重政治含意的，而我的论述中“侧重的是（民族国家）其中的文化共同体含意”（第119页）。他也善意而详细地介绍了以赛亚·伯林所代表的“比较激进的文化型民族主义的界说”和史华兹阐发的“比较平衡的政治型民族主义的界说”。在文章中，他特别以他所熟悉的史华兹为例指出，如果按照史华兹对于民族主义的观念，史华兹必不能赞同我关于宋代已经出现了民族主义的说法，但是，由于史华兹并不认为近代民族国家和前近代各个民族之间有一条截然分明的界线，所以，他又可能会支持我关于宋代以后已经产生了早期的或原型的民族主义的观点。

我和林同奇先生之间的看法，有很多可以沟通和协调的地方。林先生的文章发表后，我们在电子邮件和长途电话中，曾经有过几次交谈，林先生采取了相当从容而理解的商榷方式，更给接下来的讨论提供了很好的平台。因此，我原本打算在林同奇先生提供的问题基础上，继续对这个敏感而重要的问题深入讨论。可惜的是，因为一直忙碌，这一预想中的讨论没有进行下去，甚至在2009年我访问哈佛大学时，也因为时间紧迫而错过了和林同奇先生见面的机会。

其实，我一直想告诉他，我最想讨论的，其实是以下三个问题：第一，为什么对于“中国”这个民族国家的历史论述，中国学者要特别偏重于文化含意，而不像西方学者讨论欧洲近代民族国家那样，偏重于政治含意？第二，为什么以国别史为基础的关于“中国”的历史论述，仍然有它的价值和意义，而不必特别夸张地强调“区域史”的意义？第三，重建关于“中国”的历史论述，需要对过往来自欧洲和美国的各种理论和方法作什么样的调整和修订，使它成为中国历史研究的新典范？

可惜这几年一直很忙，这些问题要等我有空的时候才能细细写出，向林先生请教了。

【附记二】

前几年，我曾受邀参加一个小型论坛，讨论什么是“中国境域”。主办方给我发的电子邮件中，用“国境在那里，中国在这里”这样两句很有意思的话，来暗示这个论坛讨论的主题是“国境”和“中国”，我很快理解为，这暗示了“国境（政治领土的范围）”和“中国（文化认同的空间）”之间有着差异，这让我很感兴趣。因为，当我看到邮件的时候，一方面想起了杜甫的那句诗“国破山河在”，和明末士大夫说的“非亡国，乃亡天下”，觉得“山河”、“国”和“天下”，似乎在传统中国的观念世界里，有些不一样。另一方面，又想起了近代以来一直到现在，中国和周边世界关于国界、疆域、历史的争论，在这些争论中间，也涉及到了“国境”、“国家”和“中国”，也就是历史疆域、政治版图和文化空间的种种问题。

关于国境和国家，当然是一个绝大的话题，它涉及到的，绝不仅仅是现在存在领土争端的那些地方。比如中国和日本之间有争议的钓鱼岛，中国和越南、菲律宾、印尼之间有争议的南海诸岛，以及中国和印度之间有争议的麦克马洪线等等。不妨看看近年来的韩国历史教科书。这些年来，历史教科书常常成为关注的话题，是因为培养和铸造年轻国民的历史观念和文化认同的历史教材，由于不可避免地要涉及文化和民族起源、宗教信仰和文化主流、历史疆域和民族空间等等问题，在各种教材中最容易引起激动和冲突。而韩国的中学历史教科书中，出现了一些让人瞠目结舌的说法，一方面表明在思想领域中，韩国国内有激烈的民族主义情绪，一方面说明在知识世界中，韩国历史认知和中国历史认知之间的冲突。比如，朝鲜比中国历史悠久，檀君的故事和传说的确认，高句丽在唐宋时代的版图的夸张说法等等。其实，人们早已经注意到，自从东北工程和高句丽申遗以来的种种争论，表明国境、国家的问题，在看上去疆域已经划定的现代，仍然有很多历史阴影在纠缠，使得现代存在于历史中，历史存在于现代中。

关于国家疆域的现实问题，不仅会以“历史”的形式反复出现，而且会在“当下”的不同时段反复浮现。这些问题不仅在东北亚出现，而且弄不好还会出现在四面八方，比如“东突”问题、西藏问题、蒙古问题，当然还有台湾的问题，显然，原本在现实政治上具有合法性的“国境”在面临种种质疑，而在历史上和文化上本来天经地义的“中国”也在面临种种挑战，这挑战还不仅仅来自现实国与国之间的领土争端，甚至还来自种种历史的理论和方法的，比如来自东亚史或区域史、征服王朝史、同心圆理论、后现代历史学等等。

我想，这个问题值得郑重讨论。

第一编

在历史中理解中国

香港科技大学藏Cornelis de Jode(1568—1600)绘制《中华帝国》(1593)

第一章　“中国”意识在宋代的凸显
——关于近世民族主义思想的一个远源

一　“中国论”与“正统论”：中国意识的真正凸显

在思想史上，北宋时期有两篇文献相当引人瞩目。一篇是石介的《中国论》，这是迄今为止可以看到的古代中国第一篇专以“中国”为题的著名政治论文，不仅因为作者是北宋学术史上一个相当重要的人物，而且这篇论文中民族情绪非常激烈，甚至可以说非常极端，显示了思想史上前所未有的关于“中国”的焦虑[①]。一篇是欧阳修的《正

① 在这一篇和另一篇《怪说》中，他异常严厉地区分着“中国”和“四夷”的空间差异，“居天地之中者曰中国，居天地之偏者曰四夷”，也异常严厉地区分着“中国”与“四夷”的文明差异，君臣、礼乐、冠婚、祭礼等等体现的是文明的中国，而被发文身、雕题交趾、被发皮衣、衣毛穴居的，当然是野蛮的夷狄。如果不仅在空间上杂处，文化上也发生混乱，那么“国不为中国矣”。因此除了在空间上“四夷处四夷，中国处中国，各不相乱”，重新清理是相当重要的，他说：“中国，中国也，四夷，四夷也”，而其中最迫切的，就是抵御最接近瓦解“中国之常道”的佛教，因为它“灭君臣之道，绝父子之情，弃道德，悖礼乐，裂五常，迁四民之常居，毁中国之衣冠，去祖宗而祀夷狄”。《中国论》，分别见于《徂徕石先生文集》（北京：中华书局，1984）卷一〇，第116页。又参看《怪说》上中下篇，《徂徕石先生文集》卷五，第60～62页。

在自我中心的天下主义遭遇挫折的时候，自我中心的民族主义开始兴起。这显示了一个很有趣的现实世界与观念世界的反差，即在民族和国家的地位日益降低的时代，民族和国家的自我意识却在日益升高，这种情况在中国思想史上可以说一直延续至今。

统论》[①]，这篇论文在当时反应颇热烈，不仅因为作者是思想史、文学史和政治史上的一个枢轴式的人物，而且他的意见与他自己对前代历史的深刻认识和书写实践有关，历史的认识和书写又关系到当时知识阶层对于传统经验与教训的梳理和对现实政治合法性的确认。现代研究者从这些文献中普遍看出，古代中国相当长时期内关于民族、国家和天下的朝贡体制和华夷观念，正是在这一时代，发生了重要的变化，在自我中心的天下主义遭遇挫折的时候，自我中心的民族主义开始兴起。这显示了一个很有趣的现实世界与观念世界的反差，即在民族和国家的地位日益降低的时代，民族和国家的自我意识却在日益升高，这种情况在中国思想史上可以说一直延续至今。

发生在唐宋之际的这一变化，很多学者都讨论过，比如傅乐成《唐代夷夏观念之演变》指出，从安史之乱开始，“夷夏之防亦因而转严，然一种具有悠久传统之观念，往往不易于短时间完全改变，故有唐后期国人之夷夏观念，犹不若宋人之严”[②]，他看出宋代华夷观念越来越严厉的历史事实。在《唐型文化与宋型文化》中他又具体指出，这种观念变化的原因，“一是由于外族叛乱及侵凌的刺激”，“二是科举制度的发达。……社会上逐渐形成重文轻武的风气，进而产生

① 欧阳修《正统论》（康定元年）三首，载《欧阳修全集》（北京：中华书局，2001）卷一六《居士集》卷一六，第265～273页。《正统辩》上下两篇，见《欧阳修全集》卷六〇，《居士外集》卷一〇，第863～865页。历史学上的正统论争论的兴盛，在于重构和确认历史，也在于为这个处在“尊王攘夷”关键时刻的王朝，建立文化上的民族上的认同基础，关于这方面的资料，可以参看饶宗颐《中国史学上之正统论》（上海：上海远东出版社，1996），尤其是第35～42页。

② 原载《大陆杂志》第二十五卷第八期，1962年10月，收入其《汉唐史论集》（台北：联经出版事业公司，1977，1995），第209～226页。

中国文化至上的观念”，“基于上述两点原因，国人仇视外族及其文化的态度，日益坚决，相反的对中国传统文化产生热爱，逐渐建立了以中国为本位的文化”①。陈芳明在讨论宋代正统论的时候，也指出宋以前“只有实际的正统之争，没有正统理论的出现”②，因此唐宋两代，关于“正统”的观念在表面上似乎相同，但在本质上却差别很大。而论旨相近的陈学霖在《欧阳修〈正统论〉新释》也指出，欧阳修《正统论》的写作，有四个背景值得注意，一是“大宋与前朝的统属问题”，二是“《春秋》学复兴的影响”，三是“纂修前史所遭遇的问题”，四是“北宋外交挫折的反应”③。其实总结起来，就是一个国家如何定位的问题，作为一个国家，宋王朝究竟有没有政治合法性，这个政权如何得到传统与经典的支持，如何书写他人与自我的历史，其实，这都是由于“敌国外患”逼出来的问题，如果不存在这些“对手”，或者“对手”不足以使自己国家的存在意义有任何疑问，这些问题是不必要那么严重地提出来，那么郑重地来讨论的。

以上这些研究都相当有价值，结论也毋庸置疑。这里，我们要

① 原载台北《编译馆刊》第一卷第四期，1972年12月，后收入《汉唐史论集》，第362页。傅乐成讨论宋代文化时，指出“民族意识、儒家思想和科举制度，是构成中国本位文化的三大要素，这些要素都在宋代发展至极致”（同上，第372页）。

② 《宋代正统论的形成背景及其内容——从史学史的观点试探宋代史学之一》，原载《食货月刊》第一卷第八期，1971年11月，后收入《宋史研究集》（台北：中华丛书编审委员会，1976）第八辑，第29页。此文认为，宋代出现此论，是因为以下原因，一、鉴于五代的纷乱，二、治《春秋》学的盛况，三、修史所遭遇的问题。并引蒋复璁《宋辽澶渊之盟的研究》语称，真宗时代的天书事件和封禅祀汾阴，“表面上说是对辽雪耻，表示宋有天命，实际上是对内，因为天有二日，民有二主，不能不做些解嘲工作”（第38页）。

③ 载其《宋史论集》（台北：东大图书公司，1993），第141～145页。

进一步讨论的是，“中国”这个观念来历久远，传统的“华夷”之辨里面，这个华夏共同体的族群、区域与文化也一直被普遍认同，异国异族的存在这一现实也从来没有被否认过，“华夷”、“中国”、“正统”等等观念更不是这个时代才有的，那么，北宋出现的这种关于中国和正统的重新确认，如果不是一种历史言说的延续或者重复，那么，在政治史和思想史上，这种关于民族和国家的想象和定位，与前代究竟有什么根本的不同，为什么我们要说，到了这个时候，关于“中国”的意识才真正地凸显起来呢？

二　实际政治与观念想象的差异：天下、四夷、朝贡、敌国

古代中国的“华夷”观念，至少在战国时代已经形成，那个时代，也许更早些时候，中国人就在自己的经验与想象中建构了一个“天下”，他们想象，自己所在的地方是世界的中心，也是文明的中心。大地仿佛一个棋盘一样，或者像一个回字形，四边由中心向外不断延伸，中心是王所在的京城，中心之外是华夏或者诸夏，诸夏之外是夷狄，大约在春秋战国时代，就已经形成了与南夷北狄相对应的“中国”概念。在古代中国的想象中，地理空间越靠外缘，就越荒芜，住在那里的民族也就越野蛮，文明的等级也越低。这种观念和想象并不奇怪，西谚说“既无背景亦无中心”，大凡人都是从自己的眼里看外界的，自己站的那一点，就是观察的出发点，也是确定东南西北前后左右的中心，离自己远的，在自己聚焦关注的那一点后面的就是背景，我是你的

视点，你也可能是我的焦点，但是可能你也是另一个东西的背景，我也可能是他的背景。古代中国历史的记录和书写者处在中原江河之间，他们当然要以这一点为中心，把天下想象成一个以我为中心的大空间，更何况很长一个时期，中国文明确实优越于他们周围的各族。

古代中国人一直对这一点很固执，固执的原因是，除了佛教以外，古代中国从来没有受到过真正强大的文明挑战，古代中国人始终相信自己是天下的中心，汉文明是世界文明的顶峰，周边的民族是野蛮的、不开化的民族，不遵循汉族伦理的人是需要拯救的，拯救不了就只能把他们隔离开来，中国人不大用战争方式来一统天下，也不觉得需要有清楚的边界，常常觉得文化上可以"威服异邦"，而此邦与异邦的地理界限也会随着文明的远播和退守在不断变动。在西晋的时候，曾经有个叫江统的人写过一篇《徙戎论》，想把汉族和其他民族在居住地理空间上分开，可是后来影响并不大。古代中国人的"中国"常常是一个关于文明的观念，而不是一个有着明确国界的政治地理观念。所以，凡是周围的国家，中国人就相信他们文明等级比我们低，应当向我们学习、进贡、朝拜。像古代的《职贡图》，画的是各边缘民族的代表向中央王朝进贡，总是把中国人的皇帝画得特别大，而外族人的使节很矮小。不过，正如有的研究者指出的，尽管古代文献中这样的自我中心主义很明显，但是这种中心与边缘的划分并不完全是空间的，往往中心清晰而边缘模糊，而且，这种关于世界的想象，空间意味与文明意味常常互相冲突和混融，有时候文明高下的判断代替了空间远近的认知。所以，钱穆《中国文化史导论》（修订本）第三章《古代观念与古代生活》说，“在古代观念上，四夷与诸夏实在有一个分别的标准，这个标准，不是‘血统’而是‘文化’。所谓‘诸侯用夷礼则夷之，夷狄进于中国则中国之’，此即是以文化为华夷分别之明证，这里所谓文化，具体言之，则只是一种‘生活习惯与政治方式’”[1]。

应当说，这种观念多少给中国古代人的世界想象，带来一些弹性空间，使他们不至于为了异族的崛起或异文明的进入而感到心理震撼，可以从容地用“礼失求诸野”、“乘桴浮于海”、“子欲居九夷”等等说法[2]，宽慰自己的紧张，所以，在充满自信的古代中国，很多儒家学者一直倾向于夷夏之间的分别在于文明，不在于地域、种族，比如汉代扬雄《法言·问道》在谈到“中国”时就说，这是以有没有“礼乐”也就是“文明”来分别的，“无则禽，异则貉”，《三国志·乌丸鲜卑东夷传》在说到夷夏之分的时候也说，“虽夷狄之邦，而俎豆之象存。中国失礼，求之四夷，犹信”，而唐代皇甫湜在《东晋元魏正闰论》中也说“所以为中国者，礼义也，所谓夷狄者，无礼义也”[3]。显然，在中国古人的心目中，由于相信天下并没有另一个足以与汉族文明相颉颃的文明，因此相当自信地愿意承认，凡是吻合这种文明的就是“夏”，而不符合这种文明的则是“夷”，这个时候，国族的民族因素、空间和边

① 《中国文化史导论》（修订本）（北京：商务印书馆，1994）第三章《古代观念与古代生活》，第41页。

② 见《论语·公冶长》、《论语·子罕》，《十三经注疏》（北京：中华书局影印本，1980），第2473页，第2491页。

③ 见汪荣宝《法言义疏》（北京：中华书局，1996）卷六，第122页；《三国志》卷三〇《乌丸鲜卑东夷传》，第840～841页。《全唐文》（上海：上海古籍出版社影印本，1990）卷六八六，第3115页。

对于国际政治的实际策略，与对于世界秩序的传统想象之间，出现了很大的差异。

界因素，都相当地薄弱。

这种情况一直延续到唐代，到唐代中叶，情况才发生了根本性的变化，而到了宋代，这种变化更是剧烈。日本学者西嶋定生指出，经过唐代9至10世纪的衰落，"宋代虽然出现了统一国家，但是，燕云十六州被契丹所占有，西北方的西夏建国与宋对抗，契丹与西夏都对等地与宋同称皇帝，而且宋王朝对辽每岁纳币，与西夏保持战争状态，这时候，东亚的国际关系，已经与唐代只有唐称君主、册封周边诸国成为藩国的时代大不一样了，从这一状况来看，东亚从此开始了不承认中国王朝为中心的国际秩序"[①]。

这一转变相当重要，这使得传统中国的华夷观念和朝贡体制，在观念史上，由实际的策略转为想象的秩序，从真正制度上的居高临下，变成想象世界中的自我安慰；在政治史上，过去那种傲慢的天朝大国态度，变成了实际的对等外交方略；在思想史上，士大夫知识阶层关于天下、中国与四夷的观念主流，也从溥天之下莫非王土的天下主义，转化为自我想象的民族主义。对于国际政治的实际策略，与对于世界秩序的传统想象之间，出现了很大的差异。这一差异，当然有其观念上的内在来源，陶晋生曾一再强调，"以中国为中心的世界秩序及朝贡制度，虽然是传统中国对外关系的主要模式，但是朝贡制度不足以涵盖整个传统中国历史上的对外关系"，"传统中国固然有一个很强的传统来维持以中国为中心的世界秩序，要求邻国称臣进

① 西嶋定生《中国古代国家と东アジア世界》（东京：东京大学出版会，1983）第六章《东アジア世界と日本史》，第616页。

贡，但是另一个传统也不可以忽视，那就是与邻国实际维持的对等关系”[①]，但是，这种现实主义的策略是在实际的政治运作策略上，而在想象天下的思想史上，汉唐以来，似乎从来没有多少平等的意识，“天下之中”和“天朝大国”的观念仍然支配着所有人对世界的想象。

可是，正如Morris Rossabi所编一部讨论宋代国际关系的论文集的书名*China among Equals*所显示的那样，从那个时代开始，“中国棋逢对手”（也有人翻译为“势均力敌国家中的中国”），也正如它的副题 *The Middle Kingdom and Its Neighbors, 10th – 14th Centuries* 显示的那样，10世纪到14世纪，中国和他的邻居的关系发生了重大变化[②]。什么变化呢？这就是宋帝国不像以前的唐帝国，唐帝国曾经有过的“天可汗”气象不再出现，北方的辽和西北的夏，后来的女真与更后来的蒙古，始终像是笼罩着它的阴影，使它不得不一想起这一现实，就有些英雄气短。宋太祖传说中的“卧榻之侧，岂容他人酣睡”，只是一句自我安慰式的大话。陶晋生曾经提到，景德誓书以后，宋、辽间常用“南北朝”的称呼，虽然李焘《长编》卷五八（景德元年十二月辛丑）说景德誓书只是“大宋皇帝谨致书于大契丹皇帝阙下”，但是，陶晋生指出，当时事实上已经习惯并且承认了这一称呼。因此他说，宋人有关“多元国际系统”的两个重要观念是，“一、认知中原是一个

① 陶晋生《宋辽关系史研究》（台北：联经出版事业公司，1983）第一章《宋辽关系的历史背景》，第5页，第10页。

② Morris Rossabi 编 *China among Equals: The Middle Kingdom and Its Neighbors, 10th –14th Centuries*, University of California Press, Berkeley, 1983.

在北宋一切都变化了，民族和国家有了明确的边界，天下缩小成中国，而四夷却成了敌手。

‘国’，辽也是一‘国’。二、认知国界的存在”。前者，表现在文件中常常有“邻国”、“兄弟之国”等名词。后者，陶氏指出，“宋人对于国界的重视，足以推翻若干近人认为传统中国与外夷之间不存在‘清楚的法律和权力的界限’的看法”[①]。

三 中国：“边界”的浮现

有没有明确的边界和边界意识，是民族和国家观念中一个相当重要的方面[②]，欧洲近代民族国家建构的历史观念其实套不到中国历史上面，中国关于民族国家的历史应当自己书写。在“溥天之下，莫非王土，率土之滨，莫非王臣”的古代中国，“自我”和“他者”的差异并不很清楚。《汉书》卷九四下《匈奴传》曾经有一段很有意思的话，很表现古代中国对于四夷的观念和态度，“来则惩而御之，去则备而守之。其慕义而贡献，则接之以礼让，羁縻不绝，使曲在彼，盖圣王制御蛮夷之常道也”。这种“怀柔远人”的方式背后，是一种自足与自满，觉得在道德上和在经济上，自己都高人一等。但是，在北宋一切都变

① 以上均见陶晋生《宋辽关系史研究》第五章《北宋朝野人士对于契丹的看法》，第31页，第99页，第101页。

② 从宋辽和约之后，不断有频繁的“勘界”即划分“国界”之举，这是过去中国历史上不曾有过的，值得特别注意。日本学者佐伯富曾经在很早就指出，宋辽之间划定边界，“似为中国历史上空前所未有……实含蓄历史上的时代转移之倾向，外民族的自觉，乃为中国近世史上的一大转变，而划定国境问题之发生，又为此转变中之一现象也”。见佐伯富（李景镕译）《宋代雄州之两输地》，载存萃学社编，周康燮主编《宋辽金元史论集》（台北：崇文书局，1971），第44页。但佐伯富主要从两国间的国际政治秩序着眼，又将其放在唐宋变革论的框架下，我在这里主要讨论的是这一系列政治上的变化何以引起宋代出现自觉的民族和国家意识。

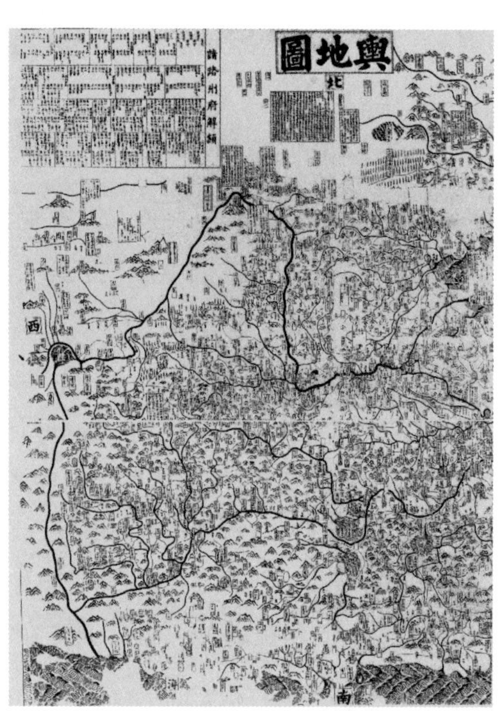

日本京都东福寺所藏宋代《舆地图》

化了，民族和国家有了明确的边界，天下缩小成中国，而四夷却成了敌手[①]。宋辽间的"南北朝"称呼，使得中国第一次有了对等外交的意识，漫无边界的天下幻影散去后，边界的划分、贡品的数量、贸易的等价、使节的礼仪等等，都开始告诉人们"它者"（the others）的存在。"积弱"的现实和"自大"的意识，事实上对等的外交和仍然使用的天朝辞令，如此反差巨大，使得这些怀抱华夏文明的自豪感的士人颇为尴尬，这在唐以前的中国是几乎没有的[②]。

在思想史与文化史方面最值得注意的变化之一，就是对于知识的专有权利意识开始萌芽。在唐代，唐人觉得中国就是整个"天下"，多少有些不把四夷放在心上，因此把自己的家门大敞开着，觉得这是"海纳百川"的"天下共主"的气度。唐代那些日本使臣和僧侣到中国来，临行时总是携带一堆书，儒经也有，佛典也有，连那些不那么能登大雅之堂的《游仙窟》甚至《素女经》、《玉房秘诀》，也随便他们抄回去，并不觉得这就泄露了国家机密，也不觉得这就丢了上国斯文，反而觉得这是"以夏变夷"。只有一回例外，就是在吐蕃日益强大，弄得

① 比如欧阳修就写有《乞令边臣辨明地界》、《奏北界争地界》、《论契丹侵地界状》等等，划清地界，确定你我，说明当时已经有了边界意识。载《欧阳修全集》卷一一八，第1816页，第1821页，第1822~1824页。又，据苏颂《华戎鲁卫信录总序》记载，元丰四年奉诏类编北界国信文字，其目为《叙事》、《书诏》、誓书、岁币、国信、国书、奉使、驿程地图、名衔年表、仪式、赐予……共二百卷。《宋文鉴》（北京：中华书局，1992）卷八九，第1268~1270页。又，赵汝愚编《宋朝诸臣奏议》（北大中古史中心点校本，上海：上海古籍出版社，1999）中专门设了"边防门"，其中十六卷中，辽夏占了十二卷，青唐、高丽一卷，女真一卷，交趾蛮徭一卷。

② 关于这一方面，还可以看王赓武《小帝国的辞令：宋代与其邻国的早期关系》，英文本原载上引 *China among Equals: The Middle Kingdom and Its Neighbors, 10th–14th Centuries*，姚楠中译文，载《王赓武自选集》（上海：上海教育出版社，2002），第61~82页。

唐帝国寝不安席的时候，于休烈上过一份奏折，叫《请不赐吐蕃书籍疏》[1]，但是，好像也没有下文，该送的照样送，看看日本人自己编的各种《将来书目》，就知道这种“文化馈赠”在唐代是多么大方。

但是从宋代起，这种“馈赠”就有了限制。据不完全的资料，从宋真宗景德三年（1006）起，朝廷就下诏，令边民除了九经书疏，不得将书籍带入榷场[2]。仁宗天圣五年（1027），又因为臣僚著撰文集，经由雄州榷场流向北方的辽国，于是下令重申禁例，并且命令“沿边州军严切禁止，不得更令将带上件文字出界”[3]，康定元年（1040）再次下令禁止，而且许人告发，并委托开封府来全权管理[4]。又过了十几年（至和二年，1055），对于民族国家的地位相当敏感的欧阳修，在《论雕印文字札子》中相当严肃地请求朝廷，下令禁止雕印有关时事的文字，“臣窃见京城近有雕印文集二十卷，名为《宋文》者，多是当今论议时政之言……其间陈北虏事宜甚多，详其语言，不可流布，而雕印之人不识事体，窃恐流布渐广，传入虏中，大于朝廷不便。及更有其余文字，非后学所须，或不足为人师法者，并在编集，有误学徒”[5]，而元丰元年（1078）四月，皇帝再次下诏，“诸榷场除九经疏外，若卖余书与北客，及诸人私卖与化外人书者，并徒三年，引致者减一等，皆配邻州

① 《全唐文》卷三六五于休烈《请不赐吐蕃书籍疏》，第1644页。

② 李焘《续资治通鉴长编》（北京：中华书局，2006）卷六四，第553页。

③ 《宋会要辑稿》（北京：中华书局影印本，1957）《刑法二》之一六，第165册，第6489页。又《续资治通鉴长编》卷一〇五，第1000页。

④ 《宋会要辑稿·刑法二》之二四，第165册，第6493页。

⑤ 《欧阳修全集》卷一〇八《奏议》卷一二，第1637页。

本城。情重者配千里，许人告捕给赏，著为令”。两年以后又下诏杭州，“禁民毋以言涉边机文字鬻高丽人”①。接着，在元祐四年（1089），刚刚出使到过北方的苏辙也提出建议，“本朝民间开版印行文字，臣等窃料北界无所不有”，其中“臣僚章疏及士子策论，言朝廷得失、军国利害，盖不为少，兼小民愚陋，惟利是图，印行戏亵之语，无所不至，若使尽得流传北界，上则泄漏机密，下则取笑夷狄，皆极不便”②。于是，第二年（1090），礼部就下了禁令，“凡议时政得失、边事军机文字，不得写录传布”，“诸戏亵之文，不得雕印”③。

这不是一种临时的策略或者偶然的警惕，而是现实情势的转移和普遍观念的改变，不仅是对于有可能来犯的辽夏，就是对于高丽和交趾，也一样小心，北宋的张方平和沈括，均对高丽入贡者“所经州县，悉要地图”，抱有很高的警惕④。而大观元年（1107）闰十月十日对交

① 《续资治通鉴长编》卷二八九，第2725页；卷二九四，第2762页。

② 《栾城集》（北京：中华书局，1990）卷四二《北使还论北边事札子五道》，第747页。

③ 《宋会要辑稿·刑法二》，第165册，第6514页。为了国家的命运和尊严，这种禁止当然有合法性和合理性，不过，这种对于印刷出版的控制一旦越界，事情马上就变了味道。要知道以“国家”的名义照样可以暗渡陈仓夹带私货，特别是怀有某种意图的政治权力把这种正当性延伸到了另一个领域的时候。就在这份元祐五年（1090）的礼部令中，借着对敌国的担心，顺便地就把对本国的知识和思想也一同控制起来，禁令中说，不仅“本朝会要实录，不得雕印”，就连“其他书籍欲雕印者，选官评定有益于学者，方许镂板”，而且“候印讫，送秘书省”。而且这种控制越来越严厉，在宋徽宗时代，大观二年（1108）三月三日的诏令规定，凡将违禁文字“贩卖、藏匿、出界者，并依铜钱法出界罪赏施行”，见《宋会要辑稿·刑法二》之四七，第165册，第6519页。宣和四年（1122）十二月，权知密州赵子昼上疏，指出因为神宗朝正史多依王安石日录，“其中兵谋政衡往往具存，然则其书固亦应密”，所以建议禁止流通，“愿赐禁止，无使国之机事，传播闾阎，或流入四夷，于体实大”，见《宋会要辑稿·刑法二》之八六，第165册，第6538页。宣和五年（1123）七月十三日，中书省上言，禁止福建等地印造和出售苏轼、司马光文集，见《宋会要辑稿·刑法二》之八八，第165册，第6539页。

④ 张方平《乐全集》卷二七《请防禁高丽三节人事条》，沈括《梦溪笔谈》卷三。

趾贡使乞市书籍的回应，虽然许诺可以出售书籍，但明确限制许可的范围，其中“禁书、卜筮、阴阳、历算、术数、兵书、敕令、时务、边机、地理”，这些涉及国家机密的资料书，和能够引起强弱变化的技术书是不可以卖给“外人”的[①]。

陈学霖曾经研究过这一变化，并指出，“自宋代以下，执政者辄以国防机密，或以政治安危为由，干预侵犯作者的权利，动以刑法处置民事，正是王权膨胀之结果……此一趋势，就是从宋代开始。何以一崇儒厚道，以文德治国为典范的王朝，在这方面实质上是背道而驰，史家宜发深思”[②]。这当然不错，但是接着再进一步追问的话，那么就要追问，为什么那个时代对于书籍出口如此警惕[③]？

四　民族、国家与文化的观念：反夷教的意识以及确立道统

庆历二年（1042），欧阳修写了一篇著名的《本论》，提出全面而

① 参看《宋会要辑稿·蕃夷四》的记载。

② 陈学霖《宋史论集》（台北：东大图书公司，1993），第206页。很早就有学者研究过宋代禁止图书外流的历史，如杜光简《盐禁与边患、书禁——读宋史札记之二》，原载国立齐鲁大学国学研究所《责善半月刊》第二卷第七期（1940）；刘铭恕《宋代出版法及对辽金之书禁》，载《中国文化研究汇刊》（成都：华西、金陵大学，1945年9月）第五卷（上），第95~114页；李孟晋《宋代书禁与椠本之外流》，原载《香港图书馆协会学报》第四期，1977年11月，后收入《宋史研究集》（台北：编译馆，1981）第十三辑，第319~328页。

③ 到南宋，继续北宋的这一政策，尤其是庆元年间，据《庆元条法事类纂》（北平：燕京大学图书馆影印本，1948）记载，禁止雕印的有御书、本朝会要、言时政边机文字、律令格式、刑统、历日、诸举人程文、事及敌情者、国史、实录等等。叶德辉《书林清话》（北京：中华书局，1959）卷二“翻板有例禁始于宋人”，已经指出此点（第36~43页）。

且是根本的变革方案，包括了“均财而节兵、立法以制之、任贤以守法、尊名以厉贤”，即兵（军事）、财（财政）、法（制度）、贤（人才）、名（秩序）五个方面，这种要求国家从根本上改弦更张的政治背景，如果仔细推敲，其实是在异域强大对照下的自我忧患①。他向当时的人们提出一个不得不回答的尖锐问题，现在一切表面看来都很好，但是，“南夷敢杀天子之命吏，西夷敢有崛强之王，北夷敢有抗礼之帝者，何也？生齿之数日益众，土地之产日益广，公家之用日益急，四夷不服，中国不尊，天下不实者何也？”②虽然，他一方面说现在“天下为一，海内晏然”，但另一方面话里话外又充满了危机感。

这种危机感在当时很普遍，正是因为外敌的存在和强大、汉族的焦虑和紧张，使得北宋《春秋》之学与攘夷尊王之学很兴盛，也使得庆历以后的那几十年里倡言改革成为风气③。欧阳修在《新五代史》卷七二《四夷附录序》里说的“自古夷狄之于中国，有道未必服，无道未必不来”，后两句就很有些感叹无奈的意思。西夏和契丹，使得从来以为中国即天下的士人，真正开始意识到国家的局限，也深深地感到周边的压力。欧阳修在说到西夏时，虽然他很愤怒西夏“欲自比契丹，抗衡中国，以为鼎峙之势”，但是，他也察觉到中国对于西夏，“茫然不知所措，中外震骇，举动仓惶”④。曾经负责边防事

---

① 更早的范仲淹也看到“守在四夷，不可不虑，古来和好，鲜克始终”，正是在这种民族和国家的焦虑中，他在天圣三年（1025）提出了他的改革建议，参见张荫麟《北宋的外患和变法》，载《思想与时代》月刊第五期（1941），此引自存萃学社编，周康燮主编《宋辽金元史论集》，第16页。

② 《本论》，《欧阳修全集》卷六〇《居士外集》卷一〇，第861页。

③ 参看《宋文鉴》卷四六欧阳修《论杜韩范富》，第700页；卷四九司马光《论北边事宜》，第746页；卷九六刘敞《治戎上》、《治戎下》，第1346页；卷九九苏辙《北狄论》，第1383页。

④ 欧阳修《言西边事宜第一状》（治平二年），载《欧阳修全集》卷一一四，第1721页。

务的韩琦也觉得，契丹已经“非如汉之匈奴、唐之突厥，本以夷狄自处，与中国好尚之异也”，这时的契丹给宋帝国的感觉，已经不是夷狄，而是敌国了，所以说，“契丹称强北方，与中国抗者，盖一百七十余年矣，自石晋割地，并有汉疆，外兼诸戎，益自骄大”[①]。但是，他们觉得更可怕的是，一些中国人采取的是鸵鸟政策，掩耳盗铃，张耒《送李端叔赴定州序》痛心疾首地说，“为今中国之患者，西北二虏也……自北方罢兵，中国直信而不问，君臣不以挂于口而虑于心者，数十年矣”[②]，这和苏辙的看法一样，苏辙也说，“今夫夷狄之患，是中国之一病也”，而这个病，已经不仅仅是肘腋之患，而且已经是病入膏肓[③]。

病入膏肓需要痛下针砭，但是好像痼疾又很难痊愈。邵雍《思患吟》里就长声叹息，“奴仆凌主人，夷狄犯中国。自古知不平，无由能绝得”[④]，而李觏《上范待制书》则忧心忡忡，一方面是“仕籍未甚清，俗化未甚修，赋役未甚等，兵守未甚完”，一方面又“异方之法乱中国，夷狄之君抗天子”[⑤]。现实生活中，王朝的范围缩小，凸显了帝国的边界，过去汉唐那种睥睨四方君临万国的心理，在周边的压迫下开始发生变化，由于知道“中国”不等于“天下”，面对异邦的存在，赵宋王朝就得在想方设法抵抗异族的侵略之外，凸显自身国家的合法性

① 《宋文鉴》卷四四韩琦《论时事》，第672页。又，韩琦《答诏问北虏地界》，第676页。
② 《宋文鉴》卷九一，第1293页。
③ 苏辙《栾城集》卷一九《新论中》，见《苏辙集》（北京：中华书局，1990），第351页。
④ 邵雍《伊川击壤集》（四部丛刊缩印本）卷一六，第117页。
⑤ 李觏《李觏集》（北京：中华书局，1981）卷二七《上范待制书》，第294页。

不过，这一民族和国家边界意识的形成，直接后果是使得中国主要是汉族士人不得不严肃地面对「他国」与「异文明」。

轮廓，张扬自身文化的合理性意义。但是自己的文化合理性意义究竟在哪里？有人相信或者坚信这种文化的血脉吗？这使得很多士人开始担忧道统的失坠，尤其经过唐代中期的变乱，经过五代的纷争，历史记忆一直困扰着士人，使他们开始认真考虑如何确认“正统”，以抵御“外患”，重建“道统”，以对抗包括蛮夷戎狄之文化侵蚀的问题，这是《中国论》和《正统论》撰写的大背景，也是宋代道学或者理学产生的大背景，这当然要另文详细讨论[①]。

不过，这一民族和国家边界意识的形成，直接后果是使得中国主要是汉族士人不得不严肃地面对“他国”与“异文明”。严肃面对的结果是两个，第一个结果是，他们开始对“出入境”加以限制，除了勘定边界之外，他们还要限制“外国人”的居住区域，要限制“中国人”的外出范围，即使在北宋较安定的时代，他们也对异域人的活动有相当的警惕，天禧二年（1018），官方曾经根据朱正臣的建议，对于来中国进行贸易的“蕃商”进行限制，景祐二年（1035），又曾经根据郑载的建议，禁止番客带妻儿在广州居住并购买物业[②]，番商们不能在各地官衙附近购买房屋，这是为了在空间上对族别加以区分。同时，涉及技术性的书籍和通晓这类知识的士人，不能出境到异族区域，以免知识和技术的外传，前面曾经仔细介绍过对于书的出口限制，其实对于人也一

① 梁启超《论正统》认为，正统论起，有二原因，一是当时君臣自私其本国，二是由于陋儒误解经义，煽扬奴性。这恐怕是以现代思想解释古代思想，至少在宋代并不能这样理解。参看葛兆光《理学诞生前夜的中国》，载《中国史研究》（北京）2001年第1期。

② 见《宋会要辑稿·刑法二》，第165册，第6502页，第6506页。

样，元祐年间，官方曾经下令“举人及曾聚学人并阴阳卜筮、州县停废吏人、诸造兵器工匠……并不得入溪洞与归明蛮人相见”[①]。从现有的资料来看，这一严厉的措施在两宋一直被严格执行，知识与国土和现代民族国家一样有了严格的边界。

第二个结果是，对于外来的宗教、习俗和其他文明，士人有了一种基于民族主义立场的反感，也有了一种深深的警惕，他们不再像唐代那样欢天喜地地拥抱这些新鲜的东西，而是怀着戒惧的心情对它们进行批判，他们对外来的宗教信仰采取了相当严厉的态度，对于祆教、摩尼教及其他教团的抵制和镇压，把几乎所有的异端宗教包括可能来自异域文明的宗教都牵连进去。像北宋元祐六年（1091）布衣薛鸿渐和林明发“以妖妄文字”被根治，就是因为他们“教本自海上异域人，于中国已数十年，而近者益炽，故其桀黠至敢上书，以幸张大”[②]。而私刻异教经卷、怪异信仰行为，都在被禁绝之列，像崇宁三年（1104）令各州收缴并焚烧私刻《佛说末劫经》，宣和二年（1120）令拆毁斋堂并焚烧私撰《讫思经》、《证明经》、《太子下生经》、《父母经》，以及屡次下令禁止炼臂灼顶、封肉燃指或者舍身投崖等等，理由就是“毁伤人体，有害民教，况夷人之教，中华岂可效之”[③]；甚至连现代认为是“文明”的火葬，也因为它来自异域文化而不合汉族文明，在士绅阶层和理学家如程颐、司马光、朱熹等人的不懈抵制下，

① 《宋会要辑稿·刑法二》载元祐五年（1090）五月事，第165册，第6514页。

② 《宋会要辑稿·刑法二》，第165册，第6515页。

③ 《宋会要辑稿·刑法二》引政和元年十一月二十四日诏，第165册，第6523页。

被渐渐禁绝[①]。显然，宋代国家对于异族文明及其影响有相当深的警惕。也许，这与宋代始终处在异族的威胁下有关，对于异族文明的抵制最普遍地表现在对固有文明的阐扬和夸张，北宋历史学上的“正统论”、儒学中的“攘夷论”、理学中特别凸显的“天理”与“道统”说，其实，都在从各种角度凸显着，或者说是重新建构着汉族中心的文明边界，拒斥着异族或者说异端文明的入侵和渗透。

一次，朱熹在与弟子的谈话中相当严肃地指出，应当“辨得华夷”即确立汉族传统。他痛心疾首地说，现在就连穿的衣服也还没有“复古”，他甚至不惜以当时皇帝为例进行批评，说“今世之服，大抵皆胡服”，甚至“今上领衫与靴皆胡服”，而在他的历史记忆中，这个染上胡风的历史，可以从宋上溯到唐，从唐上溯到隋，从隋上溯到元魏。按照他的理解，中国文明已经被胡人瓦解了，或者说异域文明已经取代了汉族固有文明，所以横亘在他心中的一件大事就是确立“道统”，划清华夷之界，所以说，“而今衣服未得复古，且要辨得华夷”[②]。

① 关于官方与士绅对火葬的抵制，参看刘永翔《清波杂志校注》（北京：中华书局，1994）卷一二，注释中已经汇集了一些北宋到南宋的文献，可以参看，第508~510页。又，孙应时修、鲍廉增补、卢针续修《琴川志》卷一也曾经引程颐、司马光语批评火葬违背孝亲之义，又遵胡羌之俗，所以是“不孝不仁，莫大于此”，《宋元方志丛刊》（北京：中华书局影印本，1990），第1164页。又，可参见柳诒徵《火葬考》，《史学杂志》第一卷第三期，1929；朱瑞熙等《辽宋西夏金社会生活史》（北京：中国社会科学出版社，1998）第十一章《丧葬（上）：宋辖汉族居住区》，第189~194页。伊佩霞（Pataricia Buckley Ebrey）的《帝制中国的儒家与家礼——一个关于仪礼的社会史著作》（*Confucianism and Family Rituals in Imperial China,*Princeton University Press,New Jersey,1991）第四章《在婚礼和丧礼中抵抗异端和粗俗》（Combating Heterodoxy and Vulgarity in Weddings and Funerals）也讨论到这个问题。

② 《朱子语类》（北京：中华书局，1988）卷九一，第2328页。

五　汉族的和中国的，什么是汉族的和中国的？

西方关于“民族国家”形成与“近代历史进程”的理论，曾经被我们不加分别地接受，其实这一理论有西欧特别的背景，而中国历史有中国历史的解读方式，宋代“中国”意识的形成就是一个例子。同时，我们的视野不必局限在历史学家通常使用的资料范围中，宋代的一些特别的文化现象也可以帮助我们理解宋代“中国”意识的形成。

第一个现象来自诗歌史。本来，在唐代诗歌中也有大量关于中外战争的作品，这些作品往往被称作“边塞诗”。但是，应当注意的是，在这些唐人的边塞作品中，即使是百口相传的名篇，也既有“黄沙百战穿金甲，不破楼兰誓不还”（王昌龄）、“匈奴破尽人看归，金印酬功如斗大”（韩翃）这样主张作战立场相当清楚的，也有“年年战骨埋荒外，空见葡桃入汉家”（李颀）、“少妇城南欲断肠，征人蓟北空回首”（高适）这样不那么赞成战争立场的。可见，无论倾向战还是倾向和，政治立场并没有绝对的正义与非正义差异。可是在宋代，坚持主战成了士大夫中唯一“政治正确”的立场，这也可以用宋代的词汇称作“国是”。宋代对异族和异国的警惕，使得“爱国”主题真正占据了文学主流，诗里是“兽奔鸟散何劳逐，直斩单于衅宝刀”（陆游），词里是“不念英雄江左老，用之可以尊中国”（辛弃疾）。需要思考的是，为什么这种本来常常是尊前、花间的词，却要来反复讨论“中国”和悲愤“番胡”的事？而这种立足“中国”和讨伐“番胡”的立场，为什么在宋代诗歌中也似乎成了唯一的正义？

第二个现象来自小说史。研究小说史的人注意到，唐宋传奇虽然常常被算在一起，但是唐宋小说却大不一样，如三国故事大量产生于宋代，这并不一定仅仅因为宋代有城市、有瓦子，有《东京梦华录》说的“霍四究说三分”。其实，自从欧阳修以及章望之、苏轼、司马光讨论正统问题以来，这个“正闰”的话题下面，就隐藏了宋代文人对于国家的焦虑，为什么是蜀汉？为什么不是曹魏？这背后其实是为什么是大宋，而不是辽夏的问题。当然，这个话题是从东晋习凿齿、唐代皇甫湜以来一直在士人中讨论的，但到了宋代特别是南宋，那么多人讨论，而且都几乎一致地帝蜀寇魏，这就是一个可以思考的问题了[①]。当宋代人再度强力肯定了蜀汉的历史正统位置，确立了刘备、诸葛亮、关羽的正面形象，强调七出祁山进攻中原的合法性以后，即使在金到元外族当政，一般思想世界仍是这种观念占了上风，而且左右了后来所有关于三国的小说、戏曲和讲书的感情向背，这表明了思想史上已经确立了关于“中国”与“正统”的观念。

第三个现象来自宋元之际的知识分子历史。尽管古代已经有“不

① 像张九成批评郑如几《魏春秋》的“魏绍汉统”（《吴兴掌故集》卷三《游寓类》郑如几条、陈霆《两山墨谈》卷一八）、张栻作《经世纪年》“直以先主上继献帝为汉”（《直斋书录解题》卷四）、黄度《通史编年》四卷改变《通鉴》“于三国进魏黜蜀”的写法（《絜斋集》卷一三《龙图学士通奉大夫尚书黄公行状》）、朱黻作《纪统论》“述吕武、王莽、曹丕、朱温，皆削其纪年以从正统”（《文献通考》卷一九三引叶水心语）、萧常撰《续后汉书》四十二卷，开禧中李杞改修《三国志》“尊昭烈后主为汉纪，魏吴次之”（《玉海》卷四七，参看欧阳守道《巽斋文集》卷二《代人上李守书》）。特别是大学者朱熹，在著名的《通鉴纲目》中郑重写下了“汉中王即皇帝位”（《朱子语类》卷一〇五“问《纲目》之意，曰：主在正统。问何以主在正统？曰：三国当以蜀汉为正，而温公乃云：某年某月诸葛亮入寇，是冠履倒置，何以示训，缘此欲起意成书”），都是人们很熟悉的例子。以上关于三国故事这一小节的内容，我曾经在《什么可以成为思想史的资料》一文中作为例子讨论过，载《开放时代》（广州）2003年第4期，第64页。

食周粟”的伯夷叔齐，有据说因为东晋而不书刘宋年号，改以天干地支纪年的陶渊明，但是，无论是秦汉之间、汉魏之间、隋唐之间还是唐宋之间，都不大有成为文化群体的“遗民”，也不太会有坚持民族传统本位的理念，更不曾成为一个知识分子的普遍现象和成为关于“道统”的普遍思想[①]。但是在宋元易代之际，知识分子中“遗民”群体的出现和“道统”意识的形成[②]，在某种意义上说反映了“民族国家”的认同意识，尽管在他们心目中，“王朝”与“国家”始终没有分得很清楚，而“道统”与“政统”也始终纠缠在一起。但是，毕竟“中国”在“外国”的环绕下凸显出自己的空间也划定了有限的边界，从而在观念上开始成为一个“国家”，“汉文明”在“异文明”的压迫下确立了自己独特的传统与清晰的历史，从而在意识上形成了“道统”。

“何必桑干方是远，中流以北即天涯”（杨万里《初入淮河》），到了南宋，“中国”已经从八尺大床变成了三尺行军床了[③]。乾道六年（1170），范成大记载，原来北宋的汴京现在金国的南京，“四望时见

① 刘子健在《宋末所谓道统的成立》中曾经说到，“道学或理学在南宋垂亡之际成为道统，倒确有重大的后果，这与理宗怠于政事无关，而是在南宋亡国之后，忠于宋代不肯做蒙古官的儒者，致力于教学，深入民间。‘国无异论，士无异习’……因政治风波而颂扬的道统，在异族的压迫下，竟扩大渗透而成为汉族全社会的道统”。载刘子健《两宋史研究汇编》（台北：联经出版事业公司，1987），第281页。

② 参看黄现璠《宋代太学生救国运动》（上海：商务印书馆，1936）“对外篇”之七《南宋覆亡后太学生之节操》，第62~68页。姚大力《中国历史上的民族关系与国家认同》中仔细地区分了宋元之际遗民的心态与元明、明清之际遗民的差别，指出他们“可以承认新王朝的合法性，只要采取消极的不合作态度就可以了”，不如后来那么严厉。不过，他也指出“（遗民）道德约束实际上是从宋朝起就得到大力提倡和强调的”。载《中国学术》（北京：商务印书馆，2002）总第十二辑，第187页。

③ 这里借用钱锺书《宋诗选注·前言》（北京：人民文学出版社，1982）中的比喻（第2页）。

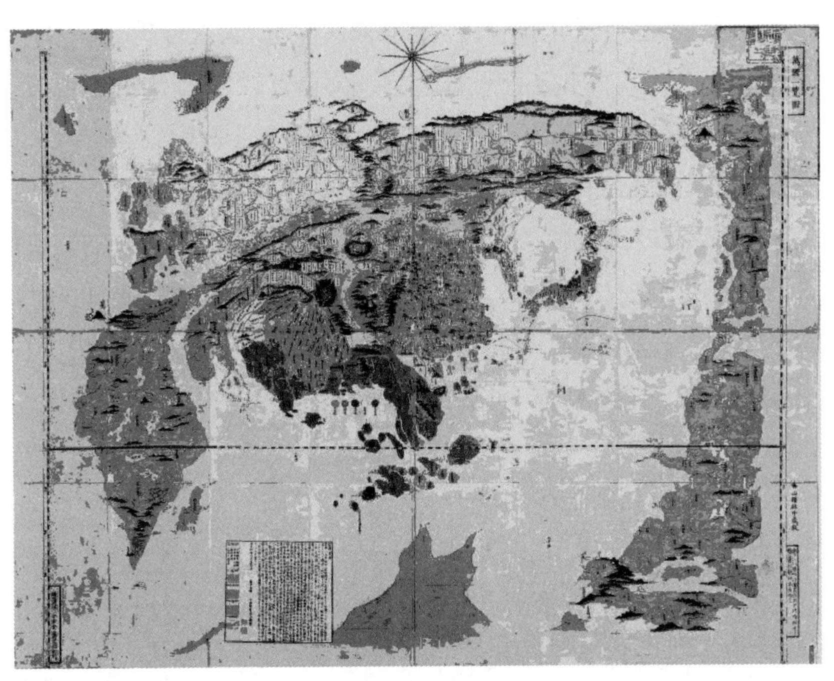

古屋野意春《万国一览图》(1809)

在关于「中国」的各种观念和话题里面，我们很可以看到当时人的感受、焦虑、紧张、情绪，而这些感受、焦虑、紧张、情绪所呈现的一般思想世界，就成了精英观念和经典思想的一个背景与平台，使他们总是在试图证明「中国（宋王国）」的正统性和「文明（汉族文化）」的合理性，而这种观念恰恰就成了近世中国民族主义思想的一个远源。

楼阁峥嵘，皆旧宫观，寺宇无不颓毁。民亦久习胡俗，态度嗜好与之俱化。最甚者，衣装之类，其制尽为胡矣”。差不多同时，楼钥记载安肃军（今河北）“人物衣装，又非河北比，男子多露头，妇女多‘耆婆把’，车人曰：只过白沟，都是北人，人便别也”。露头指髡发，耆婆把指插戴双鸟钗，都已经是异族服装，就是朱熹说的“大抵皆胡服”。在不同政权的控制区域内，不止是服装，文化、语言、习俗都开始出现了差异，本来是同一王朝下的同一民族，在异族控制下却成了异国异俗，那里的人们或许还有一些历史记忆，所以楼钥在雍丘时，驾车人对他说，“向来不许人看南使，近年方得纵观”，又在真定府时，有老妇三四人，指宋使，“此我大宋人也，我辈只见得这一次，在死也甘心，因相与泣下”。但是，历史记忆会随着时间渐渐消失，连原同属宋朝的相州人看见使者，也“指使人曰：‘此中华佛国人也’”[①]。虽有钦慕之色，但言下之意，自己却已经是另一国人了。残酷的现实毕竟比传统的观念更能移人心神，这让到北方出使的人感到相当震惊。从后来的历史来看，那个时候，也许人们的观念世界里面，中国还不是后来那个多民族共同体的“中国”，但是，渐渐也已经不再是原来那个以我为中心藐视四夷的“天下”了。这个汉族中国，在越来越变得庞大的四夷的压迫下，显出中国有限的边界和存在的紧张来。在关于“中国”的各种观念和话题里面，我们很可以看到当时人的感受、焦虑、紧张、情绪，而这些

① 范成大《揽辔录》，楼钥《攻媿集》卷一一一《北行日录》等。参看陈学霖《宋史论集》（台北：东大图书公司，1992）第六篇《范成大〈揽辔录〉传本探索》（第241~284页）与第七篇《楼钥使金所见之华北城镇》（第285~338页）。

感受、焦虑、紧张、情绪所呈现的一般思想世界，就成了精英观念和经典思想的一个背景与平台，使他们总是在试图证明“中国（宋王国）”的正统性和“文明（汉族文化）”的合理性，而这种观念恰恰就成了近世中国民族主义思想的一个远源。

第二章 山海经、职贡图和旅行记中的异域记忆

——利玛窦来华前后中国人关于异域的知识资源及其变化

一 想象和知识的差距：异域的想象

17世纪的最后一年（1699），传教士李明（Le Comte, Louis, 1655—1728）在他的《现时中国》（*Das Heutige Sina*, Frankfurt A.M.and Leipzig, 1699）中曾经批评16世纪那些西方的旅行家和商人说，"在他们（关于中国）的记述中充满了道听途说和庸俗的无聊之谈"[①]，尽管这种批评不无道理，但毕竟充满了后人对前人的无端自负，在李明写下这句话的时代，随着东西方之间传教、通商和外交往来，关于异域的知识越来越多了，但是，在这之前的一二百年，东西两个世界的交往毕竟还不是那么顺畅，很多关于异域的知识，是那么艰

① 转引自利奇温《十八世纪中国与欧洲文化的接触》（北京：商务印书馆，1991），朱杰勤中译本，第18页。艾田蒲（Rene Etiemble）《中国之欧洲》（郑州：河南人民出版社，1992）也指出1670年阿姆斯特丹出版的《耶稣会的阿塔纳斯·基歇尔的中国》（又译为《带插图的中国》，La Chine Illustree）虽然是"出自于当时最有影响力的耶稣会士之一手笔的著作，长期以来具有重要作用"，但是它却"与真实性相距甚远，良莠相混"（许钧、钱林森中译本，上册，第209页）。

利玛窦还没有来到中国之前，中国人对于异域尤其是舟车难至的远方，也充满了各种匪夷所思的想象。平心而论，这些想象还并不全是毫无根据的凭空杜撰，因为古代汉族人对于远方异族的了解，可能比我们知道得要早……

古代中国的汉族人很早就应当有不少关于异族人的准确知识，但是，在观念世界中却始终对于异域有一些来自历史记忆的想象……

难地一点一点积累起来的，因此，在记忆中难免还有想象和揣测，在写作时不免加上一些杜撰和夸张。

异域人看中国如此，中国人看外国也如此。在15、16世纪，也就是利玛窦还没有来到中国之前，中国人对于异域尤其是舟车难至的远方，也充满了各种匪夷所思的想象。平心而论，这些想象还并不全是毫无根据的凭空杜撰，因为古代汉族人对于远方异族的了解，可能比我们知道得要早，不必说唐代长安占了极大比例的异域人如波斯、大食商人，就是现存各种资料，也应当证明古人对于周边异族的了解，比现代历史著作中总会提到的张骞通西域还要早。邢义田教授曾经在《古代中国及欧亚文献、图像与考古资料中的“胡人”外貌》一文中，对于这一点作过相当详细和精彩的研究[①]，而1980年在周原发现的两个大约公元前8世纪的蚌雕人像[②]，更有人认为有高加索人特征。梅维恒（Victor H. Mair）甚至在一篇论文中，从这一猜测开始，进行了一系列大胆的推论，甚至联系到古代的“巫”字的读音，应当与古波斯文Magus（即Magianism一词的来源）有直接关系[③]。如果这种说法成立，那么古代中国人对于异族形象的知识，应当出现得相当早。

但是，观念史上的关于异族的想象（imagine），却与生活史中关于异族的知识（knowledge）有差距，尽管如前所说，古代中国的汉族

① 邢义田《古代中国及欧亚文献、图像与考古资料中的“胡人”外貌》，《台大美术史研究集刊》第九卷（2000），第15~99页。

② 图见《文物》1986年第1期，第46~47页。

③ V.H. Mair《古汉语、古波斯语和现代英语中的“巫”》（*Old Sinitic Myag, Old Persian Magus and English “Magian”*），载Early China, Vol.15, 1990。

人很早就应当有不少关于异族人的准确知识，但是，在观念世界中却始终对于异域有一些来自历史记忆的想象，一直到十五六世纪也就是明代中叶，人们还是习惯于这些想象。这些想象的资源主要来自古典文献，这些文献中，除了一般的历史书的文字记载之外，还有《步辇图》、《职贡图》、《王会图》以及各种佛教壁画中有关异族的种种图像，除了各种海外生活记录如《佛国记》、《经行记》等等旅行记之外，相当重要的还有比如《山海经》、《神异经》及《穆天子传》一类半是神话半是博物的传说，在很长的时间里，这些想象的和记实的资料羼杂在一道，并糅成真假难辨的异域印象，在利玛窦来华之前的中国知识世界中，共同建构了“想象的异国”（imagine of foreign countries）。

二　建构异域想象的三类资源：旅行记、职贡图和神话传说寓言

古代中国对于异域的记载不少。在唐代以前，通西域至远方者已经极多，在张骞、班超以后，尽管大多数远行记录与赴异域取经求法者有关，如《释迦方志》所提到的十六次中外交往中，除了张骞以外，从汉代蔡、秦到唐代的玄奘，大多是佛教徒的取经行为，其记载也多与其取经求法的经历有关[①]，但是，实际上当时对异域与异族的知识已经相当丰富。不仅为逐利无远弗届的商贾必然带来各种异闻，就是

① 道宣《释迦方志》（北京：中华书局，1983），范祥雍校点本，第96～98页。

官方与好奇者也会相当注意。仅以现存图像为例，除了传为梁元帝的《职贡图》外，在各种图像如唐代周昉《蛮夷执贡图》、北宋赵光辅《蕃王礼佛图》等绘画中，都可以看到古代中国人对异国异族的形象知识已经不少[①]。即使是在宋代，虽然国土先后被辽、夏与金压迫，西通之道渐次遮断，但海上交通却因此渐渐兴起，通商贸易和使者往来也使得世俗世界对于异域的世俗知识逐渐增多，其中一些还都是亲闻的记录，内容也从宗教见闻扩大到生活世界的各个方面，如现存的《岭外代答》、《诸蕃志》等等。宝庆元年（1225）赵汝适《诸蕃志序》中说到，他在担任福建路提举市舶司时，曾经"暇日阅《诸蕃图》"，又"询诸贾胡，俾列其国名，道其风土与夫道里之联属，山泽之蓄产，译以华言，删其秽渫，存其事实"[②]。至于元代，国土开拓到无远弗届，水陆两路更是交通频繁，一些中国汉族士人也已经明确地意识到，中国只是世界的很小一部分，"十二州之内，东西南北不过绵亘一二万里，外国动是数万里之外，不知几中国之大"，并认为若以二十八宿来分配天下，"中国仅可配斗牛二星而已"[③]。

从元到明，有不少出使者和航海者的亲身记载，使这种关于异域的知识更加丰富，如《真腊风土记》、《岛夷志略》等等，再加上各

① 唐周昉《蛮夷执贡图》中画有一西域胡人，双手以绳牵一羊，胡髯长袍，腰悬短刀，见《故宫人物画选萃》（台北："故宫博物院"，1976），第3页。北宋赵光辅《蕃王礼佛图》中画蕃王之侧，有十五形状各异的异族人，原画藏美国The Cleveland Museum of Arts，《海外遗珍（绘画）》（台北："故宫博物院"，1985），第21页。

② 《诸蕃志校释》卷首，杨博文《诸蕃志校释》（北京：中华书局，1996），第1页。

③ 周密《癸辛杂识》后集《十二分野》（北京：中华书局，1988），第81~82页。

尽管对于异域的实测知识越来越多，可是在素来习惯于从古典文献中接受各种知识的中国士人那里，关于异域与异族的想象，却仍然常常来自对古典的揣摩和理解。提供异域知识的所谓「古典」主要是古代的历史著作，如《史记》、《汉书》等等对于异域的记载，常常是后来想象的基础……

朝各代异国使者几乎不间断的朝贡，人们对于异域人物与风俗的知识，其实已经相当多了。以明成祖一朝为例，就有古里贡方物（1403）、别失八里贡玉璞（1404）、渤泥贡片脑（1405）、小葛兰贡珍珠伞（1407）、忽鲁谟斯贡马（1412）、哈烈贡狮子（1413）、榜葛剌贡麒麟（1414）、麻林进神鹿（1415）、不剌哇贡象（1416）、法祖儿贡驼鸡（1421）等等，大小远近达百次以上①，正如《四库全书总目》所说，如果说南宋时的《诸蕃志》还“多得于市舶之口传”，但是到了《岛夷志略》，则开始“亲历而手记之，究非空谈无征者比”。此后的明代，有了郑和下西洋之壮举，早在利玛窦来华之前，如《瀛涯胜览》、《星槎胜览》、《西洋番国志》等等，大都已经是“亲历而手记”之书了②。

可是，有一点总是很奇怪。尽管对于异域的实测知识越来越多，可是在素来习惯于从古典文献中接受各种知识的中国士人那里，关于异域与异族的想象，却仍然常常来自对古典的揣摩和理解。提供异域知识的所谓“古典”主要是古代的历史著作，如《史记》、《汉书》等等对于异域的记载，常常是后来想象的基础，而且这种记载以“历史”的名义享有“真实”，以至于后人常常把这些本来记载于文史不分时代的文字，统统当做严谨的历史事实。在此之外，对于一般人来说，主要来自三类资料，一是旅行记，这些本来应当是实录的东西，由于

① 参看龚予等编《中国历代贡品大观》（上海：上海社会科学院出版社，1992）的统计。

② 像巩珍《西洋番国志》中关于“祖法儿国”、“阿丹国”的宗教信仰、服饰、语言、历法的记载，就已经很准确了。《续修四库全书》（上海：上海古籍出版社）第742册影印知圣道斋抄本，第386页。

作者自身的知识和经验，常常把原来习得的记忆和资源带进自己的记录中，所谓“耳听为虚”常常会遮蔽“眼见为实”，特别是他们对异域之“异”的格外兴趣，总是使他们的旅行记不由自主地把“实录”变成“传奇”。二是类似《职贡图》一类关于异域人物的图像，这些图像并不只是收藏在宫廷，民间也常常有种种流传，并被一些小说、类书的插图所转录，这是一种来自古代的博物传统，尽管主流知识思想与信仰世界把记载各种异怪奇珍知识不当回事，即“遐陬珍怪，则百家九流稗官野史之所自出”，但是他们也不排除这些知识，把它当做博闻多识之途径，所以是“圣不语怪，而九牧之金，百物而为之备”，说起来是为了“使民知神奸，山泽川林，不逢不若，于传载之”[①]。像《博物志》和后来很多的类书，都在尽可能地搜罗各种文献的记载，在它们良莠不分有闻必录的汇编中，有各种或真或假的异域记载，也在后来充当着真实的或想象的资源，而很多涉及异域的插图，也会成为这种资源的一部分。三是古代以来的各种神话传说、寓言想象，从《穆天子传》、《庄子》、《十洲记》到《搜神记》等等，因为这些文字中所记载的神话传说中有想象空间。其中，《山海经》一类的文献似乎特别重要，正如冯客（Frank Dikotter）在《近代中国之种族观念》（*The Discourse of Race in Modern China*）中提到的那样[②]，《山海经》关于四周地域的各种“人”的想象，充当了对任何异域事物进行解释和

① 明罗曰褧《咸宾录》（北京：中华书局，2000）卷首刘序，第10页，原标点有误，今改。

② 冯客（Frank Dikotter）《近代中国之种族观念》（*The Discourse of Race in Modern China*）（南京：江苏人民出版社，1999），杨立华中译本，第8页。

知识应该由于旅行的范围渐宽而愈加增多，但是，观念世界的「异域想象」却并不如此。

描述的资源，特别是关于那些似乎具有“非人”特征的异域人形象。

三　想象加上想象，故事加上故事：女国、狗国与尸头蛮

前面我们说过，在利玛窦之前的古代中国人，对于异域的记载已经有不少相当准确和清楚的内容，特别是一些有使外经历的人的文字记述。这里再举一些例子，比如南宋淳熙五年（1178）周去非撰《岭外代答》，在卷二《海外诸蕃国》中提到，“西南诸国……远则大秦为西天竺诸国之都会，又其远，则麻离拔国为大食诸国之都会，又其外，则木兰皮国为极西诸国之都会”，又卷三《大秦国》条记载那里的国王很少出来，“惟诵经礼佛，遇七日即由地道往礼拜堂拜佛”，“国有圣水，能止风涛，若海扬波，以琉璃瓶盛水洒之即止”，同卷《大食国》条则记载其人“各以金线挑花帛缠头搭项，以白越诺金字布为衣，或衣诸色锦，以红皮为履，居五层楼，食面饼肉酪，贫者乃食鱼蔬”，又记载吉慈尼国，“其国有礼拜堂百余所，内一所方十里，国人七日一赴堂礼拜，谓之除（或作厨）幭”[①]。

这大体是实录，本来，这样的知识应该由于旅行的范围渐宽而愈加增多，但是，观念世界的“异域想象”却并不如此。从明代初年至利玛窦到中国之前，不少关于异域和异族的书被编撰和刻印出来，除了像马欢《瀛涯胜览》、费信《星槎胜览》之类的旅行记之外，还有一些

① 分别见于周去非《岭外代答》（上海：上海古籍出版社影印《四库全书》本）卷二，第10页A~B；卷三，第1页B~第2页A，第3页B。

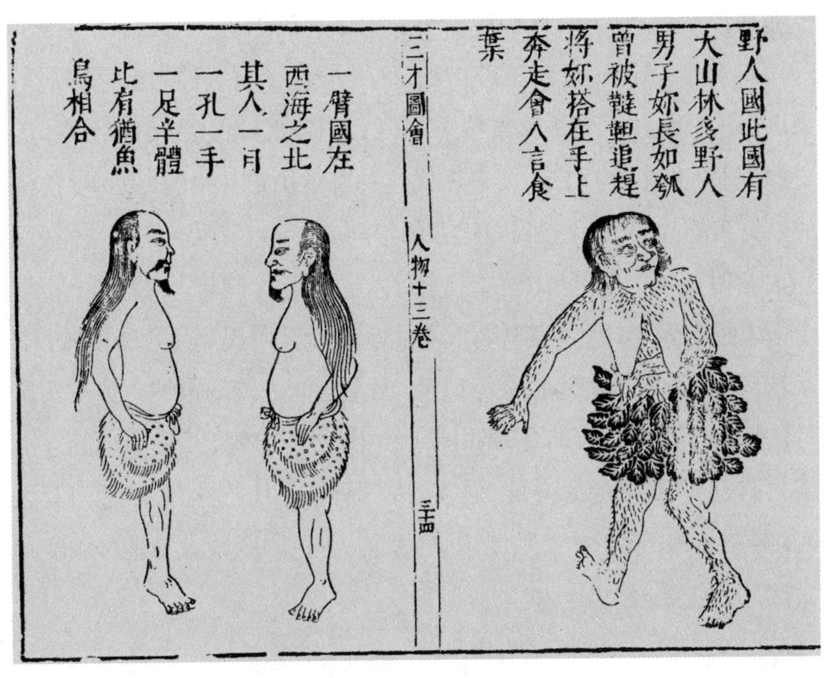
野人國此國有大山林多野人男子妳長如瓠曾被韃靼追趕將妳搭在手上奔走會人言食葉
三才圖會
人物十三卷
三十四
一臂國在西海之北其人一目一孔一手一足半體比肩猶魚鳥相合

《三才图会》想象异域人物

像巩珍《西洋番国志》(宣德九年)、黄衷《海语》(嘉靖初年)、严从简《殊域周咨录》(万历二年)、游朴《诸夷考》(万历二十年)这类书仍然常常习惯性地抄撮“古典”，因此，对于那些遥远的国度与民族，总是在真实的记载之外又加上来自传说的想象，像对于大秦国西面，上引《诸蕃志》卷上就在种种真实的记载之后加上了“或云”，说“其国西有弱水、流沙，近西王母，几于日所入也”，而这种想象之辞最早来自《史记》，这几句话就直接采自《后汉书》[①]。当时的传闻经过了历史的记载和时间的积淀，便在古代这种尊重历史文字的习惯中，仿佛成了真实的故事[②]，一直到明代万历年间游朴的《诸夷考》卷一，在说到大秦时还说“有弱水流沙，几于日入之处”[③]。同样，1228年，相当于南宋绍定元年，耶律楚材写成《西游录》，其中提到黑色印度城，本来这部《西游录》是他的旅行记录，但是当他把传闻也纳入这种实录时，就羼进了想象，“盛夏置锡器于沙中，寻即熔铄，马粪坠地为之沸溢，月光射人如中原之夏日，遇夜，人辄避暑于月之阴。此国之南有大河，阔如黄河，冷于冰雪”，据研究者说，黑色印度城大约是今印度和

① 《史记》(北京：中华书局)卷一二三《大宛列传》中记载张骞的话，只是传闻，说“安息长老传闻条支有弱水、西王母，而未尝见”，第3163—3164页。《汉书》(北京：中华书局)卷九六上《西域传》同，第3888页；但是，鱼豢《魏略》已经发现了这种传闻的问题，因为对安息和大秦已经有所了解，因此批评这是谬传。《三国志》(北京：中华书局)卷三〇注引《魏略·西戎传》，第860—861页。于是到了《后汉书》(北京：中华书局)卷八八《西域传》，虽然用了“或云”二字说明仍是传闻，但是把“弱水”从已知的条支、安息、大秦推向更远的“(大秦)国西”，又在“弱水”后加了“流沙”，再加上“几于日所入也”，这样，就避开了增长的知识，使那个想象的国度更加渺远和神奇(第2920页)。

② 《诸蕃志校释》，第81~82页。

③ 《诸夷考》(上海：上海古籍出版社影印《续修四库全书》第742册)卷一，第445页。

巴基斯坦北部一带，但这种夜寒的描述却是想象[①]。可这样的记载仍然被写在了后来的四裔书中，古代的想象加上后来的想象，故事上面叠加故事，便使得越来越多的传闻进入了历史。

这里举一些很典型的例子。比如关于“女人国”[②]，这个由于《西游记》而普遍被记住的传说其实来源很早。在《山海经》中，《海外西经》和《大荒西经》分别都有“女子国”的记载[③]，在《三国志·魏志·东夷传》所谓其国“在海中，纯女无男”和《后汉书·东夷传》所谓“其国有神井，窥之辄生子”的记载之后[④]，这个出自想象的异邦，一方面作为历史传闻被《梁书·诸夷传》、《南史·夷貊传》等史书所记录[⑤]，一方面也作为一种博物知识被《博物志》、《杜阳杂编》、《太平御览》、《册府元龟》、《事林广记》所抄录。到了北宋刘斧撰《青琐高议》，便在前集卷三《高言》一则中记载“东南有女子国，皆女子，每春月开自然花，有胎乳石、生池、望孕井，群女皆往焉，咽其石，饮其水，望其井，即有孕，生必女子”，可见传闻日广，而且已经添油加醋[⑥]。而到南宋以后的很多著作，如《岭外代答》卷三、《诸蕃志》卷上，则

① 《西游录》（北京：中华书局，1981）上，向达校注，《西游录　异域志》合刊本，第3页。

② 关于女国或女人国，可以参看希勒格（Gustave Schlegel）《中国史乘中未详诸国考证》，此文备引中外著述，考证颇详，只是在引用汉文文献时略有遗漏和疏略，载冯承钧译《西域南海史地考证译丛》第三辑（北京：商务印书馆，1999）。

③ 袁珂《山海经校注》（上海：上海古籍出版社，1980），第220页，第400页。

④ 《三国志》（北京：中华书局）卷三〇，第847页；《后汉书》（北京：中华书局）卷八五《东夷列传》，第2817页。

⑤ 《梁书》（北京：中华书局）卷五四《诸夷传》和《南史》（北京：中华书局）卷七九《夷貊传下》都是引述慧深的话：“扶桑东千余里有女国，容貌端正，色甚洁白，身体有毛，发长委地，至二三月竟入水则妊娠，六七月产子……”（见《梁书》，第808页，《南史》，第1976~1977页）。

⑥ 刘斧《青琐高议》（上海：上海古籍出版社，1983）前集卷三，第31~32页。

进一步接受了《大唐西域记》卷四婆罗吸摩补罗国北大雪山中有“东女国”和卷一一拂懔国西南海岛有“西女国”的想象，以及《新唐书》卷二二一上《西域传》关于东西各有“女国”，东女国是羌人别种，“东与吐蕃、党项、茂州接，西属三波珂，北踞于阗”的似乎实录的历史记载，在这些旅行实录和历史著作之外，更添加想象，说有东、西两个女人国[1]。而且，据赵汝适《诸蕃志》说，关于女人国的事情，是由于有“一智者夜盗船亡命得去，遂传其事”，这样本来“查无实据”的传闻由于经过了“远行者”的证实、“正宗历史”的记载，还附益了“眼见为实”的经验，因此这里的记载便借着实录的表象夹杂在真实地理记录之中，后来的元人周致中的《异域志》便接受了这一说法[2]，使这种本来只是传闻的故事，转成了真实的知识。

关于异域蛮族“非人”和“野蛮”的故事，常常并不来自异域的观察却来自本土的想象。古代中国人相信自己的“文明”，而想当然地认定四夷的“野蛮”，当他们仍处在这一历史传统中，挟着本土的想象去看异域的生活时，总是把一些恐怖怪异、不可理喻的事情附益在自己

① 季羡林等《大唐西域记校注》（北京：中华书局，1985），第408页，第943页。《新唐书》（北京：中华书局）卷二二一，第6218～6219页。据南宋赵汝适著，杨博文校释《诸蕃志校释》（北京：中华书局，1996）卷上，东南有一个女人国，“其国女人遇南风盛发，裸而感风，即生女也”。西海还有一个女人国，与上一个不同的是，这里只是“以女为国王，妇人为吏职，男子为军士，女子贵，则多有侍男，男子不得有侍女，生子从母姓”，已经和《大唐西域记》、《新唐书》不同了（第130～131页）。

② 周致中《异域志》（北京：中华书局，陆峻岭校注本，1981）卷下，第54页。到了明代游朴《诸夷考》（上海：上海古籍出版社影印《续修四库全书》第742册）卷一，在记录苏吉丹的时候，则又提到一个说法，说“苏吉丹乃阇婆之支国，于泉州为丙巳方，东至海，水势渐低，女人国在焉，逾东则尾闾之所泄，非人世矣”（第446页）。

「狗国」。

并不熟悉的空间里。例如关于“佛郎机国”好食小儿的传说，在《殊域周咨录》卷九《佛郎机》中，就不知道从什么地方听说此国与爪哇相对，因而也一样好食人肉，尤其“好食小儿”，而且它还仔细想象和记载了小儿的食法，是“以巨镬蒸水成沸汤，以铁笼盛小儿置之镬上，蒸之出汗，汗尽乃取出，用铁刷刷去苦皮，其儿犹活，乃杀而剖其腹，去肠胃蒸食之”[①]。特别是关于“狗国”的记载，这是一个把异族想象成非人类的例子，自从《梁书》与《南史》记载天监六年（507）晋安人渡海飘至一岛，看到“女则如中国，而言语不可晓，男则人身而狗头，其声如吠”，因而把传闻变成历史、把想象当作地理，以后有不少书都辗转抄撮，到元明两代更附会增添，如《异域志》卷下说它在“女真之北，乃阳消阴长之地，得天地之气，驳杂不纯”，所以男子长得像狗，不能说人话，声音像狗叫，还传说辽代有商人到过那里，而明代的《殊域周咨录》则说它在中国的“正西，昆仑狗国，塌耳贯胸”[②]，而在《三才图会》中，不仅绘制其形，而且说狗国离应天府“行二年二个月”，还继承《异域志》的说法，添油加醋地把那里的女性从“言语不能晓”改写成了“能汉语”，而且深明大义，教流落到那里的中国男人用“肉筋诱狗”的方法，使他逃回中国，于是又把传闻演绎成了小说，并在小说中寄寓了中国文明与中国男性的自我中心观念，隐含了对异域和异

① 严从简《殊域周咨录》（上海：上海古籍出版社影印《续修四库全书》第735册）卷九，下面还记载了佛郎机人在东莞常常潜出买小儿的故事（第711页）。

② 严从简《殊域周咨录》卷首万历甲戌题辞，第469～470页。

「尸头蛮」。

族的嘲讽和拒斥[①]。

再比如关于尸头蛮，《岛夷志略》“宾童龙”条记载说，这些叫做“尸头蛮”的女子“亦父母所生，与女子不异，特眼中无瞳人，遇则飞头食人粪尖，头飞去，若人以纸或布掩其颈，则头归不接而死。凡人居其地大便后，必用水净浣，否则蛮食其粪，即逐臭与人同睡，倘有所犯，则肠肚皆为所食，精神尽为所夺而死矣”[②]。据校释者猜测，这大约是从《搜神记》、《酉阳杂俎》一类博物志怪小说，以及《新唐书·南平獠传》等等历史记载中的飞头故事中衍生而来的[③]，可是由于它曾经在号称“真实”的“历史”中出现过，因此在习惯于“有书为证”的古代中国士人那里，它似乎也拥有了真实性。这样的记载从元代到明代陈陈相因，在拥有历史传统的记载中被反复抄录，像曾经亲自随船到过异域的巩珍、马欢、费信，在他们写成的《西洋番国志》、《瀛涯胜览》和《星槎胜览》中也同样像传奇似地记载着占城国的“尸只于”、“尸致鱼”或“尸头蛮”[④]，而明代的黄衷在《海语》卷下引述关于“尸

① 《梁书》（北京：中华书局）卷五四《诸夷传》，第809页，《南史》（北京：中华书局）卷七九《夷貊传下》，第1977页，王圻编《三才图会》（上海：上海古籍出版社影印本，1988），第829页。又，这种传闻在清末还有，俞樾《茶香室续钞》（北京：中华书局，1995）卷一九“狗头人”便引陈鼎《滇黔纪游》说狗头国在金沙江上游，要走一百二十多天才能到达，“上下衣服同中国，口耳眉目皆狗也”（载《茶香室丛钞》第二册，第838页）。

② 元汪大渊著，苏继庼校释《岛夷志略校释》（北京：中华书局，1981），第63～64页。

③ 《新唐书》（北京：中华书局）卷二二二下《南蛮·南平獠传》中记载的“飞头”故事是“有飞头獠者，头欲飞，周项有痕如缕，妻子共守之，及夜如病头忽亡，比旦还”，似乎与上述“尸头蛮”不同（第6326页）。

④ 巩珍《西洋番国志》（上海：上海古籍出版社《续修四库全书》第742册影印知圣道斋钞本），第375页；马欢《瀛涯胜览》（上海：上海古籍出版社《续修四库全书》第742册影印陈眉公家藏密笈本），第392页；费信《星槎胜览》（上海：上海古籍出版社《续修四库全书》第742册影印古今说海本），第410页。

想象的背后，除了天朝大国对于蛮夷的不屑和轻蔑外，就来源于一些人们常常阅读的古典……

头蛮”的这些说法的时候，还要引他的僚友、乡伯、盐商以及《双槐集》的说法来作佐证，证明“六合之中，无所不有，而海外神怪为多，故曰视听之表，圣贤有不言者也”[①]。同样奇异的是，元成宗元贞元年（1295）奉命出使真腊的周达观，更是特别记载了那里的一个传说，说国王要夜卧金塔之下，与当地的九头蛇精“同寝交媾，虽其妻亦不敢入，二鼓乃出，方可与其妻妾同睡。若此因一夜不见，则番王死期至矣。若番王一夜不往，则必获灾祸”。他又注意到了那里“多二形人，每日以十数成群，行于墟场间，常有招徕唐人之意，反有厚馈，可丑可恶”[②]。这大概也是一种传闻和想象，而想象的背后，除了天朝大国对于蛮夷的不屑和轻蔑外，就来源于一些人们常常阅读的古典，而这些新典过了若干年代又成为古典，再被人们抄进新书，因此到了明代，仍然有人接着复述这些奇怪的故事，像严从简的《殊域周咨录》卷八记载“真腊”，就再次叙述了这一故事，并且引了《吾学编》、《宋史》等等，说明“有史为证”[③]。

四 利玛窦之前的异域想象：来自古典知识和历史记忆

陶渊明的两句诗“泛览周王传，流观山海图”是人们相当熟悉

① 黄衷《海语》（台北：台湾商务印书馆影印《四库全书》第594册）卷下，第134页。

② 周达观著，夏鼐校注《真腊风土记校注》（北京：中华书局，1981），第64页，第102页。

③ 严从简《殊域周咨录》（上海：上海古籍出版社《续修四库全书》第735册影印明万历本）卷八，第676页。

的[1]，“周王传”是指《穆天子传》，“山海图”指的是《山海经》以及图像，古代很多士人大约都有这样的读书经历，也大约从这些“开拓心胸”的书中获取了相当多超越经典和现实的知识。除了记载想象中极西昆仑的《穆天子传》和四海大荒的《山海经》外，这种知识还应当包括被戏称为“谈天”的邹衍“大九州”学说，这一类书应当还包括像道教想象三岛十洲的《玄中记》、《十洲记》以及佛教想象四大部洲的各种经典。儒者“一物不知则以为耻”的博物传统恰恰是他们超越儒家知识边界的动力，而陶渊明的诗句常常是他们用来申明这种知识合理性的一个依据。正如关心域外的许有壬《安南志略·序》中所说，“士之为学，当笼络宇宙，天之所覆，宜皆知之，而或窒于通，或蔽于遐，则见闻有弗深考。穷壤之外，沦混之墟，尚可知乎？渊明览《周王传》、《山海图》以自适，其胸中高世之致，可念见已”[2]。

古代关于天下的地图有所谓《舆地》之名，所谓“舆地”指的是“舟车所至”的范围，不过古代的舟车大约所到有限，在舟车和旅行的足迹所能到达空间之外，人们就不免要羼入推测和想象，而它的知识资源便常常是这些今天看来匪夷所思的怪异之谭[3]，因为那些被确立已久的儒家经典和正统历史，似乎并不足以支持对那些未知地域和未知文明的好奇。所以很早以前人们就只好挪用这些“非正

---

① 陶渊明《读山海经十三首》，龚斌《陶渊明集校笺》（上海：上海古籍出版社，1996）卷四，第335页。

② 载（越）黎崱《安南志略》（北京：中华书局，武尚清点校本，1995）卷首，第5页。

③ （日）真人元开著，汪向荣校注《唐大和上东征传校注》（北京：中华书局，1979）记载天宝年间鉴真东渡时，经过蛇海、飞鱼海、飞鸟海，海上有四金鱼、四白鱼等等。

统”的和“非中心”的知识，在唐宋的一些通用类书如《北堂书钞》、《艺文类聚》、《初学记》、《太平御览》中都可以看到，凡是涉及怪诞、神奇和异域异俗的地方总是会出现《山海经》、《玄中记》、《十洲记》[①]。即使是在异域知识更充分的后代，这一习惯也没有多大改变，至正十年（1350），张翥在给汪大渊《岛夷志略》写的序文中尽管批评人们“多袭旧书，未有身游目识”，但也不得不引用邹衍的说法支持关于天下的新知识，“九州环大瀛海，而中国曰赤县神州。其外为州者复九，有裨海环之。人民禽兽，莫能相通。如一区中者乃为一州，此邹氏之言也。人多言其荒唐诞夸，况当时外徼未通于中国，将何以征验其言哉？”[②]直到明代，黄衷《海语》卷下记载“人鱼”，要引《山海经》“姑射国在海中属列姑射，西南有陵鱼人”为证，而差不多同时的黄省曾，在《西洋朝贡典录》卷上《苏禄国》第七提到《星槎胜览》中记载巨珠重几八两，也不由想起《列仙传》的记载，卷中《溜山国》第十四中提到弱水，就不由想起“《山海经》诸古书及郦道元所引”，并且叹息“见览虽益广远，而天地之大，终不能穷焉”[③]。

古代的想象和真实的知识常常需要有相当长的时间才能互相剥离开来，元代的周致中《异域志》就没有区别传说和真实的界限，把当

① 例如《北堂书钞》记载“献吉光毛裘”、“胡王灵胶”、“大秦出金环”、“风兽似豹”，《艺文类聚》记载“大月氏牛名日及”、“周穆王时夜光杯”、“南方有炎山”、“车渠出天竺”、“玛瑙出月氏”，《初学记》记载“干吕”、“风入律”、“月氏之羊”，《太平御览》记载“炎火山”和“炎洲”、“惊精香”等等。

② 汪大渊著，苏继庼校释《岛夷志略校释》（北京：中华书局，1981），第1页。

③ 分见黄省曾著，谢方校注《西洋朝贡典录校注》（北京：中华书局，2000）卷上，卷中，第47页，第79页。

时古典文献中的想象和实地旅行的见闻混在了一起，所以他的书里有很多诸如“狗国”、“女人国”、“无腹国”、“奇肱国”、“后眼国”、“穿胸国”、“羽民国”、“小人国”、“交颈国”等等，大半来自《山海经》。而汪大渊的《岛夷志略》则注意到了这些知识的来源，他在书后有一段特意安排的“异闻类聚”，分别从《博物志》、《穷神秘苑》、《神异录》、《酉阳杂俎》、《神异记》、《广州记》、《南楚新闻》、《玉堂闲话》采录了一些怪异的传闻，其中奇肱国飞车、顿逊国鸟葬、骨利国夜短、大食国山树花、婆登国谷月一熟、缴濮国人有尾、南方产翁、女人国视井生子、茶弼沙国日入声如雷等等，据沈曾植和藤田丰八的考证，大体出自《太平广记》、《事林广记》等类书[①]，汪大渊把它们放入“异闻类聚”，其实心里可能已经明白这些知识只是传闻。到了明代，就在利玛窦来华之前，其实人们关于世界的知识已经开始丰富，汤开建在一篇论文中曾经指出，大约在利玛窦来华的同时，当过广州布政司参政、左布政司的蔡汝贤，在《东夷图说》中已经正确地描绘了佛郎机人的形象，说明人们已经获得关于西方世界的一些知识和印象[②]，但是尽管如此，古代的《山海经》和《十洲记》之类的东西，仍然参与建构了利玛窦来华以前古代中国人对于“异域”的想象。顺便说一下，最近相当流行的爱德华·萨义德（Edward W. Said）《东方学》一书，曾经深刻地指出了在西方的汉学和伊斯兰学（Sinology and Islamic Studies）的知识背景，并

① 汪大渊著，苏继庼校释《岛夷志略校释》（北京，中华书局，1981），第379~380页。

② 汤开建《中国现存最早的欧洲人形象资料——东夷图像》，载《故宫博物院院刊》（北京：故宫博物院）2001年第1期。

古代中国关于「异域」的这些描述，并不是关于当时人对于实际世界的知识，而是对于「中国」以及朝贡体制中的「天下」与「四夷」的一种想象。

相当严厉地追问这些知识是如何获得的，这些知识背后的依据与前提是什么，话语与知识如何参与了有关所谓“东方”的历史真实的创造？他指出“作为一个地理的和文化的——更不用说是历史的——实体，‘东方’和‘西方’这样的地方和地理区域都是人为建构起来的”[①]，所谓“东方”常常不过是为与“西方”相对应而存在的一种想象和建构。但是，如果我们回头来看沉湎于天下想象中的古代中国，看这些被半真半假的见闻和异闻编织起来的异域知识，就可以知道，古代中国对于异域也同样存在着一种想象，在这个意义上说，古代中国关于“异域”的这些描述，并不是关于当时人对于实际世界的知识，而是对于“中国”以及朝贡体制中的“天下”与“四夷”的一种想象。

最能够说明当时一般知识与思想世界中关于“异域”的普遍知识和观念的，是大体成书于利玛窦来华前夕，由王圻和他的儿子王思义合编的类书《三才图会》，特别是其中那几卷关于外国的图文。一般来说，类书是当时人普遍常识的归纳，而这部绘图的类书则更形象地表现了人们的想象[②]。这部流传极广的类书，从《人物》第十二卷起，

① 萨义德（Edward W. Said）《东方学》（*Orientalism*）（北京：三联书店，王宇根译本，1999），第7页。

② 明代周孔教《三才图会·序》：“君子贵多识，一物不知，漆园以为视肉撮囊。且儒者不云乎，致知在格物，按图而索，而上天下地、往古来今，靡不若列眉指掌，是亦格物之一端，为益一也。万物鼓铸于洪钧，形形色色，不可以文字揣摩。留侯状貌如妇人好女，匪图是披，将以为魁梧奇伟一大男子。食蟹者倘尽信书，直为劝学死耳。得是图而存之，无俟读书半豹，而眼中具大见识，鸿乙无误，为益二也。然钟鼓不以飨爰居，而冠冕不以适裸国，方今图不以课士，士又安用图为？是亦爰居之钟鼓，裸国之冠冕也，为图一穷。笔精墨妙，为吾辈千古生涯，子云且薄为小技，矧图涉丹青之事，即童稚且嬉戏视之，孰肯尊信如古人所谓左图右史者乎，是为图二穷。”见王圻编《三才图会》（上海：上海古籍出版社影印本，1988）卷首，第2~3页。

一一列举了高丽、女真以下的四裔各国，看上去应当是四裔的实际知识，不过，它却在真实的四边各国，如高丽、暹罗、真腊等等之中，却常常羼有如女人国（第827页）、狗国（第829页）之类的想象和传说，而在第十三卷的琉球国、日本国、西洋国之中，也加上了诸如君子国（第836页）、猴狲国（第848页）、氐人国（第848页）、一臂国（第851页）、一目国（第852页）之类同样出自《山海经》的奇闻，而在最后的第十四卷里，更是记录了很多怪诞的国度，如三首国（第856页）、三身国（第856页）、长人国（第856页）、羽民国（第857页）、小人国（第858页）、聂耳国（第858页）、无腹国（第859页）、穿胸国（第860页）、长毛国（第861页）、缴濮国（第862页）、柔利国（第863页）、奇肱国（第864页）、婆罗遮国（第867页）等，当然，也有大秦这样渺远而陌生，要借助想象才能了解的远方国度①。

即使对于一些已经有亲历记录的国度，记录中往往并没有依照亲历的记录而是依旧沿袭着传说，在字里行间充满了匪夷所思的想象，如“暹罗国”条说那里的风俗，“男子自幼割阳物，嵌入八宝，以衔富贵，不然则女家不妻也”，“匈奴”条说匈奴有五种，其一为“黄毛首，乃山鬼与黄牸牛所生”，其二为“玃猳与野猪所生”②。前面说过，通

① 其中如“穿胸国”、“交颈国”、“奇肱国”、“三首国”、“三身国”、“一臂国”、“聂耳国”、“君子国”等等，大都出自《山海经》。而它最直接的来源，可能是根据元代周致中的《异域志》编成的《异域图志》，参看《异域志》（北京：中华书局，1981）卷首陆峻岭《前言》，第3页。

② 王圻编《三才图会》（上海：上海古籍出版社影印本，1988），第818～820页。又，参见下列记载，如交趾国（第820页）对当地人的形容、大食弼琶罗国（第825页）对那里婚俗的介绍、沙弼茶国（第826页）对日落时吹角鸣锣风俗的描述，以及狗国（第829页）、西洋国（第844页）、丁零国（第847页）等等。

常类书所记录的是日用常识，古代中国人的很多知识，除了来自正统的经典之外，就来自这些充当了知识渊薮的类书。可是，就在利玛窦来华之前，人们尽管已经有了很多确凿的异域知识，在观念世界中，尤其是在一般思想世界中却还是被这种想象的异邦所笼罩，和其他民族的想象一样，古代中国对于异域的想象，也是从自身已有的古典，以及所负载的历史和经验开始的，正如保罗·康纳顿（P.Connerton）说的，“我们对现在的体验在很大程度上取决于我们有关过去的知识。我们在一个与过去的时间和事物有因果联系的脉络中体验现在的世界，从而，当我们体验现在的时候，会参照我们曾体验的事件和事物”[1]。在无从建立被普遍认同的标准和真理时，来自历史和传统的经验决定着评价的尺度，支持着想象的产生，就像人总是根据自己的大小来描述事物的大小，总是根据自己的交通能力理解地理的远近一样，在一个尚不能靠舟车所至来亲自了解世界的时代，人们也只能借助类似《山海经》这样的神话、《职贡图》这样的图像和旅行记一类的见闻来建构世界，只是在这些羼杂了幻想、传闻和实际观察的知识中，总是渗透了观察者自己的固执、偏见和想象[2]。

① 康纳顿（Paul Connerton）《社会如何记忆》（*How Societies Remember?* Cambridge University Press, 1989）（上海：上海人民出版社，纳日碧力戈中译本，2000）《导论》，第2页。

② 冯客曾经指出，中国古代人把皮肤过白的欧洲人和过黑的非洲人通通看成是不正常的，其实是因为不自觉地把自身预设为“正常的”肤色，何况它还恰好牵合了“黄”为中央之色的古代学说。冯客（Frank Dikotter）《近代中国之种族观念》（*The Discourse of Race in Modern China*）（南京：江苏人民出版社，杨立华中译本，1999）。

五　利玛窦来华之后：从“天下”到“万国”

万历年间，也就是利玛窦来到中国的时候，不仅是《三才图会》还在沿用过去的想象，于慎行（1545—1608）所撰《穀山笔麈》卷一八中，也还在沿用旧时的说法，把中国放在中央，他对四裔有这样的描述：“东方曰夷者，东方人好生，万物抵触地而生。夷者，抵也。其类有九。南方曰蛮者，君臣同川而浴，极为简嫚。蛮者，嫚也。其类有八。西方曰戎者，斩伐杀生，不得其中。戎者，凶也。其类有六。北方曰狄者，叔嫂同穴无别。狄者，僻也，其行邪僻。其类有五。此《风俗通》所著四夷名也。”[①]不过，自从利玛窦来华之后，特别是关于世界的地图被绘制出来之后，这种关于天下的想象开始发生根本的变化，看到利玛窦世界地图后，李之藻承认这种关于新的世界的知识对于他的震撼，“地如此其大也，而在天中一粟耳，吾州吾乡，又一粟中之毫末，吾更藐焉中处，而争名竞利于蛮触之角也欤哉……”，于是，他批评固守旧说的人是自锢其耳目思想，“孰知耳目思想之外，有如此殊方异俗，地灵物产，真实不虚者，此见人识有限而造物者之无尽藏也”[②]。而稍后的瞿式谷在《职方外纪小言》也说，“尝试按图而论，中国居亚

① 于慎行《穀山笔麈》（北京：中华书局，1984）卷一八，第217~218页。比他略早些的田汝衡在《留青日札》（上海：上海古籍出版社，1992）卷三《八夷》中也在说到四夷馆时称，四夷馆是“举东西南北而言之也”，“九夷，八狄，七戎，六蛮，是曰四海”，在卷一〇说到四荒、四极时又说，“觚竹、北户、西王母、日下，谓之四荒，东泰远、西豳国、南濮铅、北祝栗，谓之四极”，似乎都是想象的天下，至于卷一〇的《毛人》记载日本东三千里有“身面俱生毛约半寸许”的国度，“盖皆天地戾气所钟”，更是想象中的异域（第57页，第188页，第192页）。

② 艾儒略著，谢方校释《职方外纪校释》（北京：中华书局，1996）卷首，第7页。

细亚十之一，亚细亚又居天下五之一，则自赤县神州而外，如赤县神州者且十其九，而戋戋持此一方，胥天下而尽斥为蛮貉，得无纷井底蛙之诮乎”。

关于利玛窦的新世界图像的意义，已经不必多说了[①]，在他之后，传教士始终在坚持传播这种新世界图像，像清初利类思、安文思、南怀仁的《西方要纪》，艾儒略的《职方外纪》等等，渐渐把这种知识推向更多的士大夫。因此，不仅是在接受西学的士大夫中，就是在官方与民间，传统中国关于天下的图像也开始瓦解和崩溃，人们逐渐接受了新的世界，因此，那些来自《山海经》、《十洲记》之类关于异域的奇怪想象和传闻，逐渐被西洋人传来的真实知识所代替。前面我们用《三才图会》为例说明利玛窦之前中国的世界想象，而这里可以提供的一个特别明显的对照是，一百多年以后，当清代乾隆年间谢遂奉敕画《职贡图》的时候，那些来自《山海经》的国度和形象便消失了。在《职贡图》里，已经没有那些奇肱、三首、一目、穿胸之类的国度，而那些想象出来的异域人物形象，也已经被逼真的写生图所取代，那些在《三才图会》时代还只是想象中的笼统的“远西之国”，被大西洋国、英吉利国、法兰西国、瑞国所取代，过去只是照着中国面目和服饰来推想的西方人，这时被更细地区分为各国人，其面目与服饰就不再像过去的想象一样了[②]。

① 参看葛兆光《天下、中国与四夷——古代中国世界地图中的思想史》，载王元化主编《学术集林》（上海：上海远东出版社，1998）第十六卷。

② 参看庄吉发《谢遂〈职贡图〉满文图说校注》（台北：“故宫博物院”，1989）。

谢遂《职贡图》

乾隆年间奉敕修撰的《四库全书总目》。这部权威的官方丛书目录在对《山海经》、《十洲记》和《神异经》究竟应当算地理还是小说的归类上，表明了关于天下地理观念的整体变化。

在北京的故宫博物院中，至今收藏着几幅佚名的《万国来朝图》，在这几幅大体绘制于乾隆时代的图画中，荷兰人、英吉利人、法兰西人虽然仍被放在主动向天朝大国朝贡的位置上，但他们的面貌已经和谢遂《职贡图》中的异族形象很接近，也就是说，他们已经不再是《山海经》一类传说中的“非人”了，这说明很长的历史时间里，对于异国和异族的想象已经让位于真实的见闻，尽管乾隆在画上的题诗“累洽重熙四海春，皇清职贡万方均。书文车轨谁能外？方趾圆颅莫不亲”，还有些妄自尊大，但毕竟承认了“万国”的存在[①]。谢遂的这部《职贡图》后来成为收录在《四库全书》中的《皇清职贡图》的蓝本，被收录在这部官方修撰的大丛书中，说明这些关于“万国”的认知已经拥有了合法性，可以成为一种官方认可的，民众普遍认同的观念和知识。

同时，特别值得提及的还有一个可以作为象征性文件的东西，即乾隆年间奉敕修撰的《四库全书总目》。这部权威的官方丛书目录在对《山海经》、《十洲记》和《神异经》究竟应当算地理还是小说的归类上，表明了关于天下地理观念的整体变化。《四库全书总目》卷一四二中，对于《山海经》说“书中序述山水，多参以神怪……道里山川，率难考据，案以耳目所及，百不一真，诸家并以为地理书之冠，亦为未允，核实定名，实则小说之最古者尔”；对于《神异经》则说“隋志列之史部地理类，唐志又列入子部神仙类，今核所言，多世外恍惚之事，

① 佚名《万国来朝图》，载于聂崇正主编《清代宫廷绘画》（故宫博物院藏文物珍品全集）（香港：商务印书馆，1996）。

既有异于图谱，亦无关于修炼，其分隶均属未安，今从《文献通考》列小说类中，庶得其实”；对于《海内十洲记》则说“诸家著录，或入地理，循名责实，未见其然，今与山海经同退置小说家焉”[1]。在目录具有“辨章学术，考镜源流”的功能的时代，这些关于异域的想象资源，在官方权威的目录中从史部的地理类“退置（子部）小说家”，说明在观念世界中，它也开始从“地理”变为“小说”，从想象中的“真实”变成“百不一真”、“恍惚之事”，这时，人们开始接受“考索”、“责实”的结果。也就是说，从利玛窦时代到乾隆时代，经历了一百多年的时间，古代中国对于异域（同样也是对于自我）的知识，已经从“想象的天下”进入“实际的万国”。

① 《四库全书总目》（北京：中华书局影印本，1981）卷一四二，第1206页。

第三章　作为思想史的古舆图

用“地图”作为思想史的证据，研究思想观念和意识形态的问题，现在在汉语学术界，包括海峡两边，都开始流行。这种取径的出现，应该说和外国新理论新观念的传进来有关系，尤其是和福柯（Michel Foucault）的影响有关。福柯是一个很有想象力和洞察力的人，也是一个很有颠覆性的思想史理论家，他在一个本来很单纯很学术的，属于“地理学”的问题上，也推广了他关于“话语”和“权力”的理论，用他的话说，一切话语背后都有权力，而话语本身也会成为权力，所以，在“领土”、“地平线”、“等高线”等等本来属于地理学的术语里面，他看出了背后有“权力”（power）关系。他把它放在政治、法律和文化领域进行推敲，例如说“领土无疑是地理学的概念，但是它首先是一个法律—政治概念：某一权力所控制的地域”，这一分析相当有洞察力，领土确实就是政治的控制范围，而地图上以国界所划分的“领土”，确实标志了一种并非仅仅属于地理学的政治学范围。这方面的论述，是1976年在法国一家地理学杂志 *Herodote* 对福柯的采访里面表达出来的，后来发表成了一篇专访稿，就叫做《地理学问题》[①]。

① 《权力的地理学》，中译本见《权力的眼睛》（上海：上海人民出版社，1997）。

确实，地理空间划分与描述是政治、历史和文化的结果，但是，地理空间反过来又是身份认同与文化认同的标志，然而在很长时间里面，并没有太多的人真的用地图去讨论中国思想史问题，因为地图过去一直属于地理学、测绘学的领域。过去也有很多关于地图的研究著作，像商务印书馆1938年出版的王庸《中国地理学史》第二章《地图史》，司马富（Richard J.Smith）的 *Chinese Maps*，芝加哥大学出版社出版的《地图绘制学史》第二卷第二册《传统东亚东南亚社会中的绘图学》[①]。此外，日本有织田武雄《地图的历史》、海野一隆《地图的文化史》，都有有关的内容[②]。最近几年，古地图领域也出版了不少资料，比如，曹婉如等编的三大册《中国古代地图集》，北京图书馆善本特藏部编的《舆图要录》，菲利普·艾伦（Phillip Allen）的《古地图集精选》，还有最近香港科技大学图书馆编的《地图中国》等等[③]，研究起来就很方便了。

① 王庸《中国地理学史》（上海：商务印书馆，1938）第二章《地图史》；司马富（Richard J.Smith）：*Chinese Maps*, Oxford University Press, Hongkong, 2000；又，*The History of Cartography*, Vol.2, Book.2: *Cartography in the Traditional East and Southeast Asian Societies*（Edited by J.B.Harley and David Woodward）, The University of Chicago Press, 1994。

② 织田武雄《地图の历史——世界篇》（东京：讲谈社，1974，1994）。海野一隆《地图的文化史》（中译本，香港：中华书局，2002）。顺便可以提到，前些年，文学家董启章一本以香港地图来讨论观念和思想的著作影响很大，在香港地图里面，充满了殖民与后殖民、民族与民族、国家与国家之间的紧张。当然，地图只是他的“话题的引子”，所以，后来他的书列在“联合文学”里面。

③ 曹婉如等编《中国古代地图集》（北京：文物出版社，1990—1998），分战国至元、明代、清代三卷；北京图书馆善本特藏部编《舆图要录：北京图书馆6827种中外文古旧地图目录》（北京：北京图书馆出版社，1997）；菲利普·艾伦（Phillip Allen）编《古地图集精选——透视地图艺术与世界观的发展》（薛诗绮等中译本，台北：猫头鹰出版社，2001）；周敏民编《地图中国》（香港：香港科技大学图书馆，2003）。

但是，这些资料是不说话的，更不直接表达思想与观念。有些话，地图背后的思想与观念，是要研究者自己“看”出来的。因此这里要讨论的就是，怎样才能从地图中看出思想史，或者说，古舆图如何作为思想史的资料?

一　边缘与中央：欧洲古代世界地图中的东方想象

首先，我想从欧洲绘制的古地图的边缘和空白处，来看一下其中流露的有关东方的想象、意识和观念。

我们知道，古代中国地图多是纸本或绢本，像马王堆帛书《地形图》；当然也有石刻的，像苏州的《平江图》，在形式上往往和古代中国绘画差不多，有的地图干脆就是美术作品，如名山胜迹图、城市地图等等。一般来说，很少有设边框，再加上中国的地理特点，地图很少有大片的海洋，所以很少有空白，没有空白就不能有太多的点缀，特别是古代中国地图常常有大幅的文字标识，更没有空间留下来绘制奇物异类[①]。而现代的各种地图，又常常受到现代西方制图法的影响，在周围的边框上用黑白两色标志经纬比例，这是“科学”和“标准”的做法，而大片的海面上也不再有传闻时代的想象，而只有更多的岛屿和航道，所以，大多也没有边框的装饰和点缀。但是，在古代欧洲出版的各种地图上，尤其是世界地图上，好像有一个习惯，在周围常常点缀图

① 即使东南部留有海洋的空间，古代中国的地图也常常把本来分散在更大区域的各种岛屿和陆地其他国度挤在这一空间里。

这些安插在地图四周的装饰性图像、绘制在空白处的物怪，却有意无意之中，可能会和地图中间的内容发生关系，透露或暗示一些观念。

像，而在地图空白处，尤其是大洋中又要画上各种见闻和奇物。他们常常画一些东西在地图的边缘和空白上。可是，这些安插在地图四周的装饰性图像、绘制在空白处的物怪，却有意无意之中，可能会和地图中间的内容发生关系，透露或暗示一些观念①。

在香港科技大学图书馆里，收藏了很多欧洲出版的古地图，其中有一幅Hartmann Schedel（1440—1514）画的早期古世界地图，在这幅图的边缘，我们可以看到，有十二个鼓着嘴吹风的头像，这大概是象征着十二个月的不同风力，不同的风力影响着天下气候的变化②。这是很常见的，欧洲古地图经常画上这种形象，表示着地理空间和天上气候之间，有某种关联。像托勒密《宇宙志》1482年版和《地理学》1511年版所附的地图也一样有这种形象，在那个吹着风的头像下面，还画上了云彩③。另外，像利玛窦（Matteo Ricci）的世界地图，也继承了奥代理（Abraham Ortelius，1527—1598）的世界地图的传统，同样在南极空白处画上了世界各地的八种动物如大象、犀牛、鸵鸟、狮子、有翼怪兽、鳄鱼，在大海处画上了九艘帆船和十五种喷水巨鱼、蛇形大鱼。直到南怀仁绘制《坤舆全图》，仍然继承这种博物的传统，画了这些图像，而且比利玛窦更多出了长颈鹿、吐绶鸡等等，这些图像，大概一

① 其实，这不止是地图，也不止是欧洲，像古代中国的长沙子弹库楚帛书的四周，就画上了十二个神像，大概和十二个月之类的意思有关，因为楚帛书内容讲的就是这十二个月的事情，图文之间总有些关联，这就好像古代中国绘画上有题画诗、上下款识、印章，以及装裱留出的题跋空间一样。

② 图见周敏民编《地图中国》，第31页。

③ 图见菲利普·艾伦（Phillip Allen）编《古地图集精选——透视地图艺术与世界观的发展》，第16~17页。

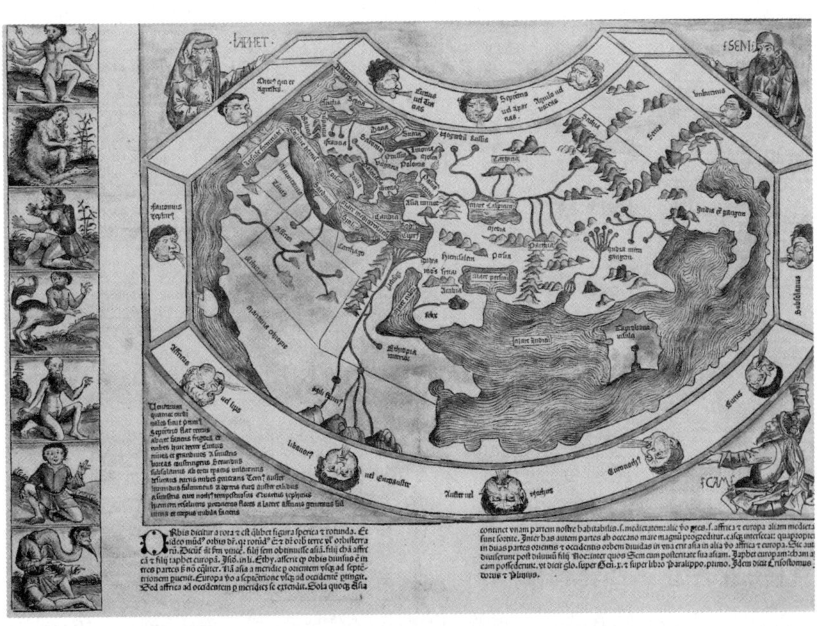

香港科技大学图书馆藏早期欧洲所绘世界地图

方面象征着对大海的跨越和对世界的认知，一方面象征着对大海中种种物怪的想象和畏惧。

并不是只有欧洲有这种习惯。其实，古代中国也有这种对未知领域的想象，也有把这些想象绘制成图的传统，例如《左传》宣公三年有一个关于九鼎的著名传说，九鼎是什么？就是夏代把各种奇怪的事物形象铸在鼎上，让民众知道，据说人们如果知道了物怪的形象以后，就不会遇到这些怪物，就是遇到了，也能避开，因为物怪被人识破。这就叫“铸鼎象物，百物而为之备，使民知神奸。故民入川泽、山林，不逢不若，螭魅罔两，莫能逢之”①，这就是古代传说中九鼎为什么这么重要的原因。这种“博物”的传统，一方面支持了孔子关于“多识于鸟兽草木之名”的教育方法，后来张华的《博物志》一类书就是继承这个知识主义传统，另一方面支持着巫觋技术的神奇想象，这就是后来从《山海经》到《白泽精怪图》的巫术观念②。

我想，15、16世纪以来欧洲人的世界地图上的图像，大约也是同样的意思，我在欧洲的一些博物馆参观，开始觉得他们的植物图、人体图、地图真有些装饰繁琐，可是渐渐发觉，装饰不仅仅是装饰，还有一些很微妙的象征意味。西方地图传到东方以后，这种制图的传统也影响到中国，也影响到日本。比如，日本根据利玛窦《山海舆地全图》

① 杜预的解释是，第一，这是关于四方奇异物产的知识，“图画山川奇异之物而献之”；第二，这是一种趋吉避害的知识，“图鬼神百物之形，使民逆备之”。《十三经注疏》（北京：中华书局影印本，1980），第1868页。

② 关于这一方面的话题过于复杂，需要专文讨论。

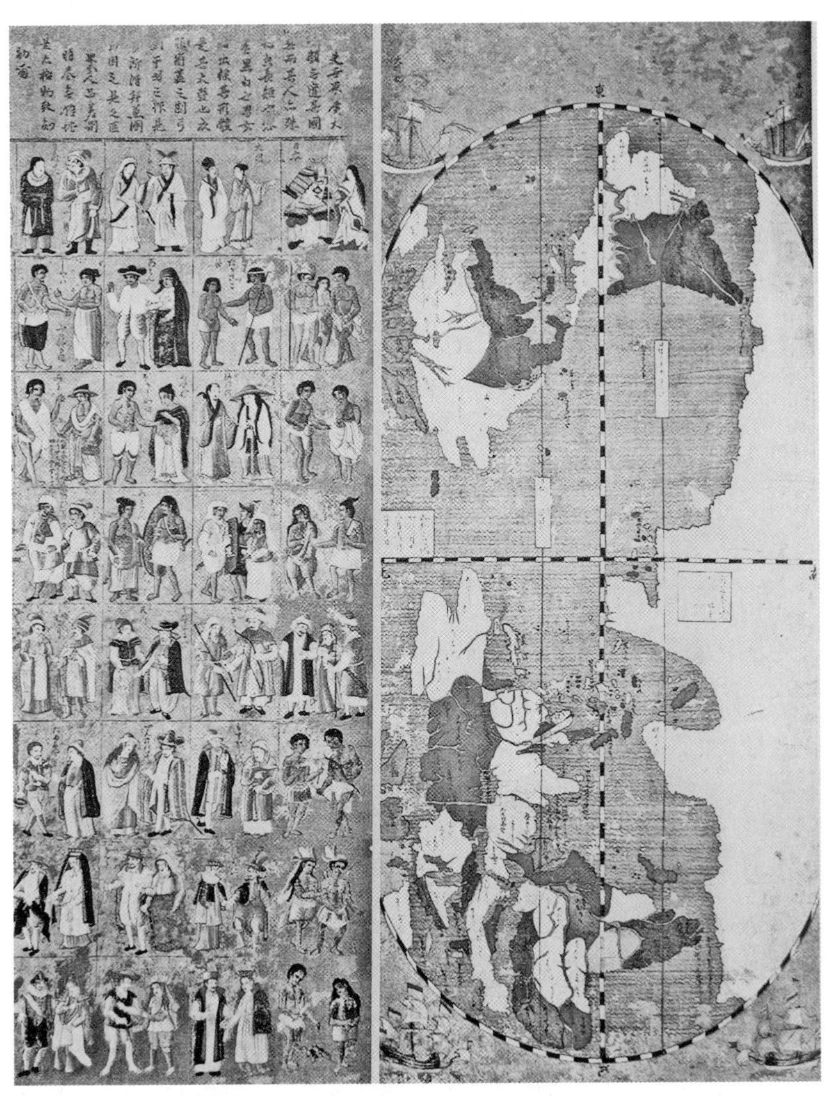

神户市立博物馆藏1645年日本绘《万国总图人物图》
（选自中央公论社《日本の近世》1）

所绘制的世界地图上，就有种种关于航海的知识。又比如，收藏在神户市立博物馆的正保年间（1644—1647）刊刻的《万国总图》的四周，就画上了大明船、日本船，而贞享五年（1688）的《万国总界图》又同样在上两角处画上了大清船、日本船。另外，同样收藏在神户市立博物馆的《四都市图》与《世界地图》屏风，则完全是欧洲的方式，在左右两侧画上了当时所知的各地民族的形象。到了宝永五年（1708），稻垣光朗绘制《世界万国地球图》，则不仅在两半球的中间空白处画上了唐船和阿兰陀船的样式，而且还在上方辟出空间，专门绘制了表现世界各种人形象的十六幅图，把两方面的传统汇在了一起，表示着航海技术对于环游地球的信心，也表现了这一边儿的人对于另一边儿的世界与人类的知识，逐渐从幻想走向实际①。

但是，应当注意的是，在地图绘制中除了知识的传统之外，还有想象的传统，在这些欧洲古地图上，我们应当注意看的，是地图周围和空白处的一些异域风情画中的想象，这些仿佛《山海经》的关于异族的图像，似乎透露了西方人对于东方的判断。16、17世纪的欧洲人对于东方这个陌生世界，一方面渐渐有了很多新知，另一方面也留存了很多旧闻，新知的实测和旧闻的想象常常掺杂在一起。香港科技大学图书馆收藏的《亚洲地图》的封面，就画着刚刚打开的亚洲大门口，有一群象征了欧洲人的天使，有的在丈量地球仪上欧洲和亚洲的距离，有的在打开一幅亚洲地图（只是东亚）仔细端详，这种在门口茫然徜

① 以上参看海野一隆《地图に见る日本：倭国、ジパング、大日本》（东京：大修馆书店，1999）；又，参看《江户时代古地图总览》（东京：新人物往来社，1997）。

16世纪欧洲地球仪

徉的状况，就很能反映欧洲人对这块土地的好奇、茫然和幻想[①]。相当多早期欧洲所绘的世界地图、亚洲地图和中国地图中，都有一些关于异域的风情画[②]。

从思想史角度看，这些地图的边缘和空白处附带的各种图像中，最值得注意的，恰恰是里面夹杂的一些异域想象。尽管我们说，那个时代的欧洲人也有对东方和中国的无端崇拜，但也同样有很多充满傲慢的想象，这些没有根据的想象，有时候比起实际知识更能透露心底深处的偏见。在15世纪的《自然之书》（*Buch der Natur*, Augsburg,1478）中遗留的关于异域的想象，仍然出现在后世，甚至包括地理大发现以后的地图中。“非我族类，其心必异”的观念，并不止在中国人这里有，在欧洲人那里也有。像宫崎市定收藏的一幅1545年绘制的《亚洲图》（*Map of Asia VIII: Scythia beyond the Imaus*）里面，左边画了上翘一条巨腿的裸形人，右边则画了脸在腹部而无头的两个怪人和一个长了

① 感谢香港城市大学跨文化研究中心，这部收藏在香港科技大学图书馆的亚洲地图是在2001年一次会议上作为礼物印制出来送给与会者的。

② 例如，1593年安特卫普出版的《地球科学》（*Speculum orbis terrarum*）中，中国和日本地图的四周，就画了中国人利用水鸟捕鱼、日本人崇拜十一头菩萨（只画了并排的三个头，但这种画法显然是记忆有误，古代中国、日本崇拜的是十一面观音，并不是并排的三个头）、用风帆的车子、以浮动的围筏养殖等等，表达了当时欧洲人对东方的朦胧知识。而1634—1662年，布莱奥（Joan Blaeu）的《大地图集》（*Atlas Maior or Grand Atlas*），不仅在非洲地图左右两边画上了十幅当地土著人的图像，也在那幅关于中国北方的地图的右下空白处，画了中国皇帝图像，看上去已经相当准确，这不仅表明欧洲殖民欲望的扩张，也证明这些年间欧洲人对世界各地包括中国有了多少实际的知识。又如，1772年的《亚洲地图》中，不仅有皇帝或王族的形象，而且有各种东方的妇女形象、行刑场面、秋千百戏、攻战交易等等，更表明到了18世纪，经过二三百年，欧洲人关于东方的知识在迅速增长。

古代中国常常会沉湎在关于「天下」的自满的想象里面，这种想象常常被批评为中国式的无端傲慢和固步自封。但是，从这些欧洲来的古地图看，这种想象是相互的，西洋人对于东方也一样，往往是好奇加上歧视，想象加上想象。

狗头的人，这是在暗示遥远东亚的异类人种么[1]？在香港科技大学图书馆藏的那幅1493年的早期世界图上，更是画了六臂的、背上长鬃的、有尾巴的、鸟头尖喙的种种怪人，这是不是西洋人对欧洲之外的异域人的想象[2]？过去，我们都知道，在《山海经》以后，古代中国的汉族人是有"天下老子为大"的想法，曾经是这么想象周边世界的，一直到元代周致中的《异域志》、明代的《三才图会》，都曾或写或画了很多这样的怪物，像"狗国"、"女人国"、"无腹国"、"奇肱国"、"后眼国"、"穿胸国"、"羽民国"，这些形象被当做异域人的形象看待，这体现了古代中国一种相当傲慢的、把外夷视为"非人"的观念。我曾经写了一篇文章，说到这种想象在很长时间里面，甚至比真实的旅行记录更加普遍地被当做关于异域的知识[3]。所以古代中国常常会沉湎在关于"天下"的自满的想象里面，这种想象常常被批评为中国式的无端傲慢和固步自封。但是，从这些欧洲来的古地图看，这种想象是相互的，西洋人对于东方也一样，往往是好奇加上歧视，想象加上想象。

地理学史也告诉我们，这种无端傲慢是有历史传统的。中世纪的时候，基督教以自我为中心想象了一个世界[4]，标志就是那时候的T-O

① 图见京都大学附属图书馆编《近世の京都图と世界图》（京都：京都大学附属图书馆，2001）。本书解说中也指出，这是中世纪世界观残留下来的那种对于基督教世界之外的异域的理解（第66页）。

② 图见周敏民编《地图中国》，第31页。

③ 参见本书第二章。

④ 中世纪欧洲的世界地图常常把"海洋环绕陆地形成一个O字型，而非洲、亚洲和欧洲之间被水域分开，构成一个T字型，在这些地图上，耶路撒冷永远位居正中央最显著的位置，因为在《旧约圣经》的《以西结书》中记载，'我已将它安置在列邦之中，列国都在它的四周'"。见《地图革命》，载《大地》（台北：1999年11月）第140期。

形地图，在T形世界的中心，是耶路撒冷，上方是亚洲，左下是欧洲，右下是非洲[①]。在那个时代的想象中，亚洲很神秘，像《东方见闻录》里讲的，那极远极远的东方，有巨人、食人族和黑人，而非洲很野蛮，像当时地图上画的，有只眼人、长脚人、无头人、狗头人[②]。这种傲慢与偏见，一直延续很久很久。尽管经过地理大发现，世界越来越全球化了，交通越来越方便，照理说，大家都可以放弃那些怪异和偏执的想象了，可是，偏见常常比知识更顽固，想象常常比观察更流行。即使在利玛窦的世界地图中，也依照西洋地图的惯例，不仅绘上了航海的帆船（象征西洋人的足迹所至），而且画了一些“殊方异物”，比如大鱼、异鸟、怪兽等等，这是否背后有西洋人对异邦的想象？这幅地图上的文字也同样如此，伯西尔（约在今南美洲西北部）是“好食人肉，但食男不食女”、革利国（约在今美国西北部）“惟食蛇蚁蜘蛛等虫”，哥尔墨（在今俄罗斯北部北冰洋沿岸）“死者不埋，但以铁链挂其尸于树林”[③]。这是否杂糅了类似中国古代的《山海经》式的想象和西洋人对异邦文明的蔑视？又比如，在麦卡托—洪第乌斯（Mercator-Hondius）1633年版的地图集里面，那幅分为两半球的世界地图正中下方，就画了亚洲、美洲和非洲三种人的形象，向中间的欧洲人朝拜效忠，象征着欧洲人的自大[④]。即使到了18世纪，这种傲慢与偏见还是没有真的被西方关于

① 参看织田武雄《地图の历史——世界篇》（东京：讲谈社，1974，1994），第52页。

② 参看弥永信美《幻想の东洋》（东京：青土社，1987），第19页。

③ 利玛窦《坤舆万国全图》，见《中国古代地图集》（明代）（北京：文物出版社，1997）。图77~80，这幅图现藏南京博物院，并非利氏原绘，而是17世纪初北京重新绘制在六幅屏风上的。

④ 图见菲利普·艾伦（Phillip Allen）编《古地图集精选——透视地图艺术与世界观的发展》，第72~73页。

人类平等的理性驱除，比如1772年戴思诺《亚洲地图》中关于中国的图景，尽管当时流行“中国趣味”，它仍然有的画了赤裸上身的人在荒嬉游戏，有的画了残酷的行刑图，而在说明文字中特意写的是关于中国的“缠足”的事情[①]。这不奇怪，自以为已经很文明的西洋人，对于东方残留的刑罚、东方的风俗，似乎格外有兴趣，这种兴趣背后是一份对自己文明的自信，一份对异族的好奇加上一份无端的鄙夷。

难怪爱德华·萨义德（Edward W. Said）要写他那本《东方学》，愤愤然地批评西方人在想象中建构了一个“东方”，他说那是西方人“对东方进行描述、教授、殖民、统治等方式来处理东方的一种机制”，是西方“用以控制、重建和君临东方的一种方式”[②]。

二　从天下到万国：古代中国华夷、舆地、禹迹图中的观念世界

一般来说，在研究文字文献比较缺乏的时代，比如上古史的时候，使用图像资料似乎不大有人反对，像新旧石器时代考古报告里面关于早期祭祀坑、墓葬、陪葬品等等，这是因为无可奈何。但是，在文献足征的时代，思想史研究是否可以大量使用图像呢？思想是一种容易消失的东西，如果用文字记载下来的是思想史的基本文献，那么，同样要用思想来生产的图像，为什么不可以同样当做思想的叙述文

① 图见前引《近世の京都图と世界图》，第66页。

② 爱德华·萨义德（Edward W.Said）《东方学》（*Orientalism*）（王宇根中译本，北京：三联书店，1999），第4页。

本？关键的问题只是在于，思想史研究者如何从这些只有空间性的图像中，诠释出思想史需要的观念意义。

回到地图上来，我们都知道，地图表述的是空间。一般来说，地图上的空间有三类：（1）在自然世界中，空间主要只是“物理空间”（space），比如地形、植被、矿产、气象等等。（2）在政治世界中，空间主要只是一个和领属关系相关的地域（domain），比如国界、省界、政治中心。（3）在人类社会中，有很多人所生活和需要的空间布局，比如城市、集镇、交通路线等等。所以，在传统地图上落实的，常常也是这三者。

但是地图上的这个“空间”绝不等于是一个空间的客观描述。因为，被描述的任何一个图像，不仅涉及到“它”，就是面前的具体空间物像，而且关涉到“我”，就是描述者的位置、距离、方位，甚至关涉到描述者历史形成的观看方式，像作为地图的《万里长江图》，就仿佛是把若干个不同时间和地点的长江视觉图像连缀起来，在一幅长卷的画面（也就是同一时间和空间）中呈现，而决定这种对长江数千里地势的观看和理解的，还包括这种长卷地图的展开方式。我们通常会说，从某地到某地是多少天多少小时的路程，就是把空间距离转化成时间来计算和表达，而《长江图》则是把多少小时多少天所看到的图景，在瞬间同时平行呈现于多少尺多少寸、逐渐展开的地图中，这是把时间转化为空间①。其实，在地图里面，已经把“空间”人为地转化了，

① 参看章潢《图书编》（上海：上海古籍出版社影印文渊阁四库全书本）卷五八《万里长江图》，第3页以下。

地图的几个要素，像方向、位置、比例、示意的色彩以及国家的边界等等，会随着观念的变化而变化。

不再是纯粹客观的“空间”了[①]。

所以，千万不要相信地图会百分之百地“还原真实”，其实，这只是某一个视角的“有限真实”，就连这种“有限真实”也很有问题，通常我们说地图的几个要素，像方向、位置、比例、示意的色彩以及国家的边界等等，会随着观念的变化而变化。比如方向，是固定的上北下南左西右东，还是另有设计？位置，本来地理上的位置是固定的，但是是否会有意外的挪动？比例，精确的比例虽然一直是地图的必要因素，但是难保某种意图下的地图绘制者会有意改变。最后是色彩，同一色彩是同一个政治领土的标志，不同色彩则标志着不同的领土，可是会不会有别有目的的绘制者用色彩暗示着某种政治意图？至于边界，更是地理上没有而只是出现在地图上的线条，这种边界圈起来的版图的形状，会不会引起另类的政治联想[②]？对于空间的主观感觉和印象，有几个因素影响很大。首先是立场，从一个方向看过去，就有了依照观看者立场确定的左右上下。其次是感觉，根据观察者自身感觉而来的比例，确立了描述物像的大小。再次是距离，地理上“远”

① 比如，重视交通的，会凸显道路而忽略其他；关心古今沿革的，会忽略物产而凸显城镇关隘的变化。堪舆家的地图，注意的是朝向、方位和龙脉之所在；旅行者的地图，关心的却是旅游景点和 shopping 地点。一般来说，古代的历史地理学主要关心官府所在（州、县、郡的治所）和行政地理范围的变化，明清易代的时候，像顾炎武、顾祖禹，就特别关心军事要塞和险要地势，这是因为心中还存在着战争的记忆。可是，古代那些非常重要的甘肃嘉峪关、秦岭大散关、河北居庸关、四川剑阁，在今天的军事地图中，已经不是人们视野的焦点，像苏伊士运河的通航，就使15世纪以来航海图中，相当重要的好望角也不再凸显。所以我们说，绘制地图的观念，会随着时代变化而变化。

② 参看葛兆光《思想史视野中的图像》，载《中国社会科学》（北京：中国社会科学杂志社）2002年第3期。

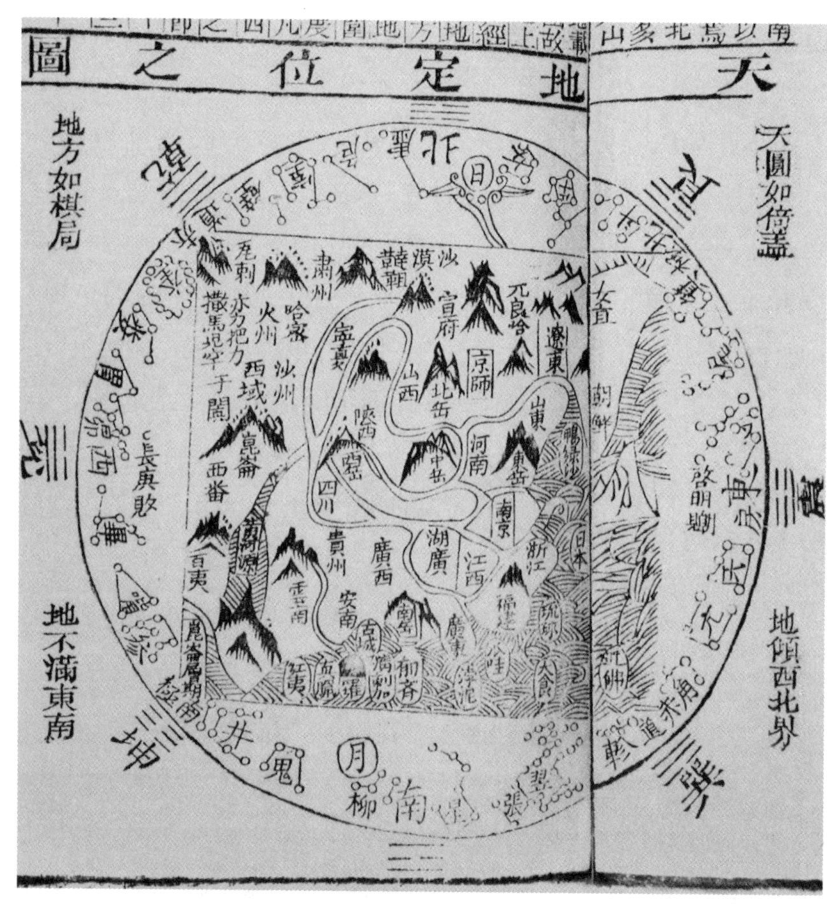

天圆地方之《天地定位之图》

和“近”也一样与交通能力相关。最后是颜色，地图对空间的色彩安排，背后有对政治领土的承认。所以，我们说，人画出来的地图在某种意义上，既是以“我”为中心的主观视图，又是以“它”为基础的客观视图，现代地图中对于地理空间的描述，据说，很符合理性、科学和客观，其实并不一定，在被人们如此这般地描绘了以后，地图就成了主观叙述，有了凸显和隐没，有了选择与淘汰，在描述者的观看、想象、回忆、描述中，携带了人的感觉甚至观念。所以，地图的地理想象（geographical imagination），实际上是一种关于政治和文明的想象，在这种想象的历史里隐藏着很多观念的历史，因此它是思想史的内容。

这里来看一下古代中国地图里所含有的关于“天下”的想象和观念。我们都知道，古代中国有一种“天圆地方”的特殊空间感觉，它形成也相当早。近年来考古发现的濮阳蚌堆龙虎、曾侯乙墓漆箱盖上的二十八宿、北斗和龙虎图案，各种墓室顶部接二连三地出现的天文图像，加上古代仿效天圆地方用来占验的“式盘”、指示方向的司南，以及如《禹贡》、《周礼》等经典文本中想象的五服、九服、九州等方形的大地，都表示古代中国关于“天圆地方”这种观念的普遍存在，而这种观念，又形成了古代中国自居天地中央的观念。以前我在很多论文里都讨论过，在古代中国人心目中的天地格局，大体上就是，第一，自己所在的地方是世界的中心，也是文明的中心；第二，大地仿佛一个棋盘一样，或者像一个回字形，四边由中心向外不断延伸，第一圈是王所在的京城，第二圈是华夏或者诸夏，第三圈是夷狄；第三，地理空

> 整个传统时代，除了佛教以外中国从来没有受到过真正的文明挑战，中国人始终相信自己是世界中心，汉文明是世界文明的顶峰，周边的民族是野蛮的、不开化的民族……

间越靠外缘，就越荒芜，住在那里的民族也就越野蛮，文明的等级也越低，叫做南蛮、北狄、西戎、东夷[①]。

很长时间以来，中国人一直对这一点很固执，固执的原因是，整个传统时代，除了佛教以外中国从来没有受到过真正的文明挑战，中国人始终相信自己是世界中心，汉文明是世界文明的顶峰，周边的民族是野蛮的、不开化的民族，除了维持朝贡关系之外，不必特意去关注他们。所以，古代中国的世界地图，总是把中国这个“天下”画得很大，而把很大的世界万国，画得很小。古代的《华夷图》、《禹贡图》、《地理图》，像宋代留下来的那几幅地图，有的叫“华夷图”，就是华夏加上四夷；有的叫“舆地图”，就是说舟车可至的地方。但是，画的还是以当时的汉族中国为中心的一圈，尽管有时也把周边国家画上，但比例很小，小得好像它们真的是依附在中国这个大国身上的“寄生”物。

这种地图画法的传统一直到明代仍然延续。应当注意的是，中心大而边缘小，实际上不仅是一个地理位置的问题，而且也是在分辨价值的差异，更是在确认“自我”与“他者”，地图上的中心与边缘也一样。这里我要解释一下。第一，这和中国人对于世界的实际知识没有关系，汉代张骞以后，欧亚大陆交往已经有丝绸之路，唐代中国与外界交往更多，元代帝国的疆域几乎无远弗届，当时从阿拉伯来的札马鲁丁还制造过三地七水有经纬线的“地球仪”，到了明代初期郑和下

① 参看葛兆光《天下、中国与四夷——古代中国世界地图中的思想史》，载王元化主编《学术集林》（上海：上海远东出版社，1999）第十六卷。

西洋，已经到过了非洲的东岸，实际经历的空间也远远超过了中国本土无数倍，人们知道的各种文明的情况也已经很多，但是古代中国关于“天下”、“中国”、“四夷”的思想与想象却始终没有变化①。第二，这和古代中国人了解地理和绘制地图的技术也没有关系。古代中国人其实地理水平很高，绘制地图也很高明，1974—1978年在河北平山县战国中山王墓发现的铜版《中山王陵兆域图》，1986年在天水放马滩发现的秦代木牍地图，马王堆汉墓发现的画在帛上的地图，都相当有水平②。所以，这只能从观念上面去理解，因为这种地图背后是古代中国人的“天下观念”或者说是“世界观”，在影响着天下地图的绘制。换句话说，就是一方面，古代中国这种“天圆地方”的空间观念，使中国人想象自己处在天下之中，周围只是小小的蛮夷；另一方面，古代中国的华夏文明中心观念，使中国人想象四周的国家不仅是地理空间小，而且也是文化价值小。

正因为如此，16、17世纪之间，利玛窦的世界地图才给中国造成了极大震撼。因为它告诉中国人，第一，人生活的世界不再是平面的，这瓦解了天圆地方的古老观念。第二，世界非常大，而中国只居亚细亚十分之一，亚细亚又只居世界五分之一，中国并不是浩大无边的唯

① 例如龙谷大学所藏1402年李朝朝鲜复制中国的《混一疆理历代国都之图》中，关于非洲部分的知识就相当令人惊异和费解，因为它对于非洲西岸的描绘相当准确，远远超过同时欧洲人的知识。此据小川琢治1910年复制本，见《学びの世界——中国文化と日本》（京都：京都大学综合博物馆，2002），第5～6页。

② 据专家的研究，马王堆帛书地图的主图部分描述的是湖南潇水中上游，比例约为十万分之一，相当精确。参看谭其骧《两千一百多年前的一幅地图》，载《马王堆汉墓研究》（长沙：湖南人民出版社，1979）。

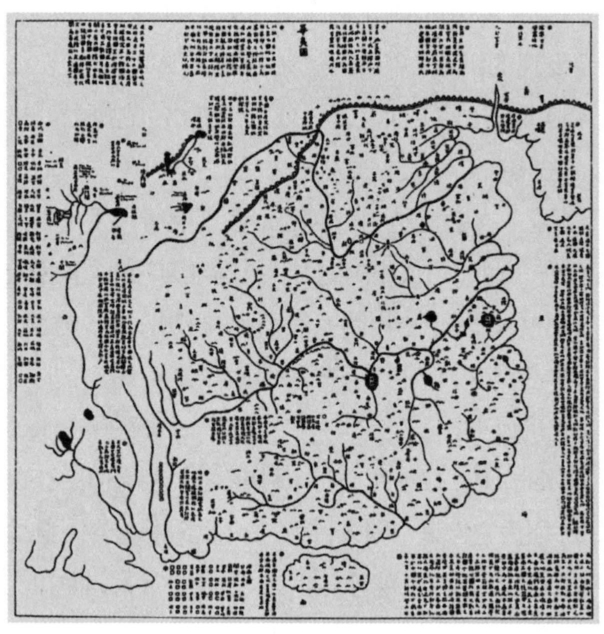

华夷图墨线摹本

利玛窦的世界地图给中国思想世界带来了一个隐性的、巨大的危机……

佛教有两个关于空间的观念，和中国人是很不一样的。

一大国，反而很小。第三，古代中国的“天下”、“中国”、“四夷”的说法是不成立的，中国不一定是世界中心，四夷则有可能是另一些文明国度，在他们看来，中国可能是“四夷”。第四，应该接受“东海西海，心同理同”的想法，承认世界各种文明是平等的、共通的，而且真的有一些超越民族/国家/疆域的普遍主义真理。正是这些颠覆性的观念，利玛窦的世界地图给中国思想世界带来了一个隐性的、巨大的危机，因为它如果彻底被接受，那么，传统中华帝国作为天下中心，中国优于四夷，这些文化上的“预设”或者“基础”，就将“天崩地裂”。

三　佛教地图：另类世界的想象

需要追问的是，难道古代中国没有另外的“天下观念”吗？应该说还是有的，那就是佛教的“世界观”。关于佛教的历史和影响，不是这篇小文可以讨论清楚的，这里要说的只是佛教的世界观，佛教有两个关于空间的观念，和中国人是很不一样的。

第一个是包括更广的佛教的整体世界。按照佛教的说法，世界并不是以中国为中心的一大块，而是四大洲，中国只是在其中一洲。据佛经说，在须弥山的四周，围绕着四大部洲，而中国在南赡部洲，其他还有东胜身洲、西牛货洲、北俱卢洲。据《长阿含经》、《楼炭经》、《法苑珠林》等说，日、月、星辰都围绕于须弥山中，普照天下，四大洲各有二中洲与五百小洲，四大洲及八中洲都有人居住，二千小洲则或住人或不住人。其中北洲的果报最胜，乐多苦少，寿命千岁，但是，那里不会出现佛陀这样的伟大领袖；南洲的人民勇猛、强记，但是有业行，也能修梵行，所以会有佛出世；东洲的空间极广大，而西洲则多牛、多羊、多珠玉，仅仅是一洲上面，大国就有三十六，小国就有二千五百，而且“一一国中，种类若干，胡汉羌虏、蛮夷楚越，各随方土，色类不同”[①]。请注意，这和中国的天下观念就不同了，中国不是唯一的天下了，天下要比传统的想象大得多，这倒是和以前邹衍说的“大九州”有一点像，所以后来这种四洲、九州的说法，成了古代中国人接受新世界图像的一个资源。

第二个是佛教的世界中心观。由于佛教是从印度经过中亚或南亚传来的，所以，一般来说，佛教徒或明或暗都会反对中国作为唯一中心的世界观念，这道理很简单，如果中国是唯一的，那么印度佛教将如何自处？既然佛教来自天竺，真理出自印度，那么，印度当然就是世界文明的中心。在南北朝的佛道儒论辩中，佛教曾经对世界有很多描述，也曾经论证过天下之中在印度[②]，可是，由于佛教在中国，渐渐便放弃了这一绝对的说法，改而说有印度和中国两个文明中心，或者进一步说世界有多个并列的中心，其中很流行的一个说法就是四方还有四天子，4世纪末的《十二游经》、6世纪的《经律异相》卷三、7世纪的《法苑珠林》卷四四中，都有这种说法，“东有晋天子，人民炽盛，南

① 参看《法苑珠林》卷二《界量部第五》，《大正新修大藏经》第五十三卷，第280~281页。

② 僧祐《世界记目录序》，载《出三藏记集》卷一二，《大正新修大藏经》第五十五卷，第88页。按：僧祐《世界记》五卷已佚，其目录幸好保留在僧祐自己的《出三藏记集》卷一〇中，主要是来自《长阿含经》和《楼炭经》，第一卷讲三千大千世界、诸海、大小劫、大海须弥日月、四天下、四种姓，是佛教世界观的重要资料。

《南赡部洲图》中，中国仅仅在东部一角

尽管后来佛教中国化了，变成了三教合一，甚至屈服于中国主流意识形态与儒家学说，但是，它曾经使中国文明天下唯一的观念，受到了前所未有的冲击。

有天竺国天子，土地多名象，西有大秦国天子，土地饶金银璧玉，西北有月支天子，土地多好马”，而7世纪玄奘的《西域记》的序文、道宣的《释迦方志》、《续高僧传·玄奘传》中，也有南赡部洲四主的说法[①]。无论如何，这幅世界图像就和传统中国只是围绕中国这个“天下”的不一样了。以前正如《诗经》所说，溥天之下，莫非王土，率土之滨，莫非王臣，或者像《孟子》所说，天无二日，国无二主，但是，如果接受佛教的说法，观念中的世界将会大大不同了。

尽管后来佛教中国化了，变成了三教合一，甚至屈服于中国主流意识形态与儒家学说，但是，它曾经使中国文明天下唯一的观念，受到了前所未有的冲击。在佛教传来的时候，一些中国人不能不承认“华夏文明不是唯一”，“天下不是中国正中”，这本是一个重新认识世界的机会，然而这一契机并没有成为现实，佛教坚持的世界观念，只是留存在他们自己的著作之中。我们目前看到的，在古代中国唯一不以中国为天下正中的地图，一是《佛祖统纪》中的三幅图，在宋代以前，这是极罕见的多元世界观，它的《东震旦地理图》、《汉西域诸国图》、《西土五印之图》构造了同时拥有三个中心的世界[②]。二是包括了印度、中国、西域在内的《佛教法界安立图》。应当说，佛教关于须弥山、四大部洲以及兼容中印的南赡部洲的地理空间观念，在近代以后，也曾经

① 参看伯希和《四天子说》，原载1923年《通报》，冯承钧译，载《西域南海史地考证译丛》（北京：商务印书馆重印本，1995）第一卷第三编，第84～103页；烈维（S.Levi）《大藏方等部之西域佛教史料》，冯承钧译，载《西域南海史地考证译丛》第二卷第九编，第160～234页。

② 志磐《佛祖统纪》卷三二，《大正新修大藏经》第四十九卷，第312～314页。

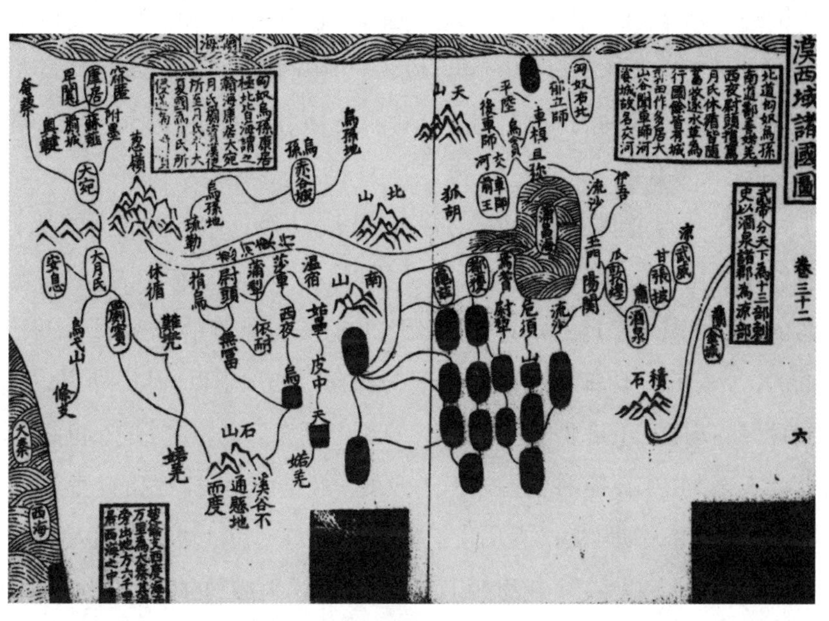

《佛祖统纪》之《汉西域诸国图》

给中国、日本、朝鲜提供了改变世界观的潜在资源。比如在日本和朝鲜，人们就一方面接受西洋新的地理知识，一方面回忆佛教的世界观念，因此用了佛教须弥山的旧闻加上西洋五洲的新知，画了新的世界地图，像神户市立博物馆藏1709年日本制作的《南赡部洲万国图》，首尔所藏1775年朝鲜制作的《舆地全图》，就是把西方知识和佛教想象混在一起的。在这里，世界不再只是一个中国中心，对日本和朝鲜人来说，这下子就确立了东洋（中国）对西洋（欧洲）以及自身（日本或朝鲜）的万国图像。

不过我得说明，这种冲击并没有从根本上动摇中国人的世界观，佛教中国化了以后，中国佛教就很少再提这一话题了。在中国，佛教观念的笼罩和影响，远远没有在日本大，它还是屈服在儒家意识形态下面的，所有的一切都要先经过儒家的和官方的尺子量一量，所以，关于世界的想象，还是要再过几百年，直到已经充分世界化了的16世纪，西洋人来到中国，这种情况才有了改变。就是前面我们说的，直到利玛窦的《山海舆地图》（万历十二年，1584）在广东问世，中国人才真正开始看到了“世界”，在思想上出现了“天崩地裂”的预兆。

四　内诸夏而外诸夷：以明代海防地图为例

关于地图的方向，我曾经有一次深刻的经验。有一次，一个朋友拿着一张绘制了某个海岸线的地图给我辨认，这个地图没有地名、城市、交通等等容易辨认的东西，光是地形，我实在不能看出它是什么

宁波船主汪晴川图（东北大学藏）

地方的海岸。但是当朋友把地图旋转90度的时候，我发现它就是我特别熟悉的中国东海沿岸，这只不过是一张上东下西、左北右南的地图。这件事情并没有特别的意义，它只是说明，人的感觉常常是有先入之见的，而且这种先入之见相当深，甚至成为认知的习惯。不过，如果我们知道，古代的地图曾经是上南下北，那么我们就应当追问，究竟为什么人们要把它改成以及什么时候改成下南上北的？如果说这一问题不易有结论，那么我们再看，当人们已经习惯了上北下南地绘制地图以后，明代关于海防的地图为什么又改变习惯而变成上东下西或上南下北？

我们知道，海防对于中国来说，本来并不是大问题，但是到了明清，却变得很重要很重要，因为这个时代，外患主要是从海上来，无论是倭寇还是洋人都要从海上来，所以，有人说，这是一个“海防时代”，所有的军事重心都在沿海，所以，在明代有很多关于海防的地图绘制出来。比如嘉靖三十五年（1556）胡宗宪的《筹海图编》和万历十九年（1591）李化龙序刻的《全海图注》，以及稍后的谢杰《虔台倭纂》卷上的《万里海图》[①]。可是注意看，很有趣也是很特别的，就是这些关于海防的地图，往往并不按照习惯的北上南下，而是大多数都把中国大陆绘在下方，而把可能入侵的日本以及大海等放在上方，变成上东下西或者上南下北，而且在中国沿岸画上了警戒的旌旗标志和密密麻麻的烽堠营寨，看上去方向总是一致向外，这里面究竟是什

① 《筹海图编》有嘉靖四十一年（1562）刻本，《全海图注》有北京图书馆藏明万历十九年（1591）李化龙序刻本，《万里海图》见谢氏《虔台倭纂》卷上，玄览堂丛书续集影印明万历刊本。

古代中国通常要分内、外即所谓「华」、「夷」，这在宋代以后成为特别敏感的话题，古代中国人对于自我和他者有很清楚的也是很严格的观念，「华」是「内」，「夷」是「外」。

么道理？

曾经帮助胡宗宪编过《筹海图编》的郑若曾在《郑开阳杂著》卷八《图式辨》中的一段话相当有意思，他说：

> 有图画家原有二种，有海上而地下者，有地上而海下者，其是非莫辨。若曾以义断之，中国在内，近也，四裔在外，远也，古今画法皆以远景为上，近景为下，外境为上，内境为下，内上外下，万古不易之大分也，必当以我身立于中国而经略夫外裔，则可，若置海于下，则先立于海中，自列于外裔矣，倒视中国，可乎？[①]

值得注意的是，这里的关键是"内"、"外"、"上"、"下"，与"中国"、"四裔"的分别，稍通古书的人都知道，古代中国通常要分内、外即所谓"华"、"夷"，这在宋代以后成为特别敏感的话题，古代中国人对于自我和他者有很清楚的也是很严格的观念，"华"是"内"，"夷"是"外"。这是古代经典中的一个重要观念，稍通经学知识的人就知道《公羊传》在古代中国最重要的意义，就是讲"内其国而外诸夏，内诸夏而外四夷"，古代中国的"夏"就是"雅"，就是文明，就是我们，就是"内"，而夷狄就是"蛮"，就是不文明，就是"外"，这里有严格的亲疏远近的差异，所以就要"分"。

其实，到了明代，中国绘制地图从最早的南上北下，早已经调整为

① 《郑开阳杂著》（上海：上海古籍出版社影印文渊阁四库全书本）卷八，第8页A~B。

郑若曾《万里海防图》第二幅（广东）

这不是一个单纯的绘制地图的方向，在当时人心目中，「内」、「外」、「上」、「下」是一个关系到民族、国家的认同和排斥，确立自我和他者的问题。

北上南下，之前宋元两代绘制者都已经习惯了这种方向。郑若曾也承认，北上南下乃是通则，他也看到了通常地图不嫌北狄在上的事实，从理论上说，北狄也是“外”，甚至郑若曾也可以接受“天地定向，以北为上，以南为下”的说法，就是在他的其他著作中，绘制普通地图也同样遵循北上南下的规则，比如《筹海图编》中凡普通的行政区地图都是按照上北下南的规则。但是，一旦涉及到国家与民族，一旦国家与民族遇到外敌，他一定要坚持这种“内外有别”的画法，像《郑开阳杂著》卷四的那幅东海图，就是把日本放在上方正中，而把明帝国放在下方，不仅在海洋上注明“倭寇至直、浙、山东诸路”和“倭寇至朝鲜、辽东之路”，而且在下方陆地一一注明倭寇入侵的路径[①]，而他所参与编纂的《筹海图编》中凡普通的行政区地图是按照上北下南的规则，但海防图则是按照海上地下的原则来画的，以同为描述福州的卷四《福州府境图》的上北下南和卷一《海防图·福建七》的上东下西对照，以同为描述广州的卷三《广东沿海总图》的陆上海下和卷一《海防图·广七》的海上陆下对照，就可以明白这个道理[②]。

这不是一个单纯的绘制地图的方向，在当时人心目中，“内”、“外”、“上”、“下”是一个关系到民族、国家的认同和排斥，确立自我和他者的问题。顺便说明的是，这不仅是古代中国的习惯，1930年，日本军方绘制了《中国沿海图》，绘制的日本人也同样不管东西南北的地

① 《郑开阳杂著》卷四，第4页A。

② 参看王庸《明代海防图籍录》，收入王庸《中国地理图籍丛考》（上海：商务印书馆，1947，1956），第92~122页。

图惯例，在地图里面，把自己隐没在地图的下方，而把韩国和台湾放在下面的两侧，仿佛两只巨钳对着上方的被缩小了的中国，在这地图的方向的象征里面，我们可以看一看，是不是也有一种敌视的对立姿态？

五　大“公”无“私”：从明代方志地图看当时人的公私观念

有一段时间读明代方志，有时候也看一看地方志所附的地图，看了以后感受很深，觉得这些地图背后有三个观念值得讨论。

第一个是这些地图绘制者“目中无人”，这里的“人”指的是民众的私人生活空间。据历史学家说，在古代中国，城市大多是州府县镇的治所，是政治和军事中心，不像近代以来的城镇，很多是商业或消费的地方。不过，古代城市尽管以政治为中心，但城市总不能只有府廨官邸，而没有民居市集，毕竟“民”多于“官”。梁庚尧曾经讨论南宋的城市，他说，福州州治加上闽、侯官两县的官员不过八百多人，台州的州、县两级官员只有五十多人，加上胥吏，也只有四百人而已，可见城市里面大多数还是平民[①]。这么多人的居住，这么多人的吃、喝、玩、乐，必须有民居、商铺、市集，加上歌楼、酒肆、瓦子、书籍铺，像宋代的平江、兴元府有勾栏，湖州州城、庆元府城有瓦子[②]，而元代镇江虽

① 梁庚尧《南宋城市的社会结构》（上），《大陆杂志》（台北：1990）第八十一卷第四期，第2页。

② 比如王謇《宋平江城坊考》（南京：江苏古籍出版社，1999）卷一中有“勾栏巷”、“跨街楼”等等（第16~17页），就是娱乐、风化场所。

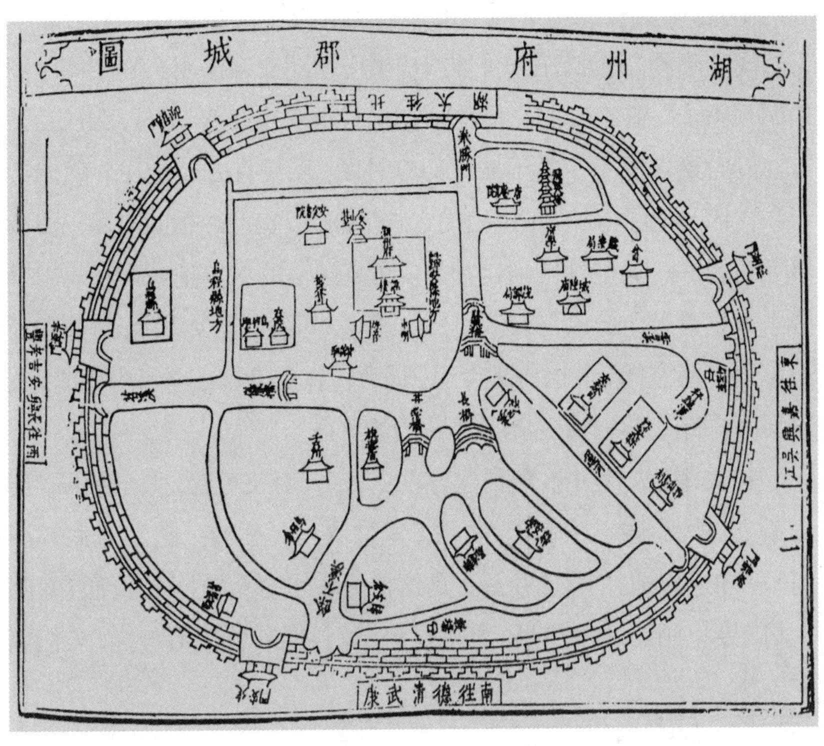

明万历栗祁等编《湖州府志》之湖州城图

然“比年以来，差调烦重，岁事不登，逃亡消乏，户数减少”，但是《至顺镇江志》中仍然记载有“隅七”、“坊二十八”、“市五”、“街七”、“巷八十二”①。可见城市里面毕竟还是民众的生活空间大。

不过，奇怪的是有关城镇的方志地图并不能帮助我们对当时城市空间的想象。通常，在我们的知识中，地图应当按照实际空间比例绘制，地面上占的空间多少，地图上就有相应的大小。可是，明代各种方志卷首虽然有不少关于城市的府县图，反复看去却发现现代的常识和古代的地图方枘圆凿，明代方志地图上，在凸凹相间的那一圈城墙之内的——这些地图通常都是以仿真画法的城墙把城区标志出来的——只是若干政治与宗教的公共建筑，却没有多少集市、街坊和其他私人生活空间。在这些地图里，最醒目也是常常在城市中心的，是府县官署衙门的所在，这是政治权力的象征②。

其实，在宋代并不全是这样的，“自大街及坊巷，大小铺席，连门俱是，即无虚空之屋”③，看看《梦粱录》、《都城纪胜》、《武林旧事》就知道，那时的城市生活不是这样冷冰冰的了无生气，倒像《清明上河图》里画的那般热闹。不止是都城，各地的城镇都一样，人们熟

① 俞希鲁《至顺镇江志》(南京：江苏古籍出版社，1999)卷二，第13~16页。

② 如在《(嘉靖)抚州府图》中，凸显的就是抚州府、临川县的所在，以及左边的按察司、兵备道，加上右边的府学，而《(嘉靖)惟扬志》的《今扬州府并所属州县总图》中，民物繁庶的扬州城也只画了扬州府、江都县、察院的官邸，《(嘉靖)嘉兴府图记》里的《秀水县境图》，从名字上说虽然是县境，但图中却只有布政司、千户所、按察司、府学等等公家场所，而《(正德)大同府志》的地图，则更醒目地标志着“代王府”、“山西行都司”和“帅府”。它们被显著地标志出来，透露着绘制图志的人心目中，政治、法律和权力，它们有多么重要。

③ 吴自牧《梦粱录》(济南：山东友谊出版社，2001)卷一三，第178页。

悉的宋代《平江图》碑刻，毕竟还是大体按照比例绘制，街巷城坊还是一一被标志出来的，而在《（淳熙）严州图经》的“建德府”一图里面我们也看到，除了一些被隆重标志的官衙之外，多少还留下了民居的位置[①]，大约有十来个坊，虽然在巨大的官府公廨的压榨下，坊巷市集已经变得微不足道，可是，就算是这样，还勉强能够指引人们想象古代城市的空间分配，而《咸淳临安志》里的《临安图》，更在西边并不很大的大内之外，大体按照空间比例画出了当时临安的民间生活空间，让人一看上去，还知道这是一个民宅多于官府，生活大于政治的活生生的城市。可是，在明代地方志的城市地图里面，这种画法却很少见[②]，对于民众生活的空间，也有些有意无意的忽略。

第二个是以阴间官配阳间官。除了政治建筑之外，在明代方志地图上被隆重标志出来的还有一些宗教性建筑，这指的是合法宗教的寺庙和被认可的祭祀场所，不包括不经批准的“淫祠淫祀”。这些宗教性建筑常常被显著地标识在方志的地图上，显而易见，这些祭祀供奉神灵的场所，在当时的官员和士绅，以及编写方志的士人眼中，和公廨衙府一样，也可以算是“公共”的“空间”。于是，在明代方志图上，几乎每一个城的城隍庙都被清楚地画出来[③]，当然，每幅地图上也都有

① 像东面的福善坊、建安坊，中间的政惠坊、亲仁坊、辑睦坊和甘棠坊，西面的肃民坊、和兴坊等等，见（宋）陈公亮《严州图经》（丛书集成影印本），第3165册，第4～5页。

② 我所看到的，有沈朝宣编《（嘉靖）仁和县志》的卷一，还有坊隅街巷牌坊市镇的内容，卷二记载有桥梁方面的内容，但这可能只是继承宋代杭州（临安）地志的余风，通常明代方志地图，很少标志民众日常生活的空间。《（嘉靖）仁和县志》，见《四库存目丛书》（济南：齐鲁书社影印本）史部第194册。

③ 于凤喈、邹衡《（正德）嘉兴志补》卷首，《四库存目丛书》史部第185册，第221页。

各地著名的大寺观，像抚州的天宁寺和宝应寺、大同的善化寺和太宁观等等。

不过城隍还是最显著，据历史学者的研究，城隍的极端重要性是在明代凸显起来的，在奠定明朝规矩的洪武年间，明太祖朱元璋先是把城隍封王，后来认为城隍应当和地方长官一样，于是撤了王号，但又觉得需要他帮忙管理百姓，又诏天下州县立城隍庙，“其置高广各视官署厅堂，其几案皆同，置神主于座。旧庙可用者修改为之”[①]，这使城隍庙和官府对应起来，阳间的城隍神成了冥界的地方官。地方官既然叫做“父母官”，又叫“州牧”，好像是代行父母管教职能的牧羊人，那么，城隍也当然要受到隆重祭祀，所以明代的李贤在《河间新建城隍庙记》里面，曾经先把城隍和社稷对举，说“社稷所以养民，城隍所以卫民”，在他看来，城隍保卫全境人众，仿佛州郡长官管理全境百姓[②]，而且地方长官就得好好地祭祀城隍，才好“与神合德”，一管阴间一管阳间。古人常常说，“遇上等人说性理，遇下等人说因果”，神道设教和官府治民是差不多的。说起来，古代中国不仅是“王霸道杂之”，而且是“阴阳官杂之”，这很有效，古人说过，“人或有不畏法律者，而未有不畏鬼神者也”。于是，在一般的观念世界中，地方官和城隍神就分别成为阳间和阴间的管理者，而表现在方志图经上就是，城隍庙和阳间的官衙门一样，分庭抗礼各自占据了重要的位置。

① 《明太祖实录》（台北：中研院历史语言研究所影印本）卷五三。

② 郜相、樊深编《（嘉靖）河间府志》卷九《典礼志》引，《四库存目丛书》史部第192册，第517~518页。

第三个特点，是对官方教育和养育职能的突显。前面说阴间与阳间两者不可或缺，只是问题的一半，对于阳间官府来说，还有教育和养育并重的问题，古代官家不比现代政府，它是全知全能的，所以号称“父母官”。官员称作“父母”而百姓唤作“子民”，把政治想象成家庭，这样官员的权力大，但职责也多。

在地图上可以看到这种政府的全能性质。明代地方志的图经中，除了府县官廨、宗教寺庙之外，特意标出的，有一类很特殊的建筑，这就是官府为备饥荒而建的仓库，像抚州府图上，就标出了“义民仓”、“布政司赈济仓”、“永丰仓”。而《（万历）湖州府志》则特意标出了乌程仓，《（正德）嘉兴志补》中也在城墙里面屈指可数的七个建筑标志中，安排了一个“仓”。我们看何乔远的《闽书》，在记载从福州府、泉州府等地的重要建置时，总是在官署衙门之后，就记载各种仓库，像闽县有预备仓三、常平仓一，侯官有预备仓五、常平仓一，而古田在预备仓和常平仓外，更有际留仓、福清仓等等名目①。把这些仓库标志在地图上，是宋代方志图经早已有之的做法。自从汉代首创常平仓，隋代出现义仓，到南宋朱熹建立社仓，古代中国用于粮食调剂的三仓已经相当完备，梁庚尧《南宋的社仓》说，南宋的士人官员对于设立仓库特别重视，连朱熹都出来提倡建设，一方面当然是为了现实考虑，不能让饥荒导致社会不安和动荡，另一方面也是理学家们的社会理想，前两种仓库主要在城市，社仓在农村，这样可以稍稍调剂饥饱不均②。

① 《闽书》（福州：福建人民出版社，1994）卷三二，第一册，第800~805页。

② 梁庚尧《南宋的社仓》，《史学评论》（台北：华世出版社）1982年第4期，第1~33页。

在方志地图上特意标志出来的这两类建筑，象征了古代到现代，中国政治权力的用力所在。

大概可以证明，从宋代以来，这一类应付灾难的设施，已经成了地方政府的一个重要职能。

不过，除了设仓济饥，承担养育之外，在古代中国的地方政府和官员，似乎还特别讲究教育，“移风易俗”好像总是儒生出身的官员的责任，因此在地方志上还有一类建筑在地图中占了不少位置，这就是府学、县学和书院。其实，当时并不止是官办的学校，从宋代起，民办的地方学校已经很多，《都城纪胜》“三教外地”条就说到，“其余乡校、家塾、舍馆、书会，每一里巷须一二所，弦诵之声，往往相闻”。不过画方志地图的人眼睛里面盯着的，却还是这些官方的设施，尽管孟子当年也说民为重，社稷次之，君为轻，但是毕竟自古以来中国都是“官”比“民”重。因此，各地官方建立的教育机关，在地图上被给予了仅次于官署府廨的空间位置，大多方志图经中都不会忘记它们的存在，像前面说到的《嘉兴府图记》中的《秀水县境图》里面，除了千户所、按察司这些官衙之外，单独标出的就是府学，而在《（万历）湖州府志》中，不仅有府学、有归安县的县学，还有著名的安定书院，那是胡安定的遗风所在[①]。

在方志地图上特意标志出来的这两类建筑，象征了古代到现代，

① 《（万历）湖州府志》卷一，《四库存目丛书》史部第191册，第8页。这种政治智慧源远流长，即使是在满族当家的清代，这一汉族政治的传统依然延续，清代方志地图也还是这样，像1831年修《蓟州志》的卷首地图，除了官方公廨官署外，城市中间一字排开的，就是书院、天宝观、公输庙、学署、文庙，周围一一标志出来的，就是关帝庙、城隍庙、观音庵、般若庵、真武庙等等，此图藏于哈佛燕京图书馆，转采自 *The History of Cartography,* Vol.2, Book.2: *Cartography in the Traditional East and Southeast Asian Societies*（Edited by J.B.Harley and David Woodward, The University of Chicago Press, 1994）。

中国政治权力的用力所在。有了“物质食粮”，百姓心中不慌，秩序当然就安定；有了“精神食粮”，知识人有做进身之梦和发发大议论的场所，也有在那儿讨论绝对真理的空间，士居四民之首，有了进得去的学校和望得见的官署，大概也不再会意马心猿、惹是生非。

罗兰·巴特（Roland Barthes）曾经说过，西方城市的中心“常常是满满的，一个显眼的地方，文明社会的价值观念在这里聚合和凝聚：精神性（教堂）、力量（官署）、金钱（银行）、商品（百货公司）、语言（古希腊式的大集市：咖啡厅和供人散步的场地）”，而在日本东京，他却看到一个空的中心，而正是这个空的中心，“隐藏着那个神圣的‘空无’”，“以它那种中心的空洞性来支持整个城市的运动”，他在城市空间设计中看到了它的意识形态象征性[①]。同样，在明代方志图经中重点凸显的是官府衙门（政治权力）、宗教寺庙（宗教权力）、学宫官仓（文化与经济权力），也一样呈现着古代中国的意识形态，没有了坊巷，没有了市集，没有了娱乐场所，这透露着绘制者视界中仿佛目中无“人”，绘制方志地图的人仿佛都那么大“公”无“私”，没有民众的生活，没有私人的空间，它就仿佛在说，如果把方志地图当做一个思想史的隐喻，那么，它暗示的也许是，这个时代“国家”越来越显得专制，“公”全面压倒了“私”，甚至取消了“私”，在府廨、寺庙、学宫、官仓等等政府设施的背景中，日常生活和私人空间在这些士大夫所绘制的地图里，已经全面消退，似乎越来越没有重要性了。

① 罗兰·巴特（Roland Barthes）《符号禅意东洋风》（香港：商务印书馆，1992），孙乃修中译本，第45~48页。

> 很多历史记忆，不仅是写在文献中的，也是储存在图像里的。很多思想观念，也不一定只是直接用文字表达，有时候它也支配着图像的绘制。既然绘制图像包括地图的人，都有自己的想法，这些想法会影响他对方位、比例、位置和色彩的选择，那么，在不同图像或地图上，就一定残留着不同的思想观念。

六　小结

索雅（Edward Soja）曾经说到，地理学应有三个维度，第一个是历史性（historicity），第二个是空间性（spatiality），第三个是社会性（sociality）①。就是说地理学包括地图的绘制，都要考虑历史影响下的空间观念、空间观察的位置和立场、社会语境的影响。我觉得，阅读地图似乎也是如此，在一份地图的不同空间描述上，可以看到绘制者本身的文化史，我们可以看到绘图者区别“自我”和“他者”的立场，可以看到绘制者心中的“世界”，以及关于这个世界的“观念”，还可以看到各种各样没有明说的政治意图和各种观念，尤其是在对同一个世界的不同描述的地图中，更可以看到各种阶层和民族的观念差异。这正像一句名言所说的，“每一个人都拥有一个不同于他人的世界”。

回到一开始的问题，在本文开头我说，“怎样才能从地图中看出思想史，或者说，古舆图如何作为思想史的资料？”这是一个研究方法的问题。地图在思想史中的使用，其实并不应当有问题。很多历史记忆，不仅是写在文献中的，也是储存在图像里的。很多思想观念，也不一定只是直接用文字表达，有时候它也支配着图像的绘制。既然绘制图像包括地图的人，都有自己的想法，这些想法会

① Edward Soja: *Postmodern Geographies: The Reassertion of Space in Critical Social Theory*, London, Verso, 1989。参见王志弘《后现代的空间思考——爱德华·索雅思想评介》，载《流动、空间与社会》（台北：田园城市文化事业有限公司，1998），第17~33页。

影响他对方位、比例、位置和色彩的选择，那么，在不同图像或地图上，就一定残留着不同的思想观念。所以，对思想史的研究者来说，在扫描和追寻历史上的思想观念的时候，图像和文字的功能并没有太大的差别，我在一篇旧文中曾经说过，“问题只是在于：我们怎样透过地图诠释出古人的所思所想，怎样把无言的图像转化为有言的历史”①。

① 《古地图与思想史》，载《二十一世纪》（香港：香港中文大学，2000年10月）总第六十一期。

【附录】 谜一样的古地图

日本的神宫佛寺很幽静，不像中国道观佛寺那样游人如织，树荫浓密得似乎隔断了尘世喧闹，也衬托出一种谜一样的深不可测。这些深深的神宫寺院里，也不知道为什么，常常会藏了些稀罕的古物，时不时拿出三件两件，便让历史生出几许波澜。我猜测是两个原因，一是因为日本人神佛敬畏比中国人厉害。在中国，政治重于宗教，政治战争一来，就顾不上泥塑木雕的神佛，不光是“烟横古道人行少，月堕荒村鬼哭哀”，道观佛寺也难得幸免，史书里少不了用“玉石俱焚”、“鸡犬不留”这样的成语；可是，日本的神宫佛寺常常延续千年，像奈良的东大寺、招提寺等等，就至今依稀唐貌。一是日本人爱惜东西的传统比中国更甚，他们不像中国这样家大业大满不在乎，一把火就可以把阿房宫烧个三天三夜，他们把自家的东西和外来的东西，一件又一件地小心翼翼地藏起来，看宫崎市定《谜の七支刀》，就惊讶于《日本书纪》里面记载的一千六七百年前百济国王赠与倭王的那一柄七支刀，还能从石上神宫的库房里重新发现[①]，中土佚失已久的王羲之《丧乱帖》，居然也藏在日本皇宫里面，在千余载后，重新

① 原为1983年出版的“中公新书”之一种，后收入《宫崎市定全集》（东京：岩波书店，1993）21《日本古代》。

借给上海博物馆展览，让中国人开了眼界。老话说“礼失求诸野”，现在想想，古代中国文物丢了，或许也可以求诸东邻。难怪宋代欧阳修就心情复杂，这样说日本的收藏：“徐福行时书未焚，逸书百篇今尚存。令严不许传中国，举世无人识古文。先王大典藏夷貊，苍波浩荡无通津。”[①]

下面要说的《混一疆理历代国都之图》，便是原本深藏在日本京都西本愿寺，后来归了西本愿寺创办的龙谷大学图书馆的，一幅充满了谜团的古地图。

一　令人惊异的《混一疆理历代国都之图》

这幅古地图里面有什么奥秘，让我们今天不能不郑重面对？

也许，人们还记得前几年一位英国退休船长，也是业余历史爱好者的孟席斯（Gavin Menzies），他的一本书《1421——中国发现世界》（*1421 : The Year China Discovered the World*）曾经惹起的一场风波[②]。据他说，是中国的郑和而不是欧洲的哥伦布、麦哲伦发现了世界，这个来自西方口惠而实不至的说法，也许满足了国人久已欠缺的自信和自尊，所以很多国人都相当激动。记得那一年我在香港参加一个讨论会，凤凰卫视的一个主持人听了会上一些不同于孟席斯的看法，

① 欧阳修《日本刀歌》，《欧阳修全集》卷五四，第767页。

② 孟席斯（Gavin Menzies），《1421——中国发现世界》（*1421:The Year China Discovered the World*，中文本，台北：台湾远流公司，2003）。

居然指责学者说："你们谁能像他那样满世界去找资料？"孟席斯船长满世界找资料？这满世界找的资料之一，就是这幅《混一疆理历代国都之图》呀。因为他要证明中国人到了美洲，可中国人到美洲就得绕过非洲好望角，而这幅绘于郑和下西洋之前的《混一疆理历代国都之图》，恰好画了下垂的阿拉伯半岛和倒锥形的非洲，倒锥形的顶端就是非洲最南端的好望角，所以这幅古地图成了他的重要证据之一。据他说，有一种难以证实的传说，这幅古地图曾经被一个叫做孔蒂（Conti）的意大利威尼斯商人带回欧洲，因此才有了后来的"大航海时代"，有了哥伦布和麦哲伦……

孟席斯的是非曲直不必在这里叙说。其实，这幅地图不是他的发现。一位日本历史地理学家，那个膝下有着中国历史学家贝冢茂树、诺贝尔物理学奖获得者汤川秀树、中国文学语言学家小川环树三个优秀儿子的京都大学教授小川琢治，在20世纪初的1910年，就已经发现这幅地图，并且摹写和解说过它，一百年前摹写的地图，至今保存在京都大学[①]。孟席斯说郑和发现世界，这幅地图并没有给他提供太多的证据，但是这幅古地图本身，倒是真的让人寻思，因为这里有一连串的疑问。葡萄牙人迪亚士（Bartolomeu Dias，约1450—1500）是1488年才绕过好望角（Cape of Good Hope，当时曾命名为风暴角Cabo Tormentoso，后来才改为喜望峰C.de Boa Esperanza）的，达·伽马（Da Gama,Vasco，约1460—1524）要迟到1497年才绕过好望角到达印

① 我曾经请京都大学教授平田昌司向研究者杉山正明教授询问过，据说此摹本至今由京都大学地理研究所保管。

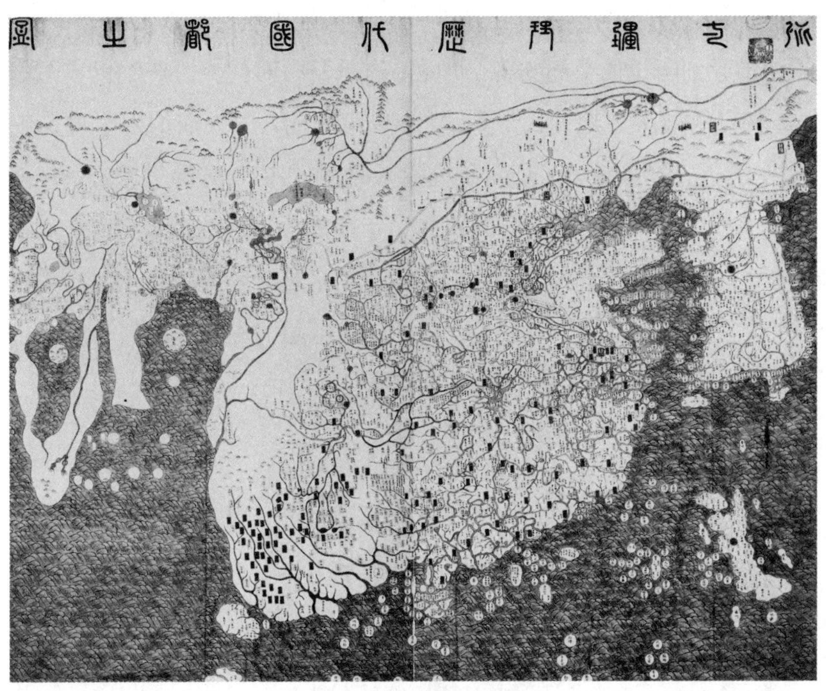

《混一疆理历代国都之图》

度，据说，在1508年版托勒密《地理学》之前，欧洲人还没有完整的非洲地图[①]。那么，在郑和之前当然也是在迪亚士、哥伦布之前，是什么人有这样的地理知识，知道从未有过记录的好望角，从而让中国人绘出了非洲大陆的倒锥形状？是谁一一标志出了东起日本，经朝鲜、中国和中亚到阿拉伯半岛的各个地名，这是蒙古时代大一统的世界图像吗？它真的被威尼斯商人带到欧洲，并对欧洲人的大航海发生过影响吗[②]？最近，我读到一部全面研究这幅地图的书[③]，仿佛学术史百年前后必有遗响和回声一样，研究者和百年前的小川琢治都来自日本京都大学，这个叫宫纪子的年轻女学者的著作，对这幅地图作了迄今为止最细致的研究。不过，疑问仍然还在，这部题为《蒙古帝国所出之世界图》的新书，精致的腰封上面还是写着一句话："世界最古的非洲—欧亚地图，为什么遗留在日本？"

真是谜一样的古地图。

① 参看前引 Phillip Allen 著，薛诗绮、张介眉译《古地图集精选——透视地图艺术与世界观的发展》。

② 此地图描绘的"世界"，东起朝鲜和日本列岛，东南绘出了麻逸（今菲律宾的吕宋岛）、三屿（今菲律宾的巴拉旺岛）等岛屿，西南绘有渤泥（婆罗乃）、三佛（今苏门答腊岛）、马八儿（今印度的马拉巴尔），正西绘出了倒锥形的非洲大陆及阿拉伯半岛，北面已绘到大泽（今贝加尔湖），几乎包括了欧亚非三大洲。

③ 宫纪子《モンゴル帝国が生んだ世界图》（东京：日本经济新闻社，2007）；在此前，也有高桥正对于这幅地图的研究，见《混一疆理历代国都之图再考》与《混一疆理历代国都之图续考》等，发表于《龙谷史坛》（京都：龙谷大学，1966）第56、57合刊号及《龙谷大学论集》（京都：龙谷大学，1973）第400、401合刊号。

自我中心主义是哪个民族都免不了的，把自个儿放在中心去想象周边，并不只是中国人的习惯，自我夸张和自我放大也常常是凸显自信和自豪的策略，甚至无意识中也会如此。

二　蒙元时代的世界新知识

这幅明建文帝四年（1402）画于丝织物上的地图，长150厘米，宽163厘米，古色古香，至今仍然藏在京都龙谷大学的附属图书馆中。据地图下方李朝朝鲜初期官员权近的跋文[①]，我们知道，原来那时有一个叫金士衡的朝鲜左政丞和一个叫李茂的朝鲜右政丞，看到了中国的吴门李泽民的《声教广被图》和僧人清浚的《混一疆理图》，前一种地图对中国之外记载得颇详备，后一种地图不光注明了当时的地名，还标志出了“历代国都”，但是，他们还是觉得“好则好矣，了则未了”。为什么？因为这两种地图都对朝鲜缺略太多，日本又画得不详细，于是，他们命令一个官员李荟“更加详校，合为一图。其辽水以东，及本国（朝鲜）之图，泽民之图亦多缺略，今特增广本国地图，而附以日本，勒成新图”，这个“新图”就是今天我们看到的这幅《混一疆理历代国都之图》。难怪除了地图中央是庞大的中国之外，右面就是被画得过分庞大的朝鲜，在朝鲜中央的圆形城郭符号上，大书了“朝鲜”二字，把朝鲜想象得这么大，正是因为重新绘制者来自朝鲜的缘故。

自我中心主义是哪个民族都免不了的，把自个儿放在中心去想象周边，并不只是中国人的习惯，自我夸张和自我放大也常常是凸显自信和自豪的策略，甚至无意识中也会如此。这我们不必管他，要紧的是一个知识史上的问题，要考察这一地图的基本知识源自何处。画《声教广

① 这份跋文亦见于权近《阳村先生集》卷二二，文字大体无差异，但是题作《历代帝王混一疆理图志》，见《韩国文集丛刊》（首尔：民族文化推进会影印本）第七册。

被图》的“吴门李泽民”是谁？宫纪子的书里没有详细考证，但是她说，从嘉靖三十四年（1555）罗洪先所编《广舆图》中可以知道，《广舆图》曾经参考过蒙古时代的两幅图，一幅是朱思本的《舆地图》，另一幅就是李泽民的《舆地图》，从地图中的浙江沿岸还有“庆元”二字等等迹象可以看出，它是在蒙元时代绘制的，因为元末朱元璋称吴王时，便已经把蒙元时代的庆元改为“明州府”，而到了洪武十四年（1381），这个地方又改称“宁波府”了[①]。另一个画《混一疆理图》的僧人清浚却比较好办，他生于元泰定五年（1328），死于明洪武二十五年（1392），在宋濂《天渊禅师浚公还四明序》、南石文秀《增集续传灯录》（永乐十五年成书，1417）等等文献中，可以知道他是台州黄岩人，俗姓李，别号随庵，三十岁前后，曾经在宁波的阿育王寺佛照祖庵待过五年，画了《广舆疆理图》，那时还是元朝末年。一个叫做叶盛（1420—1474）的人，在他的《水东日记》里面记载了《广舆疆理图》的一幅摹本[②]，摹本作者严节的跋文里说，这就是清浚在元至正庚子年（1360）画的。他的地图，一是用的蒙元时代的地名，二是有“中界方格”就是经纬线，大概一格是百里，南北九十格，东西略少一些，“广袤万余”，三是对家乡就是他生活的庆元（宁波）、台州一带，标志得格外详细。

因为这个缘故，后来照着李泽民和清浚两幅地图再绘制的《混一疆理历代国都之图》，也照样沿用了蒙元时代的地名旧称，宫纪子在

① 《元史》卷六二《地理五》“庆元路，唐为鄞州，又为明州，又为余姚郡。宋升庆元府，元至正十三年改置宣慰司，十四年改为庆元路总管府”（第1496页）。

② 叶盛《水东日记》（北京：中华书局，1980）卷一七。

书中举出不少例子，比如南京附近的“集庆路”，洞庭湖附近的“中兴路”、“天临路”，北京附近的“奉圣州”、“宣德府”等等，她判断大约这些地名都是1329年到1338年使用的一些地名，也就是说，这幅《混一疆理历代国都之图》依据的原本《声教广被图》和《混一疆理图》，呈现的是蒙元时代的制度和知识。当然，古地图不像今天的新地图那样，注意地名的时间一致性，在知识史上常常会有以当下为中心，把古今中外汇聚在一起，不管三七二十一同时呈现的趋向。由于采用了天台僧人清浚详记历代国都的地图，这幅图中，时而羼有古代历史的地理知识，像这幅地图中的“尧都”、“舜都”、“商都”、“秦都”等已经消失的历史地名，时而也羼有民族潜藏的历史记忆，像这幅地图里面会特意标志出“大金都”、“女真南京”，宫纪子说，这是作为肃慎后人的地图制作者对于同出一源的女真族表示特别的敬意[①]，因为用了李泽民的《声教广被图》，就不免夸张地把周边广袤的空间统统画上，不管它是否真的属于“大元一统”。当然，也因为重新绘制的时候已经入了明代，就会把现实中已经知道的新地名写进去，于是，就有了明朝建文时代的“皇都”（南京）和“燕都”（北京）。不过，尽管有“皇都”和“燕都”，学界还是趋向于认定，这幅地图反映的是蒙元时代的知识。

确实是蒙元人的知识。这幅《混一疆理历代国都之图》在朝鲜被绘制出来的1402年，朱元璋才死不久，持续了三年的“靖难之役”刚

① 据《金史》卷一《世纪》说，“金（女真）之先，出自靺鞨氏。靺鞨本号勿吉。勿吉，古肃慎地也”，其中靺鞨曾经“附于高丽”，曾经帮助高丽与唐王朝打仗（第1页）。

刚落下帷幕。没有笼罩天下的力量时，中国人顾不上遥远的非洲，也没有派人下西洋，这些知识当然都是照抄蒙元人的。据说李泽民《声教广被图》非常详备地记载了“内自中国，外薄四海，不知其几千万里”的地理，那是“广域远迈汉唐”的蒙元人的阔大气象。问题是，正如宫纪子所追问的，既然它是元代人的知识，那么，在欧洲人之前，亚洲人怎么会先知道有关非洲的地形？为什么蒙元时代能够画出这样的亚非欧洲地图？这件事情真是说不明白。尽管在欧洲早期的T－O形地图中，也有过把亚洲、非洲、欧洲画成三叶形的世界，不过，那毕竟只是想象。尽管也有人提出宋代赵汝适的《诸蕃志》和元代汪大渊的《岛夷志略》来证明中国人早就对非洲有了解，但是，就算有了关于非洲的见闻录和旅行记，也不等于可以绘出一大洲的地形图。

可是，在《混一疆理历代国都之图》中，不仅阿拉伯半岛画得相对准确，也画出了大体的非洲。那个过分夸大的湖泊，是不是今天说的“大湖”？右边那条末端有两个分叉、贯穿南北流入红海的河，应该是尼罗河（Nile River）吧？左边从大西洋东西横贯的河流，是尼日尔河（Niger River），还是刚果河（Congo River）呢？这真是太奇怪了，难怪有人会觉得这下子可打破了欧洲人发现世界也发现非洲的迷思（Myth）[①]。

① 不仅仅是对知识全球化历史的认识，这种新发现也许还会引出意想不到的革命性结果。2002年，在南非国民议会的“千年项目地图展”上，据说，曾经展出过这幅藏于日本的《混一疆理历代国都之图》和来自中国的《大明混一图》的摹本，女议长费琳·金瓦拉看了这幅地图后，说了一句相当有“后殖民哲理”的话，她说，“这个展览的目的是，让我们不要被别人（殖民者）强加给我们去信服的东西所束缚”。每一次新知识的发现当然都是对旧常识的瓦解，女议长说得不错，它能把他人强加给我们去信服的东西，从我们的习惯性思维中去除“常识”或者“熟悉”，从而解开观念的束缚，这本是历史学不断发现新材料的意义所在，可是也恰好给了后殖民理论提供了一个例证。

三　是回回人的礼物吗?

没有直接的证据能够说明这些地理知识的来源，这使它成为知识史上的难解之谜。不过，很多学者都倾向于相信，这和色目人中的回回人有关。

《元史·地理志》里面说汉隋唐宋“幅员之广，咸不及元”，确实是真的，“若元，则起朔漠，并西域，平西夏，灭女真，臣高丽，定南诏，遂下江南，而天下为一，故其地北逾阴山，西极流沙，东尽辽左，南越海表”[①]。看过陈垣先生《元也里可温教考》和《元西域人华化考》这两部名著的人都知道[②]，在蒙古人席卷欧亚之后，国界似乎渐渐淡化，广袤空间中人来人往，欧洲人到中国的，绝不只有马可·波罗，而中亚西亚的所谓西域人到中国的更多，他们一方面学到了中国的文化，陈垣曾列举当时儒学、佛老、文学、美术、礼俗和女学诸领域的“外国专家”，一方面又带来了阿拉伯的文化，那些长着满脸络腮胡子，双眼碧蓝，鼻子高耸的“色目人”，不仅仅会变戏法，还有很多汉族中国人不会的“奇技淫巧”，像会造火炮的阿老瓦丁和亦思马因，像会造塔塑像的阿尼哥等等[③]。通过丝绸之路东来的外国人，比起汉唐来不知多了多少倍，而延祐元年弛海禁之后，乘船到达泉州、广州、宁波三个市舶

① 《元史》卷五八《地理一》，第1345页。

② 《中国现代学术经典·陈垣卷》(石家庄：河北教育出版社，1996)，第51~187页。参看杨志玖《元代西域人的华化与儒学》，原载《中国文化研究集刊》(上海：复旦大学出版社，1987)第四辑，后收入其《陋室文存》(北京：中华书局，2002)。

③ 《元史》卷二〇三《方技》，第4544~4545页。

我们也许对那个时代的「全球化」估计太低，其实，很多异域知识的传播和影响，在中国已经相当深刻和广泛，正如柳诒徵说的，蒙元时代的文化「兼盖中国、印度、大食及欧洲四种性质」。

司来做生意的阿拉伯商人，也已经不再是少数侥幸海上逃生的探险者，在各种进口时髦商品之外，他们可能带来了很多新知识。

我们也许对那个时代的“全球化”估计太低，其实，很多异域知识的传播和影响，在中国已经相当深刻和广泛，正如柳诒徵说的，蒙元时代的文化“兼盖中国、印度、大食及欧洲四种性质”[①]。有一个例子，我始终觉得应当一提再提，这就是《元史》里面提到的那个西域人札马鲁丁（又写作札马剌丁，Jamal al-Din），他不仅在元世祖至元四年（1267）进献了万年历[②]，而且还给皇帝制造了各种各样的“西域仪象”[③]。其中一个仪器叫做“苦来亦阿儿子”的，竟然是一个地球仪（有人说，“苦来亦阿儿子”就是阿拉伯语Kurahaiz的波斯读法Kura-iarz，“苦来”意为“球，苍穹”，“亦”是标志属格，“阿儿子”意为“陆地，土地或国家”）[④]：

> 其制以木为圆球，七分为水，其色绿，三分为土地，其色白，画江河湖海，脉络贯穿其中，画作小方井，以计幅圆之广袤，道里之远近。

这里说的“圆球”，不懂得地球为圆形的人会知道吗？所谓“七水

① 柳诒徵《中国文化史》（上海：东方出版中心重印本，1996）下册，第二十一章，第544页。

② 《元史》卷五二《历一》，第1120页。

③ 《元史》卷四八《天文》，第999页。

④ 织田武雄《地图の历史——世界篇》（东京：讲谈社，1994）中指出，在欧洲中世纪普遍否定地球体说的时代，是伊斯兰地理学继承了古希腊的地球球体说，制造着地球仪（第83页）。

三地”，如果不对整个地球的大海和陆地有充分了解，能够说出来吗？用“小方井”给地球画了格子，就应当是经纬线吧？如果能够计算“道里之远近”，那么，对于遥远的异域，会有什么样的知识呢？特别是，就是这个札马鲁丁，在至元二十三年（1286）主持了《大元一统志》的编纂，那个时候，为了“表皇元疆理无外之大”，朝廷曾经让大臣招聘一批“鸿生硕士，立局置属总其事”，当时还“大集万方图志”，所以，他给皇帝的建议中说，现在，汉族地区的地图已经有四五十册了，可是现在皇元的地盘太大了，“如今日头出来处，日头没处都是咱每（们）的，有的图子有也者，那远的他每（们）怎生般理会的？回回图子我根底有，都总做一个图子呵”[①]。可见，他的任务就是要绘制一个包括蒙古时代一统世界的总图，而他本来就有回回的地图，现在又有了汉族人的地图，还在收集各种“远的”地图，从现存资料看，他还曾经要求朝廷征召“蛮子汉儿秀才”如陈俨、虞应龙、萧维斗等等，一起编类地理图书。那么，《声教广被图》和《混一疆理图》的异域知识，是否就来自这里呢[②]？

不必等到意大利人利玛窦来，这些随着蒙古人进入汉族中国的西域人，便已经把关于世界的知识传进来了，只是汉族中国人，可能还不懂它的意义罢了。但是，就算中国人不懂，难道不可以照猫画虎么？

① 王士点、商企翁编《秘书监志》（杭州：浙江古籍出版社，1992）卷四，第72页，第74页。此书点校本，承黄时鉴教授提示并寄赠，特此致谢。

② 参看马建春《元代东传回回地理学考述》，载《回族研究》（北京）2002年第1期，第14～18页。

《大明混一图》

四　超越疆域的知识史视野

好多年来，人们都以为龙谷大学所藏的这幅《混一疆理历代国都之图》是独一无二的，“孤证不立”的原则让人们对这种异常知识史现象将信将疑。然而，1988年，日本旧岛原藩松平氏的菩提寺即长崎的本光寺，又发现了一幅同样有权近跋文的《混一疆理历代国都之图》，这回的地图长220厘米，宽280厘米，比龙谷本还要大，是用很厚的纸绘制的。据宫纪子研究，它和龙谷本出自一源，却略有不同，可能比龙谷本要晚一些，因为它已经根据16世纪的资料，补充了一些朝鲜和日本的地名。这已经太叫人吃惊了，然而发现还在继续，这些年里，日本学者又陆续在熊本的本妙寺、天理的天理大学附属图书馆发现了同样左有非洲、阿拉伯半岛，右有巨大的朝鲜和日本的《大明国地图》[①]。而中国也在最近几年，在第一历史档案馆发现了《大明混一图》，这幅更大的地图上也画了非洲和阿拉伯半岛，只是这个地图左边的非洲和右边的朝鲜，都比上面几幅地图小了一些，而日本列岛却变得大了许多[②]。

为什么这幅朝鲜人画的地图会收藏在日本，是倭国侵入朝鲜后掠走，由丰臣秀吉赐与西本愿寺的，还是通过通信使的往来，由朝鲜官员携到日本的？或者是近代西本愿寺的大谷光瑞从朝鲜半岛买

① 均参看宫纪子《モンゴル帝国が生んだ世界图》（东京：日本经济新闻社，2007）。

② 关于《大明混一图》，可以参看前引《中国古代地图集》（明代）的图版1，以及同书后附汪前进、胡启松、刘若芳《绢本彩绘大明混一图研究》，第51～55页。

回来的？我们不得而知，只是觉得有趣的是，这幅地图的知识真是太“全球化”了，先是融入了可能来自阿拉伯的世界地理知识，他们给人们介绍了只有他们才熟悉的阿拉伯半岛和非洲大陆，接着变成了汉族中国人绘制的地图，把中国想象在世界中央，并变得无边浩大，然后在朝鲜人手中重新绘制并改造，朝鲜也在地图中被放大了好几倍，再接着却又流传到了日本，悄悄地藏在深深的神宫佛寺之中，直到20世纪才重见天日，引发了学界的惊讶和震撼。知识的传播和辐射，常常超越国境，尤其是在国境线不像现代国家那样需要护照和签证的古代，因此知识的发明，难以像专利局颁发证书一样，把它归于哪一国哪一家。据说，韩国人对这幅不存其本国的地图相当自豪，2004年他们宣布发行《韩国古地图》邮票四枚，其中之一就是这幅《混一疆理历代国都之图》，他们觉得，这是他们的先人对于世界的新知识的证据。可是，中国学界并不认为《混一疆理历代国都之图》是朝鲜对于世界的知识发明，只承认这是朝鲜为世界保存了一个全球知识史的重要材料，并暗地里希望这是中国人的地理发明。可我并不认为这是汉族中国固有的知识，毕竟在那个时代，中国人仍然相信华夏之外没有那么广袤的四裔，孟席斯的话虽然中听，却未必可靠。

不是中国人发现好望角，希望不会挫伤中国的自尊，我们有理由自豪，毕竟中国古地图记载了那个遥远的非洲。尽管它保存在日本，但是知识却并非日本的，只是要感谢日本人的收藏嗜好和习惯，也要感谢他们重新发现这幅地图，这让人类的知识史得以重新书写。在这一个古地图中，我们看到知识史的相互微妙关联，真好像是“冰岛的一阵风，吹皱了地中海的波浪，地中海的微微波浪掀动着爪哇的暖流，而暖流却鼓起到琉球的风帆”。

明刻《福建沿海图》以海为上岸为下

第二编
交错的亚洲、东亚与中国

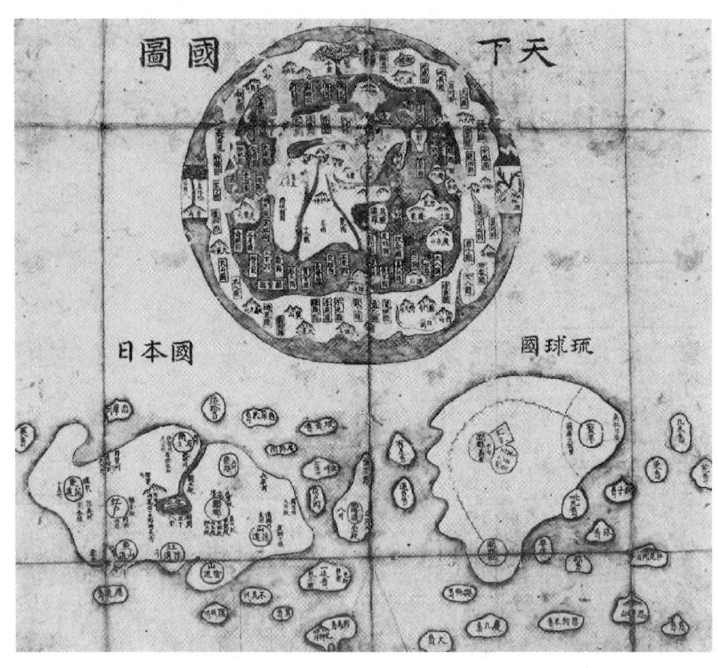

《天下国图》（18世纪）

第四章　西方与东方，或者是东方与东方
——清代中叶朝鲜与日本对中国的观感

一　谁是“东方”，何谓“中华”？17世纪中叶后渐行渐远的中日韩三国

自从晚清以来，中国学界习惯了以“中国”与“西方”（中西）或者“东方”与“西方”（东西）进行比较，深究下来，这种总是以西方为中国背景的研究方法，其实和晚清的“中体西用”或者“西体中用”的观念一脉相承，因此在文化交流或比较史上，人们的注意力始终是落在整体的“东方”或者“中国”，以及作为对照系的“西方”（欧美）之间，人们动辄想到的就是“东方”与“西方”。这当然不奇怪，因为中国人从来就习惯了“中国”等于“东方”，中国的他者就是“西方”，好像这个“东方”的内部，似乎总是具有文化的同一性，而没有多少文化的差异性似的，即使说到文化交流，也主要是讨论中华文化“光被四表”、“广传四裔”的历史。不过，这显然是不适当的，至少在明清是不适当的，如果我们仔细看明清史，我们可以看到这个所谓“东方”，在17世纪中叶以后，在文化上已经不是一个“中华”，在政治上已然是一

明清时期，日本、朝鲜和中国，从文化上「本是一家」到「互不相认」的过程，恰恰很深刻地反映着所谓「东方」，也就是原本在华夏文化基础上东亚的认同的最终崩溃，这种渐渐的互不相认，体现着「东方」看似同一文明内部的巨大分裂。

个“国际”，而在经济上，“朝贡体制”虽然还维持着，但是日本、朝鲜与中国实际上已是“贸易关系”，东方（其实是东亚）内部原有的同一性基础已经瓦解，而彼此之间的文化认同更已经全盘崩溃，正是这种崩溃，使得各自面对西方的时候，便有了后来历史的巨大差异。

三个国家之间的文化认同，是一个相当大的话题，在这里不能细说，这里只是想通过清朝中叶（朝鲜李朝中期、日本江户时代）的一些异域资料，从一个侧面讨论这个“东方”内部的彼此观感与相互敌意。我注意到，欧美学术界也罢，中国学术界也罢，对于欧洲人到中国来的旅行记格外重视，这当然是因为这体现了两个不同文明的对望与审视，在彼此的差异中可以相互发现并发现自己。以欧美著作为例，比如已经译成中文的史景迁《大汗之国》、柯能《人类的主人》、魏而思《1688》等等①，大都集中在“西方”对“东方”的观察上，所用的资料也大多是涉及“东方”与“西方”的部分，但是，我在这里要特别说明的是，这种西方对东方的观察，毕竟只是“异”对“异”，西方与东方是本来不相识者的迎头遭遇，所以，乍一撞见，常常引发的是诧异、好奇和想象。然而，文化上本来“同”却渐行渐“异”的东亚诸国之间的互相观察，与这种东方与西方的彼此对视相当不同，明清时期，日本、

① 史景迁（Jonathan D.Spence）《大汗之国——西方眼中的中国》（*The Chan's Great Continent: China in Western Minds*）（台北：阮叔梅中译本，台湾商务印书馆，2000）。柯能（Victor G. Kiernan）《人类的主人：欧洲帝国时期对其他文化的态度》（*The Lords of Human Kind: European Attitudes to Other Culture in the Imperial Age*）（台北：陈正国中译本，麦田出版，2001）；魏而思（John E.Wills）《1688》（*1688 : A Global History*）（台北：宋伟航中译本，大块文化，2001）。

朝鲜和中国，从文化上“本是一家”到“互不相认”的过程，恰恰很深刻地反映着所谓“东方”，也就是原本在华夏文化基础上东亚的认同的最终崩溃，这种渐渐的互不相认，体现着“东方”看似同一文明内部的巨大分裂。从明到清，东亚文化认同的这一巨大变化，在各种朝鲜人、日本人和中国人的相互笔谈中可以很清楚地看出，这里引述的乾隆、嘉庆年间的几部《燕行录》和日本人关于漂流日本长崎以外的商船的笔谈记录就是很好的资料，它们透露着“东方”的瓦解。在这个本来是清帝国最兴盛的时代，朝鲜到中国来的使者们却看到了另一个已经不再“中华”了的帝国风景，于是不再认同这个原来仰视的宗主国。而从日本人与中国漂流商贾的笔谈中，也可以看到日本人与清国人之间，彼此都有一些微妙的发自国族自尊的轻蔑和警惕。

二　明以后无中华：朝鲜人的观感

旅行或者漂流，常常不仅是空间的移动，也是历史的迁徙，而且是文化经验的变化，人从一个世界到另一个世界，常常会有异样的感觉和异样的经验，所以旅行记、笔谈记录常常是很好的思想史资料，人在异国的旅游感观，与他的国家认同和文化认同是很有关系的。通过“别国”来定位“我国”，就像找镜子来反照自身，同时，对于“我国”文化的定位如何，也决定对“别国”即对于异国文化的评价。

清代乾隆到嘉庆年间，中国人对于外面的世界，大多还沉湎在两千年来以自我为中心的想象里。但是这个时候的朝鲜人对中国的感觉

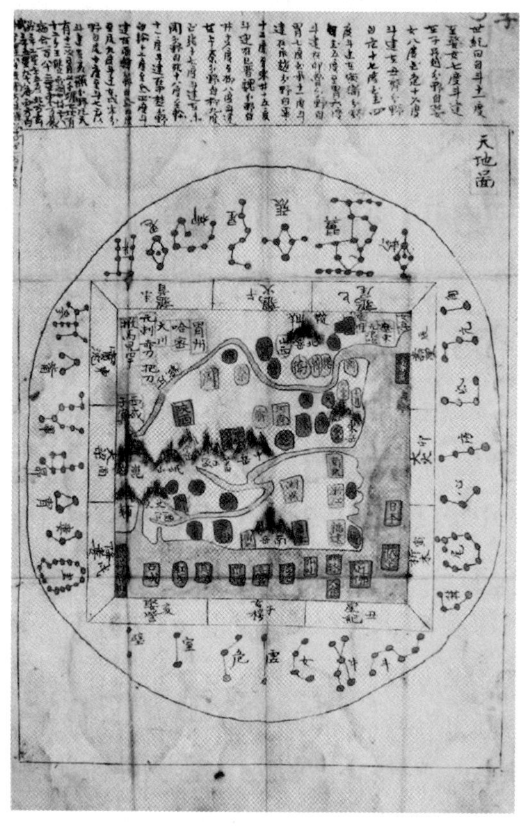

《天地图》

却不同了，尽管明朝覆亡已经百年以上，这些朝鲜人仍然流露对明帝国的依恋，和对无奈之下朝觐胡人皇帝的怨怼之意，他们把清帝国叫做“夷虏”，把清皇帝叫做“胡皇”。乾隆年间，一个叫做金钟厚的人，给曾经出使清帝国的洪大容写信，说“所思者在乎明朝后无中国耳，仆非责彼（指中国人）之不思明朝，而责其不思中国耳”。在他们心目中，中华原本是文明的意思，如果中华文明并不在清国，那么，我“宁甘为东夷之贱，而不愿为彼之贵也”[①]。这个时候的朝鲜人，早就不再视清帝国为“中华”了。所以，他们对汉族人那么容易就归顺了满清，感到很不理解。乾隆年间，出使北京的洪大容仍然坦率地告诉探问东国历史的严诚和潘庭筠说，“我国于前明实有再造之恩，兄辈曾知之否？”当不明历史的两人再问时，他动情地说，“万历年间倭贼大入东国，八道糜烂，神宗皇帝动天下之兵，费天下之财，七年然后定，到今二百年，生民之乐利皆神皇之赐也。且末年流贼之变，未必不由此，故我国以为由我而亡，没世哀慕至于今不已”，这种在清帝国治下的人看来是狂悖的话，在朝鲜使者嘴中说出，让两个清朝文人都无言以对[②]。朝鲜人从心底里觉得，他们到清帝国来，不是来朝觐天子，而只是到燕都来出差，使者们的旅行记名称，也大多由“朝天”改成了“燕行”，

---

① 《湛轩书》内集卷三附金钟厚《直斋答书》，又可参看同书中洪大容《又答直斋书》。关于这方面的研究，建议参看山内弘一《洪大容の华夷观について》，载《朝鲜学报》（天理：日本天理时报社，1996）第一百五十九辑；陈尚胜等著《朝鲜王朝（1392—1910）对华观的演变——〈朝天录〉和〈燕行录〉初探》（济南：山东大学出版社，1999）。

② 洪大容《干净笔谭》上，《湛轩燕记》卷五，《燕行录选集》（首尔：成均馆大学校，1961）上册，第388页。

「明朝后无中国」，但是朝鲜却有「后明朝」或「小中华」。

一直到乾隆、嘉庆年间，虽然离开大明的覆亡已经百余年，但朝鲜关于“大明”的历史记忆却依然如此清晰[①]。

“明朝后无中国”[②]，但是朝鲜却有“后明朝”或“小中华”。我们注意到的是，朝鲜人对于自己仍然坚持穿着明朝衣冠，特别感到自豪，也对清帝国人改易服色，顺从了蛮夷衣冠相当蔑视。他们穿着能够引起关于汉族历史记忆的明朝衣冠，在心理上对满清人就有一种居高临下的感觉，在他们笔下，似乎汉族士人在他们面前，常常有一种自惭形秽，这使被迫朝贡的他们，在心理上得到补偿。乾隆四十二年，李坤在《燕行纪事·闻见杂记》中说，“每与渠辈语，问其衣服之制，则汉人辄赧然有惭色”，为什么？因为“问我人服色，或云此是中华之制”[③]。所以，朝鲜人觉得，清帝国的风俗已经不再纯然“华夏”了，因为本来是儒家发明并很自以为正宗的礼仪，在中国的保存却反不如朝鲜纯粹，而正统儒家礼仪的破坏，以及朱子学风气的崩坏，更让他们存了一种不认同清国的心理，在看透了清帝国的这些民风与学风之后，从一开始就视满清为蛮夷的朝鲜使者，就更存了对清国的轻蔑之心。

“旁观者清”好像是一个普遍现象，当汉人可能还在“当局者

① 关于清代朝鲜使者往来中国的情况，可以参看刘为《清代中朝使者往来研究》（哈尔滨：黑龙江教育出版社，2002）后附的《清朝与朝鲜往来使者编年》，第151~251页。

② “明朝后无中国”，是前引金钟厚给洪大容信中的说法，他还说，朝鲜对于中国，“所贵乎中华者，为其居耶？为其世耶？”他强调，所谓“中国”只是文明的意思，与地理（居）和人种（世）无关，见前引洪大容《湛轩书》内集卷三金钟厚《直斋答书》及洪大容《又答直斋书》。

③ 李坤《燕行纪事·闻见杂记》上，《燕行录选集》下册，第644页。

迷”，沉湎在乾嘉盛世的时候，朝鲜人冷眼看去，已经发现了中华帝国的千疮百孔。《朱子家礼》本来应当是天经地义的礼仪规范，现在在生活世界却被佛教道教冲击得摇摇欲坠。程朱理学本来应当是坚定的信仰，现在在学术领域却成为了表面的文饰。他们发现，这是因为这个帝国的当权者对于原来属于汉族文化正宗的思想学说，多少有着疑虑和畏惧，因此，一方面采取了占用真理制高点的方法，抢先接过朱子的学说以堵住汉族士人的嘴，另一方面，则采取钳制的高压手段，以文字狱来威吓读书人。于是，他们把这种文化史的变迁归咎于国家统治者的种族变化，他们相信，这一切是因为帝国的主人不再是汉人而是胡人，所以，文化血脉已经不再纯粹正统，而是已经彻底没落。反过来，正如朝鲜人相当自信的，“今天下中华制度，独存于我国”[①]，朝鲜人再也没有必要认为，过去推崇的文化中华仍然在清帝国了[②]。

三　谁是中华文化血脉：日本人与漂流唐船船员的笔谈

《燕行录》记朝鲜使者到中国的政治旅行，而往长崎的唐船却是中国人到日本的商业旅行，虽然身份有异，目标不同，但这种空间的移

① 吴晗辑《朝鲜李朝实录中的中国史料》（北京：中华书局，1962）下编卷八，《英宗实录》正统元年四月壬辰，第4397页。

② 宋荣培《韩国儒学近百年の概况》一文中指出，由于捍卫朱子之学的正统性，朝鲜就不是夷狄之清，而是大中华的大明文化的继承者，即成为“小中华”，而这种朝鲜特有的特殊“华夷论”的文化自信，成为当时的思潮或者是支配性的氛围。日文译本，李承律译，载《中国—社会と文化》（东京大学，1999）第十四号，第203页。

动，同样仿佛在不同文化中的穿行。差不多也是在清代中叶，尽管锁国使日本与中国在政治和文化上交往渐稀，但法定开埠的长崎却商船往来相当频繁，《华夷变态》中就有很多对到长崎的中国人进行讯问的记录，而负责讯问的日本官员，其实不只是在关心东来船只中有无夹带"天主教邪书"，更多的问题其实集中在中国政治和军事的情报上。正如书中引林学士所说的，"鞑虏掠华殆四十年，正史未见，则不详真伪"，所以他们问的是中国现在是否太平，朝廷除宰相外有无人才，防日本何处为要，古今共传的要地在何处等等，从这里可以看到日本人的心思[①]。另外，一些到长崎贸易的中国船只，由于风浪的缘故，漂流到其他地方，在这些地方停泊时，也与派来交涉的日本文人常常有笔墨往来，留下了一些珍贵的文字资料，在这些资料中，我们看到当时中国人与日本人之间一种复杂微妙的关系。

通常罕见的异域人乍一到来，常常会引起此地人的好奇观看，第一眼印象常常相当重要。和朝鲜人一样，日本人对于清人穿着觉得十分诧异，因为这与历史记载中的华夏衣冠和他们想象中的中华人文有很大差异，他们仔细地询问，并且费力地记录，还用画笔把他们的形象画下来，不仅是猎奇，也借了这种外观的描述，表达一种文化上的轻蔑。伊东龟年在《游房笔语》中，曾经仔细记载清国船员们的髡头辫发和上衣下裳，以及船上不同身份人的衣服打扮，他们对清朝中国人的服饰很不以为然，原因很简单，因为日本读书人虽然对历史上的中

① 《华夷变态》（东京：东方书店，东洋文库丛刊第十五上，1981），第22页，第41~45页。

得泰船图(神户市立博物馆藏版画)

华文化有钦慕之意，但是，对现实清国的存在却相当蔑视。据信夫清三郎说，因为清朝的出现，唤起了日本人对当年元寇的回忆，所以打心眼里对满清有一种敌意[①]，因此在记载了服色之后，他不忘记添上一句，“大清太祖皇帝自鞑靼统一华夏，帝中国而制胡服，盖是矣”[②]。既然清人衣冠已经丧失了传统，那么，为了证明自己古代衣冠源自上古正宗，也为了说明古之中华文化在日本而不在中国，所以，他们不断在漂流人那里寻找证明。一个叫做关龄修的日本人，便拿了日本保存的深衣幅巾及东坡巾，告诉中国人说这是“我邦上古深衣之式，一以礼经为正。近世以来，或从司马温公、朱文公之说，乃是此物”，而且故意说，你们那里一定也有吧？中国船员仔细看过后，只好尴尬地承认，这是“大明朝秀才之服式。今清朝衣冠俱已改制。前朝服式，既不敢留藏，是以我等见于演戏列朝服式耳”。

不仅是服色，在日本人看来，音乐也一样有正、闰之分，他们追问中国船员：“朝廷乐曲可得而闻耶？”船员回答说：“细乐即唐时乐曲，但孔子祭即古乐。”[③]但是，日本人显然和朝鲜人一样，对清朝有

① 信夫清三郎《日本近代政治史》（台北：周启乾中译本，桂冠图书公司，1990）第一卷《西欧的冲击与开国》，第49页。

② “漂人良贱皆髡形，顶上圆，存发少许，辫而结束，覆以小帽，形如此方小笠，若不戴帽者，编其发，缠以下垂背后。良人概必戴帽，色皆缁，上施金，稍饰以绛线，足不着袜，而蹑无跟丝履，岂草鞋欤？其服窄袖无袂，邪幅为袴，以穿圆领衣，制如本邦裰襭，不设袪，长才至髀，而无裳。良贱不异制，但贱者皆用黑色木棉布，全身纯色，徒跣不履，良人用素，绸袴同色，衣用黑绫，圆领下皆以珠玉金银之纽扣，缄束两襟，顾有官君子别必有制。”载大庭修编《安永九年安房千仓漂着南京船元顺号资料》，收入《江户时代漂着唐船资料集》（大阪：关西大学东西学术研究所资料集刊，第13-5，1990）第五种，第29～30页。

③ 大庭修编《宝历三年八丈岛漂着南京船资料》，收入《江户时代漂着唐船资料集》（大阪：关西大学东西学术研究所资料集刊13-1，1985）第一种，第65页。

对清帝国的敌意，就在一些看似不经的传闻和消息中不断释出。

先入之见，所以根本不相信，他们觉得中国现在被满清统治，而满清就是蛮夷，蛮夷奉行的文化，就一定不再是正宗的汉文化，所以本田四明就追问，清朝的庙堂音乐究竟与古先王之乐有什么差异。尽管汉族船员余三光一直坚持说，“此刻祭祀与文王一般”，并引朱熹作证，说“朱紫阳乃是宋朝大贤，四书改注皆出此手，文王之乐可知也”，但是，本田四明却说：“不待足下之教。《四书集注》，不佞初读之，疑理学非孔子之意。已而广涉诸家，未尝知有谓古之乐犹存焉者矣。盖贵邦今上，由贲（坟）典以新制清乐邪？”尽管余三光仍然坚持“今清亦读孔孟之书，达周公之礼，新制未之有也”。但是本田四明还是直截了当地反驳说：“贵邦之俗，剃头发，衣冠异古，此何得谓周公之礼，而新制未有之？足下之言，似有径庭，如何？”在这种义正辞严的话语面前，余三光只好以退为进，勉强应答：“仆粗以见识，自幼出外为商，其诗书礼乐无识矣，恕罪恕罪。”①

对清帝国的敌意，就在一些看似不经的传闻和消息中不断释出。野田希一在与得泰船的刘圣孚聊天时，就故意问道：“贵邦太祖出何州？”刘圣孚遮掩地回答说：“出于江南。”但野田立即戳穿：“吾闻贵邦太祖，起于长白山下，不知此山在江南何州？”这话很厉害，如果皇帝不是出自汉族地区，而是出自关外，那么怎么可以说是汉族文化血脉？这话已经问得希望掩饰的汉族人刘圣孚不知如何回答，所以，一旁的船主杨启堂只好给刘圣孚解围说：“长兄先生博识，于吾邦书无

① 松浦章编《宽政元年土佐漂着安利船资料》（大阪：关西大学东西学术研究所资料集刊13-3，1989），《江户时代漂着唐船资料集》第三种，第351~352页。

不通。而今刻问及，故圣孚言然耳。此故在他人秘之，独与我公说何妨。中夏为外狄驱逐，故去发四边，亦自天运循环之道。”结果，却招来野田的一通教训：“天运循环，盛则衰，衰则盛，天下盛久矣，焉知无如皇觉寺僧出，而长四边之发哉？”[①]没想到到此事情还没有完，接下来野田又说了一个更惊人的传闻：“我邦越前人，前年漂到满鞑奴儿干地方，观门户神画源判官义经像云云，世或称贵邦太祖为源判官后，不知贵邦有传之者乎？”同时在场的朱柳桥无可奈何下，只好勉强应对说：“以前观日本书，我朝天子先世姓源，系日本人，今忘其书名。我邦或传以康熙帝自言云，均不知其信。”连皇帝也成了日本人，在这种不可证实的传闻中，似乎日本人相当得意[②]。因为在日本人的心目中，汉唐中华已经消失，中国与四夷的位置已经颠倒。他们虽然承认中国是大国，日本是小国，但是当他面对汉族中国人时又专门强调“有土之德，不国之大小。众叛则地削，桀纣是也；民和则天下一，汤武是也。敝国邃古神功皇后征三韩，光烛海外，至今千万岁，一姓连绵，生民仰之，可不谓至治哉？此聊敝国之荣也”[③]。反过来，他们说，中国却已经荣光失尽，正如述斋林学士所说的，因为满族人入主中原，所以“今也，先王礼文冠裳之风悉就扫荡，辫发腥膻之俗已极沦溺。则彼土之

① 《得泰船笔语》，田中谦二、松浦章编《文政九年远州漂着得泰船资料》（大阪：关西大学东西学术研究所资料集刊13－2，1986）第二种，第108页。

② 田中谦二整理本《得泰船笔语》卷下（此段东洋文库抄本缺——引者），见田中谦二、松浦章编《文政九年远州漂着得泰船资料》，第512页。

③ 松浦章编《宽政元年土佐漂着安利船资料》（大阪：关西大学东西学术研究所资料集刊13－3，1989）第三种，第357页。按：德川曾自称“源氏”，是新田义贞的子孙，新田氏是清和源氏的一支，而清和源氏是9世纪中叶清和天皇之子，这样算起来，清代皇帝应当是日本贵族的分支后裔。

风俗尚实之不可问也”[①]。

这种轻蔑的口吻当然会让中国人很不舒服，中国人虽然落难在异邦，但是心里仍然有一种习惯的大国意识，当本田说了这一番为日本张目的话之后，一个叫张谟弟的人就很不服，虽然不便直接反驳，却想方设法迂回地反唇相讥，他避开话头，却以长崎风俗为例说：“长崎通事，其【兄】亡过，将嫂收为妾。”[②]同样在道光六年（1826），一个叫野田的人故意捅清人忌讳处，说吕留良很伟大，“晚村之不臣于贵朝者，是余所以最信晚村”。在被逼无奈下，朱柳桥也只好以攻为守，转而说“苗俗有跳月之风，任人自为配偶，今日本男妇，亦多野合者，国法不禁”，似有反唇相讥的意思[③]。

毕竟在他人屋檐下，中国人的这种反击似乎只是偶尔一现，倒是日本人的自我意识，在笔谈记录中处处显现，就连山水风光的议论，有时也成了另一种“竞争”。日本人简堂询问说：“芙岳秀绝，孰与贵邦天台山？”中国船主杨嗣元说：“芙山较天台山一色，但天台山能使

① 仲村尽忠著《唐船漂着杂记》中引述《清俗纪闻》语，薮田贯编《宽政十二年远州漂着唐船万胜号资料》，《江户时代漂着唐船资料集》（大阪：关西大学东西学术研究所资料集刊13－6，1997）第六种，第223页。

② 本田四明只好立即反驳，说：“异哉，事也。日本通国非然矣。忆只崎阳，西方之绝域，常接贵邦之俗，颇化贵邦之风，彼亦闻贵邦侄娣继室，其心谓彼犹此，此犹彼，终至其不义乎？凡日本之俗，侄娣之媵，犹且不为矣，况收嫂为妾乎？”松浦章编《宽政元年土佐漂着安利船资料》，第357页。

③ 不过，野田立即反击说：“桑间濮上，葩经之所咏。唐山三代之上，不能无跳月之风，况有江湖日下之势乎？我邦跳月之风，一洗扫地。且也我邦野合者，是禽兽也。吾翁老眼朦胧，错认禽兽为人耳。”落难在日本的朱氏不能反击，只好说：“野田君推扬贵邦，小视我土，俱属浮夸不经之言，余不折服。”见《得泰船笔语》，田中谦二、松浦章编《文政九年远州漂着得泰船资料》，第101页。

狩野画南京船船主程剑南、董昌仁

如果说，原来处在朝贡体制中心，作为宗主国的中国人还并没有特别强烈的国族意识的话，那么，原来处在朝贡体制边缘的朝鲜人和日本人，国族意识就已经很浓厚了……

人上去游玩。”但是，简堂却显然把比较当成了比赛，于是，便追问：“（天台山）三夏戴雪么？”当杨氏回答“无雪，因地气暖之故”时，他就得意地补充“果然不及芙岳也，若其绝高，假在南海【终】（中）【年】戴雪矣”，这种无端自负顿时使得杨“默然无语”。如果说，原来处在朝贡体制中心，作为宗主国的中国人还并没有特别强烈的国族意识的话，那么，原来处在朝贡体制边缘的朝鲜人和日本人，国族意识就已经很浓厚了，不仅是在话语中彼此角力，就在互相的了解中也一样相互提防。虽然漂流到日本的中国船员并不介意日本人借阅中国的历书，探问中国的知识和政治，但是，当中国船员打听日本情况的时候，他们却相当警惕，杨启堂向野田氏借阅日本地图，他就说，这“是吾邦大禁，不许外人看”[①]；当他们向野田打听日本通天文地理的人时，他又说“天师府中之事，不与外人道，恐泄天机”[②]。

这时的日本和中国，彼此都有警惕和敌意。

四 分道扬镳：17世纪以后的东亚还有认同吗？

在相互的对望中，可以看到彼此难以自我发现的死角，更可以看到彼此不同的眼光和立场，朝鲜使者的清国行记、漂流船员在日本的

① 田中谦二整理本《得泰船笔语》卷下，田中谦二、松浦章编《文政九年远州漂着得泰船资料》，第507页。

② 田中谦二整理本《得泰船笔语》卷下，田中谦二、松浦章编《文政九年远州漂着得泰船资料》，第512页。

笔谈正可作如是观。《燕行录》中体现朝鲜人对明代的认同与对满清的蔑视，一方面让我们看到当时朝鲜人的政治服从、经济朝贡与文化认同之间的分裂，另一方面又使当时中国人看到朝鲜人之后，不由有故国黍离之思，刺激了汉族历史回忆。这是一个历史的大题目，同时，日本也渐渐呈现了"要建立其独自的国际秩序"的意图，从山鹿素行到本居宣长都在不断地强调日本为中央之国的思想[①]。因此，在丰臣秀吉发动壬辰之役（1592）以后的日本、明亡（1644）以后的朝鲜，大体已经放弃了对清帝国的认同姿态，东亚诸国对于满清帝国的这种看法转变，究竟如何影响了当时的国际形势和后来的历史和思想？

近来，很多学者包括日本、韩国以及中国的学者都好谈"亚洲"这个话题，有时候，"东亚"作为一个和"欧洲"或者"西方"对应的文化共同体，似乎也成了一个不言而喻的存在。可是，如果说这个"东亚"真的存在，恐怕只是17世纪中叶以前的事情。在明中叶以前，朝鲜、日本对于中华，确实还有认同甚至仰慕的意思，汉晋唐宋文化，毕竟还真的曾经让朝鲜与日本感到心悦诚服，而很长时间以来，中国也就在这种众星拱月中洋洋得意。

但是，这一切从17世纪以后开始变化。

先是日本，自从丰臣秀吉一方面在1587年发布驱逐天主教教士令，宣布日本为"神国"，另一方面在1592年出兵朝鲜，不再顾及明帝国的势力，其实日本已经不以中国为尊了。不仅丰臣秀吉试图建立一个

① 参看信夫清三郎《日本近代政治史》第一卷第一章《锁国》，第49页以下。

以北京为中心的大帝国，就是在学了很多中国知识的德川时代的学者那里，对于“华夏”和“夷狄”，似乎也不那么按照地理学上的空间来划分了，从中世纪佛教“天竺、震旦、本朝（日本）”衍生出来的三国鼎立观念，到了这个时候渐渐滋生出一种分庭抗礼的意识，到了清朝取代明朝以后，他们更接过古代中国的“华夷”观念①，使日本形成了神道日本对儒家中国，真正中华文化对“蛮夷”清国的观念②。延宝二年（1674），明清刚刚易代，林罗山之子林恕为《华夷变态》作序的时候就说了，“崇祯登天，弘光陷虏，唐、鲁才保南隅，而鞑虏横行中原，是华变于夷之态也”，这时的日本已经视中国为鞑虏③。接着是朝鲜，毫无疑问，在明帝国的时代，朝鲜对于“天朝”也有疑窦与戒心④，但是，清人入主中国，从根本上改变了朝鲜人对这个勉强维持的文化共同体的认同与忠诚。所以，李坤痛心疾首地申斥道：“大抵元氏虽入帝中国，天下犹未剃发，今则四海之内，皆是胡服，百年陆沉，中华文物荡

① 比如林罗山就认为，朝鲜是应该向日本进贡的国家。1672年林鹅峰的《华夷变态》、1669年山鹿素行的《中朝事实》也都已经开始强调，应当把“本朝”当作“中国”，这是“天地自然之势，神神相生，圣皇连绵”。到了本居宣长等人提倡“国学”，更是确立了平分秋色的国与国的对峙立场，甚至是凌驾于中国之上的观念。参看黑住真《日本思想とその研究——中国认识をめぐって》，载《中国—社会と文化》（东京：东京大学，1996）第十一号，第9页。

② 日本的山鹿素行（1622—1685）在《谪居童问》中，曾经说到日本的礼用人物自与圣人之道相合，所以应当将日本称为本朝，把清帝国称为“异朝”，这种思想被后来学者称为“日本型华夷思想”，见桂岛宣弘《思想史の十九世纪：他者としての德川日本》（东京：ぺりかん社，1999）第八章，第198页。

③ 《华夷变态》卷首，第1页。

④ 正如今西龙在《箕子朝鲜传说考》中说到的，朝鲜人对于自己的国家有两种相反的思想，一是受到中华文化之教养而仰慕中国，甘心成为其藩属，另一是潜藏在民族性格内部的自尊思想，这两种相反的思想同一地呈现在箕子信仰之中，见其《朝鲜古史の研究》（东京：国书刊行会，1970），第146页。

汉唐宋时代可能曾经是文化共同体的「东亚」，已经渐渐崩溃，而现在一些人期盼的新文化共同体「东方」，恐怕还远远没有建立。

然无余，先王法服，今尽为戏子军玩笑之具，随意改易，皇明古制日远而日亡，将不得复见。”①

对于东面邻邦的戒惧和警惕，虽然自明代中叶的倭乱和明代后期的朝鲜壬辰之变以后，中国也曾有过，像明代万历年间的周孔教就说，丰臣秀吉入侵朝鲜，与明帝国分庭抗礼，已经说明“我朝二百余年以来无敌国，有敌国自今日始，此岂可以岁月结局乎？”他倒是看到了日本的威胁，要求明帝国早作预备，“万一事出意外，祸从中起，可为寒心”②。但是好像大多数中国人还是没有这种意识，一直到清代中叶的满族统治者仍然如此。可是，这只是一厢情愿，很显然，17世纪中叶以后的东亚三国已经分道扬镳了，即使在号称盛世的乾嘉年间也仍然如此。尽管清帝国的人们还在期待“万国来朝”，但是实际上东亚三国的观念世界中，哪里还会有什么“东亚”、“中华”（或相当于现代所谓“东亚”的地域认同）。那个在汉唐宋时代可能曾经是文化共同体的“东亚”，已经渐渐崩溃，而现在一些人期盼的新文化共同体“东方”，恐怕还远远没有建立。

① 《燕行纪事·闻见杂记》上，《燕行录选集》下册，第644页。

② 周孔教《妖书惑众恳乞蚤遏乱萌固根本疏》，《周中丞疏稿·西台疏稿》卷一，见《四库存目丛书》（济南：齐鲁书社影印明刻本）史部第64册，第126页。

第五章　想象的和实际的：谁认同“亚洲”？
——关于晚清至民初日本与中国的“亚洲主义”言说

2001年10月间，我在日本参加一个讨论会的时候，东京大学的黑住真教授送给我一份关于日本的亚洲主义的论著目录；回到北京不久，东京大学的末木文美士教授又寄来一册他与中岛隆博先生合编的《非・西欧の视座》，这本书中收录他的一篇论文《连带，还是侵略——大川周明与日本的亚洲主义》[①]，这使我重新对“亚洲主义”这个词语产生了兴趣[②]。自从20世纪60年代，日本学者竹内好等人开始集中讨论“日本的亚洲主义”以后，陆陆续续有不少学者对此进行了研究。进入90年代以来，似乎新的一轮讨论又在日本开始。根据手边的资料举一些例子，追溯亚洲主义与日本主义之间关系的如1997年小路田泰直的《日本史的思想：亚洲主义与日本主义的冲突》，直接讨论

① 末木文美士《“连带”か“侵略”か——大川周明と日本のアジア主义》，载末木文美士、中岛隆博编《非・西欧の视座》（东京：大明堂，2001），第150~172页。

② 关于亚洲主义的概念，请参考野原四郎《大アジア主义》，载《アジア历史事典》（东京：平凡社，第七版，1971）第六卷，第6~7页。

从历史上看，亚洲何以能够成为，或者什么时候成为过一个可以互相认同、有共同历史渊源、拥有共同的「他者」的文化、知识和历史甚至是政治共同体？

这一问题的像1996年古屋哲夫编的《近代日本的亚洲认识》，间接用这种视角来思考历史的如1992年荒野泰典等合编的《亚洲中的日本史》①，特别是在当代中国也相当有影响的日本学者沟口雄三、滨下武志、平石直昭和宫岛博史所编的丛书《从亚洲出发思考》，更是再一次在90年代引起了这个话题②。

把“亚洲”不仅作为一个地理上的区域，而且作为历史文化思想有联系性的空间，希望从这一背景出发思考过去的历史和未来的前景，似乎无可非议，我也曾经在一次会议论文中，以近代佛教为例指出，研究近代中国思想史的时候，应当注意到日本、韩国和中国是互为背景与资源的③。但是，什么时候它却成了“亚洲”而且是“共同体”？尽管我们承认，日本、韩国、中国的一些学者重提“亚洲”，在某种意义上说，有超越各自的民族国家的政治边界，重新建构一个想象的政治空间，对内消解“国家中心”，向外抵抗“西方霸权”的意义，但是从历史上看，亚洲何以能够成为，或者什么时候成为过一个可以互相认同、有共同历史渊源、拥有共同的“他者”的文化、知识和历史甚至是政治共同体？且不说亚洲的西部和中部现在大体信仰伊斯兰教的

① 小路田泰直《日本史の思想：アジア主义と日本主义の相克》（东京：柏书房，1997）。古屋哲夫《近代日本のアジア认识》（东京：绿荫书房，1996）。荒野泰典、石井正敏、村井章介编《アジアのなかの日本史》（东京：东京大学出版会，1992），特别参看第一卷《アジアと日本》的卷首《刊行にぁたつて》。

② 沟口雄三、滨下武志、平石直昭和宫岛博史编《アジアから考ぇる》（东京：东京大学出版会，1993—1994），共七卷。

③ 葛兆光《互为背景与资源——以近代中日韩佛教史为例》，载《中国典籍与文化论丛》（南京：江苏古籍出版社，2002）。

「亚洲」究竟是一个需要想象和建构的共同体，还是一个已经被认同了的共同体……

国家和民族，也不说文化和历史上与东亚相当有差异的南亚诸国，就是在所谓东亚，即中国、朝鲜和日本，何时、何人曾经认同这样一个共同空间？

竹内好以及相当多的学者当年都曾经指出，这种产生于日本的亚洲主义，在日本"脱亚"入欧追寻近代化的努力已经成功的背景下，引出了"兴亚"并与欧洲分庭抗礼的心情，这使日本一方面重建与亚洲的"连带"关系，另一方面又滋生了凌驾与指导亚洲的"侵略"心情[①]。对于这一分析框架，现在尽管有很多学者以为已经相当陈旧，但我以为仍然相当有说服力。那么，现在重提"亚洲"或者"亚洲共同体"的旧话，如果已经超越了竹内好所说的"连带与侵略"，那么，其背景和心情又是什么呢？特别是日本所认同的"亚洲"，是否就是中国和韩国也都认同的一个共同体，换句话说，就是"亚洲"究竟是一个需要想象和建构的共同体，还是一个已经被认同了的共同体，却还是一个大可考究的事情，特别从历史上看尤其有疑问。

一　关于日本近代的亚洲主义

按照桂岛宣弘氏的说法，关于日本的亚洲主义思潮要追溯到19世纪前半叶甚至18世纪末期，当西洋的天文与地理之学改变了面前的世界，使日本人意识到万国的存在和"东洋"、"西洋"的地图时，传统的

① 竹内好编《アジア主义》（东京：筑摩书房，1963）。

以中华为文化中心的华夷观念便开始瓦解[①]，这种世界图像的瓦解成了日本重新建构新的政治地图和文化地图的契机。而按照山室信一的说法，日本的“亚洲观念”之确立，更可以追溯到18世纪初，当西川如见（1648—1724）作《增补华夷通商考》中的《地球万国一览之图》凸显了“亚洲眼光”、新井白石（1657—1725）在《西洋纪闻》中区分了“西洋”和“东洋”，其实已经改变了中国为中心的“天下观”[②]。不过，尽管历史渊源还可以向上追溯，但通常学者注意到的是日本迅速近代化的明治时期的很多言论，因为，不仅是日本的亚洲主义观念，以及“兴亚论”和“脱亚论”，甚至一切后来的思想史变化，都可以在这个时代找到其原因。

有的学者指出，“兴亚论”与“脱亚论”的差异，是前者以“东洋—西洋”为认同的基础，强调地缘性的作用，而后者以“文明—非文明”为认同的基础，强调近代性的意义。但是，实际上“亚洲主义”并非单纯强调地缘的作用，它也在凸显一种价值的认同取向，而“欧化主义”也并非仅仅注意到追求欧洲的近代性，它也曾经要求日本在亚洲作为表率，使整个东亚一同摆脱大清帝国中心与传统中国观念世界的

① 桂岛宣弘《アジア主义の生成と转回——德川思想史からの照射の试み》指出，从本居宣长时代起，山鹿素行的日本型华夷思想，通过把中国当做“异朝”或“外朝”，确立日本为“中朝”，从而开始摆脱传统以中国为中心的华夷观念，这是后来亚洲主义得以产生的开始，载其《思想史の十九世纪：“他者”としての德川日本》，第196~231页。

② 山室信一《アジア认识の基轴》，载古屋哲夫编《近代日本のアジア认识》（东京：绿荫书房，1996），第6~8页。关于这一问题，还可以参看荒野泰典《近世日本と东アジア》（东京：东京大学出版会，1988，1992）第二章，第53页。鸟井裕美子《近世日本のアジア认识》，载沟口雄三等编《交错するアジア》（东京：东京大学出版会，1993），《アジアから考える》第一卷，第219~252页。

笼罩。因此，像脱亚论的主张者中，最具代表性的福泽谕吉（1835—1901），也曾经在强烈呼吁“脱亚”的时候，其实并不忘记亚洲的连带性[①]，很多人都注意到，明治十八年（1885）三月十六日他发表在《时事新报》的《脱亚论》中就有这样的话：

> 我日本国土在亚洲东部，但国民之精神已经摆脱亚洲的固陋而移向西洋文明。然而……为今日谋，我国不能不等待邻国之开明，一道振兴亚洲，与其脱离其伍而与西洋文明国度共进退，还不如接引支那、朝鲜……[②]

当然，同时他也说到，这个亚细亚的同盟，当然不能不以日本为盟主，因为日本在东洋的文明化进程中已经是当然的盟主和领袖[③]。这恐怕不是福泽谕吉的个人私言，据芝原拓自对日本明治时期中央五大报纸舆论的调查和研究，即使是在一般的民间，也可以看到，自从明治维新以来的十年，已经浸透了骄傲自满的开化日本观和充满蔑视的亚洲观念[④]，而伊藤之雄则指出，在明治维新到1884年，无论在藩阀还

① 丸山真男曾经在晚年一再提醒人们，福泽谕吉从来就不曾用过“脱亚入欧”这个词组，也没有单独用过“入欧”这一词，而“在日本‘脱亚入欧’被作为福泽独创的词组受到大肆传播”。丸山真男著，区建英译《福泽谕吉与日本近代化》（上海：学林出版社，1992），中文本原作者序文，第9页。

② 参看《福泽谕吉全集》（东京：岩波书店，1959）第十卷，第238~240页。

③ 参看福泽谕吉《朝鲜の交际を论ず》，原载《时事新报》1882年3月11日，《东洋の政略果して如何せん》，原载《时事新报》1882年12月7日，见《福泽谕吉全集》（东京：岩波书店，1959）第八卷，第30页，第427页。

④ 芝原拓自《对外观とナショナリスム》，载芝原拓自、猪饲隆明、池田正博编《对外观·日本近代思想大系12》（东京：岩波书店，1996）的“解说”。

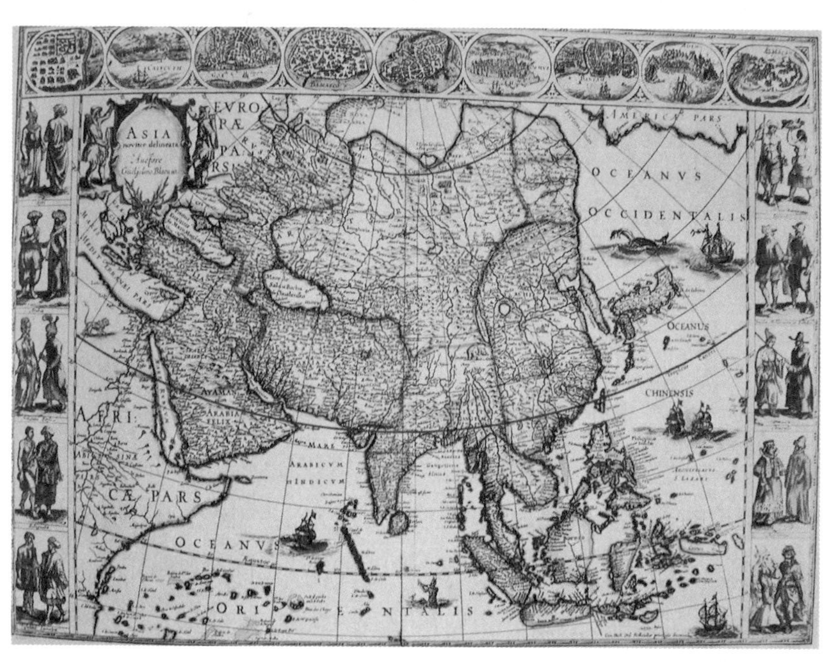

香港科技大学藏Willem Janszoon Blaeu(1571—1638)绘制《亚洲新地图》(1662)

是在民间，日本都已经开始确立了自己东亚盟主的意识。从1885年到1894年甲午战争，日本深感欧洲列强特别是英国和俄国在东亚的渗透，产生了“过剩”的警戒之心，而中日战争日方的胜利，则强化了亚洲盟主的观念[①]。当然可以补充的是，到了1904年日俄战争之后，这种盟主的意识就膨胀成了霸主的野心。因此，这种观念蕴涵了日本民族主义的扩张意识，却又以对抗西洋的侵略为旗帜，以所谓追求普遍的亚洲文明为口号。当然，在这样的人中间，除了像福泽谕吉这样以西洋文明为亚洲共同追求，以近代性观念作为合理依据之外，还有的人是直接强调东方文明对于西方文明的优越性，同时也由于这种历史与文化的共同性，而同样强调地缘的亲和感。像樽井藤吉（1850—1922）的《大东合邦论》（1893）关于“东方为日出之所，主发育和亲，其神青龙，其德慈仁……亚洲在欧洲之东，日本朝鲜在最东，故受木德仁爱之性，清明新鲜之气煦然，其性情风俗，与西北染肃杀之风者不同，盖自然之理也”，所以，他凸显的是“其土唇齿，其势两轮，情同兄弟，义均朋友”的同文同种[②]。

简单地说，“亚洲主义”的呼声渐高，与明治维新的成功有关，而明治维新的成功，一方面使日本从根本上摆脱了以中国为中心的朝贡体制的羁绊，摆脱了中国文化的笼罩，重新确立了日本的自我和他

① 伊藤之雄《日清战前の中国·朝鲜认识の形成と外交论》，载古屋哲夫编《近代日本のアジア认识》（东京：绿荫书房，1996），第103~171页，特别参看结论部分，第155~159页。

② 《复刻大东合邦论》（东京：长陵书林，1975）。引自桂岛宣弘《思想史の十九世纪：“他者”としての德川日本》，第212页。

者，一方面也使日本产生了摆脱西方，从西方边缘的尴尬地位中解脱出来的愿望，希望再度确立一个地缘与政治、经济、文化重叠的“自我”[①]。这个时候，对近代化以来的强盛与进步的自豪、对自身所处的东方传统的依恋感以及地缘上的认同习惯，加上西方国家几百年来对日本的颐指气使，就构成了日本近代相当复杂的心情，脱亚是脱不了的，入欧也是入不了的，于是，一些日本人开始越来越多地把视线转向了自身所在的同一空间，本来在中国和日本都不曾把它作为近邻的“亚洲”，却突然成了具有天然亲和感的远亲，仿佛本来它就是和自己一门出身，和“欧洲”没有血缘的自家人。

平石直昭在《近代日本的亚洲主义》中列举了福泽谕吉的“东洋连带论”、樽井藤吉的“大东连邦国构想”、近卫笃麿的“同人种同盟论”到冈仓天心的“解放者日本像”，指出这个时代亚洲主义的依据，一是同文同种为基础的连邦国家构想，二是东洋门罗主义的理念，三是将日本视为以文化同一性为基础的亚洲的解放者。第一点是来自历史与文化同一性的想象，第二点是将地理空间与政治空间重叠的设想，第三点则建立在“进步与落后”的近代理念上[②]。但是，且不说最后这一点中所包含的危险倾向，就以第一点论，其实，所谓同文同种也罢，文化同一性也罢，在文化认同上，在族群认同上，根基都不那么可靠。比如，把中

① 关于这一点，参看黑住真《日本思想とその研究——中国认识をめぐって》，载《中国—社会と文化》（东京：东京大学，1996）第十一号，第3~28页。

② 平石直昭《近代日本の“アジア主义”》，载沟口雄三、滨下武志、平石直昭和宫岛博史合编《近代化像》（东京：东京大学出版会，1994），作为《アジアから考える》第五卷，第282页。

日韩算在一门当然还有汉字文化圈的依据，而把中日印也算在一个认同空间，却主要靠了佛教信仰，尽管中国从来就不能算是一个佛教国度，而印度的佛教在近代早已风光不再，但是在提倡亚洲主义的人那里，曾经产生过或流传过佛教，就是“沾亲带故”的理由，而在把“西方”作为“他者”的背景下，建构一个“东方”似乎也顺理成章，因此在著名的冈仓天心的笔下，喜马拉雅山不再是划分两个文明区域的屏障[①]：

> 亚洲是一个。喜马拉雅山脉把两个强大的文明，即孔子共同社会主义的中国文明和吠陀个人主义的印度文明分开，但雪山并不是障碍，它不能将追求普遍性的“爱”的思想割断，而这种“爱”是所有亚洲民族共同的思想遗传，正是在这一点上，它区分开了自身与偏好寻求人生手段而非目的的地中海沿岸诸民族。[②]

这种把“亚洲”的历史和日本连在一起，又在“日本”身上寄托亚洲理想的思路，在19世纪末20世纪初日本战胜中国，又战胜俄国之后，似乎变得更加高涨起来[③]。

① 冈仓天心《东洋の理想》，亀井胜一郎、宫川寅雄编《冈仓天心集》（东京：筑摩书房《明治文学全集》38，1968），第6~7页。同样，在《东洋の目覚め》中甚至认为“欧洲的荣耀，就是亚洲的耻辱”（第63页）。

② 所以在那个时代，日本各方都有把“亚洲”视为一体的计划和行动，例如明治六年（1873）佛教徒中的小栗栖香顶在《护法论》中说，三教（儒道佛）协力、三国（日中印）联手，向世界推广佛教。参看葛兆光《西潮却自东瀛来》，载《葛兆光自选集》（桂林：广西师范大学出版社，1997）。

③ 严绍璗《二十世纪日本人的中国观》中已经指出，“几乎在所有的情况下，兴亚论都是以日本的国权主义为其主流的”。载《日本学》（北京：北京大学出版社，1991）第三辑，第81~97页。

近一百年以后，当一个西方人柯能（Victor G.Kiernan）回忆当时欧洲人的普遍焦虑时这样说道，“日本在1895年打败中国时，它可能还自诩为亚洲的捍卫者。某位西方作家预言，世界的未来将决定于亚洲，他引述大隈（Okuma）谈论萎退的西方，并指出日本将会替亚洲人驱逐西方……1904年的日俄战争中，俄国人也可自诩是欧洲文明的捍卫者……一名旅居圣彼得堡的英国人写道：如果日本打赢了，它可能很快结合黄种民族，从此不可一世”[①]。事实正是这样，在这以后，“亚洲”才成了日本政治与文化想象中需要“提携”和“连带”的一个空间。

二 晚清至民初中国对“亚洲主义”的复杂反应

在19世纪末20世纪初的那些年里，快速膨胀的日本似乎确实有一种“提携支那”的热情和“同文同种”的想象。其中，大久保利通和“振亚会”、《太阳》杂志、东亚同文会及《东亚时论》、日本人在中国所创办的各种东文学堂，在一些学者眼中就是某种“亚洲主义”的象征。也有人过高估计当时中日接近的程度，把这段时间看成是中日关系的所谓“黄金十年”，似乎让人觉察到一些“亚洲一体”的端倪[②]。不过，这都忽略了当时中国人真正的心情和感情，更误看了当时历史，

① 柯能（Victor G. Kiernan）著，陈正国译《人类的主人：欧洲帝国时期对其他文化的态度》（台北：麦田出版社，2001），第269~270页。

② 关于这一方面，可以参看任达（Douglas R. Reynolds）著，李仲贤译《新政革命与日本——中国，1898—1912》（*China, 1898–1912: The Xinzheng Revolution and Japan*）（南京：江苏人民出版社，1998），第32~38页。

那个时代「亚洲一体」的构想更多地只是日本的一厢情愿。

把表面热情掩盖了背后蔑视。其实，仿佛老话说的“剃头挑子一头热”，那个时代“亚洲一体”的构想更多地只是日本的一厢情愿。作为一个已经充分近代化，而且在日中、日俄两次战争中初尝胜果的国家，日本很容易由于自我地理的边缘性而感到世界格局的不公平，也特别容易刺激它自命“盟主”甚至充当“霸主”的心情。但是，对于仍然处于传统与近代转换期间的国家如中国，却未必愿意接受这种日本的“亚洲主义”。本来中国的地理观念中，就没有“亚洲”或“亚细亚”的意识，而只有“中朝”与“四裔”的观念，直到近代接受西方地理学的空间说法，才有“亚洲”的意识，但是这种地理学意义上的认知，却与政治学意义上的认同无关，这除了华夷观念和朝贡体制的历史记忆滞留外，现实的原因很简单，在以国族为基础的思考框架下，既不愿意作为被日本牵着鼻子走的附庸，又不能认同这种想象的、没有历史与文化基础的“亚洲”为政治与文化的共同空间。

毋庸讳言，在那一段时间里，中国知识人中也曾经有过对日本相当亲切的议论，确实看上去也颇吻合“亚洲主义”的口径[①]。最早如曾纪泽，就曾经和日本驻英国公使吴雅娜谈到，欧洲之所以强大，是因为得“合纵”之意，所以中日两国“皆在亚细亚洲，辅车依倚，唇齿毗连……吾亚细亚洲诸国，大小相介，强弱相错，亦宜以公法相持”，这样可以成为与欧洲抗衡的“亚洲”[②]。到了1895年以后，这种言论更

① 关于这一点，可以参看周佳荣《近代中国的亚洲观》，文中有比较清楚简明的概述。载郑宇硕主编《中国与亚洲》（香港：商务印书馆，1990），第221~239页。

② 曾纪泽《曾惠敏公遗集·日记》卷二，转引自《近代中国对西方列强认识资料汇编》（台北：中研院近代史研究所，1986）第三辑第一分册，第229页。

多，像当时在日本的章太炎、梁启超等等。章氏曾经在1897年2月在《时务报》第十八册上发表《论亚洲宜自为唇齿》的文章，主张“互相依存为东亚之利”，并且在文章中把俄国作为假想敌，甚至可以认同日中战争为日本的自救，这几乎全是日本方面言论的翻版。1901年又在《国民报》第四期上所写的反驳梁启超的《正仇满论》末尾，甚至认为对于汉族而言，“日亲满疏”，“自民族言之，则满、日皆为黄种，而日为同族而满非同族”①，1907年更在日本组织“亚洲和亲会”，主张“反对帝国主义而自保其邦族”②。梁氏则不仅在东亚同文会的刊物《东亚时论》上发表不少文字，而且有一段时期内确实也有过相当认同亚洲的口号，1898年在他主编的《清议报》第一册上，他所提倡的一共只有四条宗旨，其中三、四条就是“交通支那日本两国之声气，联其情谊”、“发明东亚学术以保存亚粹”③。至于稍后的孙中山，更是提到亚洲主义的人必定要举的例子，他在1913年访问日本的时候，曾经有过提

① 转引自张枬、王忍之编《辛亥革命前十年间时论选集》（北京：三联书店，1977）第一册，第98～99页。

② 但是，正如很多研究者指出的那样，这种立场后来有所变化，汪荣祖《太炎与日本》说，在初变法维新时，他是主张联日的，“当时他受到西方帝国主义侵略的刺激，以黄人与白人来区分种族之别，故日本虽在甲午打败中国，仍不以日本为异类……但是后来到了日本以后，发现日本根本就是一副外黄内白的帝国主义面目，很瞧不起日本”。载《章太炎研究》（台北：李敖出版社，1991），第63～64页。又任达也指出，虽然他曾经很有亚洲共同的想法，但后来他的立场很快就转变了，见《新政革命与日本》，第129页。

③ 《清议报》（北京：中华书局影印本）第一册卷首。此外，回头看梁启超在前一年即光绪二十三年（1897）十月二十一日《时务报》上发表的文章，可以看出他对日本的好感，实际上更多来自对日本学习西方、迅速变法的羡慕，但是这种羡慕和仿效，却并不能掩盖对日本的警惕，如《读日本书目志书后》就说，如果中国不早一些变法，“又将为台湾之续矣”，显然对日本强大以后的警惕，仍时时在心。《时务报》（北京：中华书局影印本）第四册，第3050页。

一方面可以看到，它的出现语境，常常是因为对西方列强侵略的警惕……另一方面，这也只是处于积贫积弱状态下的中国知识人，对日本迅速「富强」与「文明」的艳羡……

倡中日携手、维持亚洲和平的说法，也有过“亚细亚为吾人之一家”，甚至“中日两国协力而行，则势力膨胀，不难造成一大亚洲，恢复以前光荣之历史”等等与日本方面相当一致的说法①。

问题是，这种话语的出现背景仍然需要仔细地分疏，一方面可以看到，它的出现语境，常常是因为对西方列强侵略的警惕，换句话说，是由于“西方”或“欧美”的压力而被逼出来的一个“东方”或“亚洲”。至于联日的具体心情，或是在处于困境时对日本支持的感铭在心，如梁启超，或是出于反满的汉族民族主义或者出于反观中国时的痛心疾首，如章太炎，或是访问日本时的外交辞令，如孙中山，其实都未必真的对所谓“亚洲”有真心的认同②；另一方面，这也只是处于积贫积弱状态下的中国知识人，对日本迅速“富强”与“文明”的艳羡，这种艳羡的价值基础恰恰是对西洋文明以及近代性的认同，并非来自对日本民族与文化的认同。毫无疑问，在晚清一直到民国初年间，相当多的中国知识人对于日本是相当佩服的，日本明治维新给中国的刺激，现在怎么估量都不过分，它激起了传统中国自强的心情，特别是在

① 见孙中山《在日本东亚同文会欢迎会的演说》(1913年2月15日)、《同文异题》之二、《在东京中国留学生欢迎会上的演说》(1913年2月23日)，载《孙中山全集》(北京：中华书局，1984)第三卷，第14页，第16页，第27页。参看贝塚茂树《孙文と日本》(东京：讲谈社，1967)，第170～172页。武田清子《国家、アジア、キリスト教》第二节《アジア主义における孙文と滔天》还指出，虽然孙中山的大亚洲主义在1924年11月28日神户演说才正式提出，但是在1913年的演说中早已经有这个意思，收于武田清子《正统と异端の“あいだ”》(东京：东京大学出版会，1976)，第273～331页。

② 赵矢元《孙中山的大亚洲主义与日本的大亚洲主义》一文指出，孙中山在1924年发表的《大亚洲主义》演讲，“题目本不是孙中山要讲的，而是日本神户商业会议所、日华实业协会等五团体提出的”，而且他把认同和排斥的标准已经从同文同种转向了“王道”和“霸道”即压迫与被压迫，所以与明治维新以来日本一般的大亚洲主义不同。载《中日关系史论文集》(哈尔滨：黑龙江人民出版社，1984)，第183～194页。

甲午一战之后，尽管战败耻辱的感情始终纠缠着中国人的理智思索，但似乎很多人都从此意识到这一点，就是日本比中国更接近西洋式的“文明”，而西洋式的“文明”就等于是近代国家和民族的“富强”。所以，步日本的后尘，追求文明进步，在这方面很少有人提出疑问。举几个人们熟悉的例子，像1896年，汪康年在《中国自强策》里大声疾呼，中国要自强，“我苟能自振，则西人之于我，亦犹其与日本耳”，打败了中国并给中国带来耻辱的日本，现在成了中国效法的对象，尽管过去日本只是一个附属的“岛夷”；而日本之所以可以效法，也是因为明治维新[①]，1898年，孙宝瑄在日记中记载，他读了《明治新史》很有感慨[②]；特别可以看出中国知识人的心情的，是1899年12月30日宋恕在《与孙仲恺书》中的感慨，他称赞“今之日本，文明之度胜中国，非但亿兆之与一比例也……日人之评中国曰：‘文明早已过去，六经早已扫地之国。’见鄙薄如此，真可怜矣”[③]。就连现在被斥为保守派的王先谦，也从另一角度看到日本的意义，在光绪二十八年（1902）刻《日本源流考》二十二卷，曾撰序指出，日本的兴盛，在于其“借口攘斥西人，责之归政，耸动群藩，纳上户土，亿兆一心，拱戴王室”，而中国则否，日本成了中国自强的镜子[④]。

① 汪康年《中国自强策》（光绪二十二年八月初一），《汪穰卿遗著》（民初排印本，出版地不详）卷一，第2页下。

② 孙宝瑄《忘山庐日记》（上海：上海古籍出版社，1983）上册，1898年10月25日，第278页。

③ 宋恕《宋恕集》（北京：中华书局，1993）下册，第697页。

④ 王先谦《清王葵园先生先谦自定年谱》（台北：台湾商务印书馆，1978，《新编中国名人年谱集成》第六辑），第359页。

但是，这种观念与心情的巨变，多少有些无奈。说它是卧薪尝胆也罢，说它是隐忍图强也罢，需要分疏的是，努力学习和效法的对象，未必是认同和亲切的对象，之所以有这种变化，主要是战败的刺激，像光绪十七、十八年间（1891—1892），在日本担任公职的郑孝胥还对日本的维新不以为然，讽刺伊藤博文学西法，“外观虽美而国事益坏”，甚至对日本的偶尔内乱幸灾乐祸地说，是“天败之以为学西法者戒”[①]，但是到了光绪二十到二十一年间（1894—1895），中国被日本打败，包括李鸿章，也得在中日谈判时向伊藤博文承认，“我国之事，囿于习俗，未能如愿以偿”，应当以日本为榜样，特别是说到，中日两国“最为邻近，且系同文，讵可寻仇……应力维亚洲大局，永结和好，庶我亚洲黄种之民，不为欧洲白种之民所侵蚀也”[②]。那么，仅仅几年的时间，历史和传统遗留下来的天下观念和四夷意识，被日本打败的切肤之痛，会那么快地遗忘么，感情和观念真的能变得这么快么？

三　世界图像的各自想象：中日之间的差异

1862年，日本人高杉普到中国上海访问，回国后写下的《游清余话》中轻蔑地断言“支那固陋而自灭”，但是，他也提到日本应当强化

① 郑孝胥《郑孝胥日记》（北京：中华书局，1993）第一册，第261页，第311页。

② 李鸿章《第一次问答节略》，载《中日议和纪略》，载李毓树主编《近代史料丛书汇编》（台北：大通书局）第一辑。又，另一个封疆大吏张之洞在1898年出版的《劝学篇》中，也改变了态度，来讨论“日本，小国耳，何兴之暴也”，承认日本的成功，并且提出，“游学之国，西洋不如东洋”。

中国对日本也一样有着莫名其妙的蔑视，一个历史悠久而且文化传统相当固执的帝国，它长期而普遍地停滞在天朝大国和朝贡体制的想象中，在它的历史记忆中，日本并不是一个平等的国家而是「蕞尔岛夷」……

东亚的一体性，并用了“唇亡齿寒”的中国成语。这种轻蔑和连带的双重意识，后来确实长期并普遍存在于日本上下，到了明治二十年代，随着维新的成功和国力的增强，日本迅速膨胀的大日本主义，就把中国看成是“半开化”的、“落后的”，对现实中国的轻蔑多过了对古代中国的依恋[①]，前引芝原拓自对日本舆论的调查就表明这一点。而中国人其实也感觉到了这一点，像李筱圃《日本纪游》记载东京博物院拿中国烟具、破灯、旧兵器等作为“中国物”展览，黄庆澄《东游日记》记载长崎商人所说的日本当时对中国尊敬之风的消歇和蔑视之风的开始，都清楚地表明了相互的警觉[②]。然而中国对日本也一样有着莫名其妙的蔑视，一个历史悠久而且文化传统相当固执的帝国，它长期而普遍地停滞在天朝大国和朝贡体制的想象中，在它的历史记忆中，日本并不是一个平等的国家而是“蕞尔岛夷”，同样，在普遍的观念世界中，“亚洲”也不是一个实质性的区域而是地理学上的一个词汇，毕竟在传统中国观念世界中，日本朝鲜东南亚以及南亚诸国都是一样的“四夷”。

古代中国遗留的历史记忆并不是什么值得夸耀的东西，它使得清帝国在未战败时对日本充满了毫无理由的自负和骄傲，在已战败后对日本又充满了相当深刻的忌惮和艳羡。不过，这种记忆是历史的存在，它使中国人在面对西方的压力时，不是“中体西用”就是“西体中用”，

① 参见本山幸彦《明治二十年代における政论に表现する国家主义》，载坂田吉雄编《明治前半期の国家主义》（东京：未来社，1958）。

② 李筱圃《日本纪游》、黄庆澄《东游日记》，载何如璋等《甲午以前日本游记五种》（长沙：岳麓书社，《走向世界丛书》本，1985），第173页，第323页。

它在价值和文化上的认同空间是“中”或者“西”，并不很会考虑建构一个相对于西方的“亚洲”，或者建构一个可以互相认同的“同文同种”。因此，亚洲主义在很大程度上是日本的“亚洲主义”，而不是中国的“亚洲主义”，这个作为西方的“他者”的“亚洲”，也只是日本想象的共同体，而不是实际存在的共同体。特别需要提醒的是，日本对于中国来说，不仅并没有被作为感情上认同的对象，就连对日本的理智学习和仿效，也只是因为日本既是一面镜子，这面镜子折射的却是西洋的文明和富强，又是一个转运站，转手贩运的是西洋的新知。因此，尽管日本成了学习和效仿对象，可是中国人却并不觉得日本和自己有什么特别的天然的血缘关联，也不觉得“亚洲”是一个有连带性的空间，中国知识传统中的“天下”观念，使中国知识人有一种世界主义或普遍主义，“东海西海，心同理同”，他们倾向于认同一个中心和一种真理，而且中国很习惯于把自己的视野扩展到整个天下。因此，当西洋以其富强崛起，那么，中国又很容易就承认西洋的途径就是普遍适用的途径。然而，对于日本的兴盛，他们觉得这只是因为日本比中国早一步接受了西学西法而已。薛福成《筹洋刍议》（1879年）已经指出日本“仿行西法，颇能力排众议，凡火轮、舟车、电报及一切制造贸易之法，稍有规模，又得西人之助，此其自谓胜于中国也”，但是他还是认为中国经济实力、器物械具和人口三方面都超过日本，只是“自强之权在中国，即所以慑服日本之权，亦在中国”[①]。梁启超在维新还没

① 薛福成《薛福成选集》（上海：上海人民出版社，1987），第533页。

有失败的时候，也只是说日本学习西方变法，可以是中国效法的对象，“吾以泰西为牛，日本为农夫，而吾坐而食之，费不千万金，而要书毕集矣”[①]。后来，裘廷梁的《白话丛书》中的《日本志略》也说道，中国儒教书说的，都是古时事迹，对现在的事情论说极少，但是日本却处处学泰西，对现在的事情有办法，十三页上说到，“凡欧洲所读的书，日本人没有不读的，从此以后……万万不会受别国的欺侮”。怎么办？就是像日本一样，学习西方，一时不能迅速地学习西学，那么也可以权宜方便地从日本转手贩来，仿佛“假道灭虢”那个典故一样。而顾鸣凤在1900年所写的《三十年来吾华人崇尚各种西艺》一文中，提到中国自强应以日本为师，因为学习西文很难，“中日两国既属同文，华人之学东文，较学西洋语言文字事半功倍”，又说“日本维新而后，凡西政西艺各种有用书籍，均经译为东文，大称美备”[②]。到了再晚些的贺铸，就对朋友说道，“日本维新之初，醉心欧化，几经冲突，乃成为今日之日本。中国风气初开，正所谓醉心欧化之时，乘其机而利用之，而慎防其弊，使东西政法皆得效用于我，以自成为中国之治”，还劝另一个朋友的五公子“既通东文，当专习欧文，欧文为群学根本，通欧文乃能乘酣呈怪，大放厥词，专恃译书，局促如辕下驹”[③]。那个颇出名的

① 梁启超《读日本书目志书后》、《日本横滨中国大同学校缘起》等，载《时务报》（北京：中华书局影印本）光绪二十三年十月二十一日、十一月十一日，第四册，第3050页，第3187页。

② 顾鸣凤《三十年来吾华人崇尚各种西艺》，《念瑗池馆文存》文二，《讷庵丛稿》（宣统三年刻本，出版地不详）。

③ 贺铸《与徐侍郎》，载《贺先生书牍》（清华大学藏都门刻本，1920）卷一，第29页A～B；又，《复陈伯平廉访》，同上书卷二，第2页B。（引者按：刻本年代似乎有些问题，因为卷首有1921年徐世昌序，刊刻年代或当在1921年以后。）

作为一种文化资源，这种历史渊源极深的天下主义，可能转化为接受普遍真理和普遍价值的世界主义，引申出价值上的一元主义，把西方「先进」、「文明」和「富强」当做全球普遍追求的路向，从而迅速地认同另一种文化和制度，但也可能延续着鄙夷四裔唯我独尊的民族主义，却引申出通过近代化而富国强兵，从而俯视天下的雄心。

王闿运并不懂这个道理，倒在光绪二十九年（1903）的一份奏折上批评时人，“名为西学，实倭学也”。其实说起来，这话应当反过来说，当时看上去虽然满眼都是倭学，其实都只是转手从日本贩来的西学①。到了更多的人可以直接从西文学习真正的近代之术时，就仿佛老话里说的“过河拆桥”或古语中说的“舍筏登岸”，这个借力的桥板和摆渡的舟楫，就可以不要了。

中国知识人可能也有根深蒂固的天下主义。作为一种文化资源，这种历史渊源极深的天下主义，可能转化为接受普遍真理和普遍价值的世界主义，引申出价值上的一元主义，把西方“先进”、“文明”和“富强”当做全球普遍追求的路向，从而迅速地认同另一种文化和制度，但也可能延续着鄙夷四裔唯我独尊的民族主义，却引申出通过近代化而富国强兵，从而俯视天下的雄心。在这种历史记忆和传统观念的影响下，尽管有些人对于原为“虾夷”、“倭寇”或“岛夷”的日本，会有权宜的亲和之心，会有热烈的学习之意，但是从根本上却不会有所谓“同文同种”的心底认同②。光绪元年（1875）二月二十五日，丁日昌上书告诫朝廷，“日本国变峨冠博带之旧习，师轮船飞炮之新制”，要中国注意这种变化，而翁同龢则只是说，“阴而有谋，固属可虑，穷

① 王代功《清王湘绮先生闿运年谱》（台北：台湾商务印书馆，1978，《新编中国名人年谱集成》第六辑），第235页。

② 参看张启雄《中华世界帝国与近代中日纷争》，他把日本在近代的崛起，看作是深受中华世界秩序原理的影响，反过来以“华夷变态”来与中国争“天下”，这种说法虽然有些牵强，但是倒也说出了“争”，也反面说明了中国传统的“华夷”观念下，是不可能建立近代国家之间的平等关系的。载蒋永敬等编《近百年中日关系论文集》（新店：中华民国史料研究中心，1992），第13～43页。

而无赖，则更可忧”[①]，从鼻子里哼出的是不屑。何况在甲午之前，中国知识人中，一方面对日本还残存了“倭寇”的历史记忆，像薛福成就不仅在《筹洋刍议》中指出“日本人性桀黠，蔑视中国……实有吴越相图之心，其机甚迫，而其情甚可见也”[②]，而且在代笔写给朝鲜官员的信中一再告诫他们“倭人性情桀骜贪狡”、“近察日本行事乖谬，居心叵测”，而且分析日本是学习西法改革以后“库藏空虚，国债累累，不得不有事四方，冀拓雄图，以偿所费”，所以不能不防[③]；另一方面，天朝大国的历史记忆却始终不能忘怀，即使有亚洲地区共同体的观念，也要以中国为主，就像一个叫做姚文栋的文人在回答日本人询问“兴亚”的时候所说的：

> 大抵亚洲局势，中国为主，日本辅之……如第为中国计，则地广财丰，一面频海，战守皆便，原不必有资于日本。[④]

这里充满了天朝对藩属的自负和傲慢，而他在另一篇给朝鲜朋友的信里，更明确地表达了他对日本和俄国的不信任，他说，“日本之窥伺朝鲜，数百年于兹矣，国中人当无不知之，而鄂（指俄罗斯）欲逞志

① 翁同龢《翁同龢日记》（北京：中华书局，1993）第三册，第1113页。

② 薛福成《邻交》，载《筹洋刍议》，转引自杨家骆主编《中日战争文献汇编》（台北：鼎文书局，1973）第二册，第341~342页。

③ 薛福成《代李伯相三答朝鲜国相李裕元书》，《庸庵文外编》卷三，转引自杨家骆主编《中日战争文献汇编》（台北：鼎文书局，1973）第二册，第338~339页。

④ 姚文栋《答倭问兴亚》，载葛士睿编《皇朝经世文编续编》（台北：文海出版社影印本，1979）卷一〇三，第2682页。

亚洲，必首发难于朝鲜，则或未知也”[①]，这里表达的是那个时候中国知识人的普遍忧虑。然而稍后的光绪二十一年（1895），情势逆转，这种不屑、自负、傲慢、忧虑就变成了悲愤和无奈，六月十九日浙江学政徐致祥奏折中，说到往日英法侵略，“不过赔费千余万两，添设通商口岸二三处而已，未闻割地以求成也。今倭一海岛小国，以中国全力受困东隅，国将何以为国？”[②]可是从翁氏的“穷而无赖”，到姚氏的“日本辅之”，到徐氏的“海岛小国”，中国人心底的拒斥心理，似乎始终存在。就连章太炎和梁启超，看上去很主张兴亚的说法，但到底心里还是觉得亚洲应当以中国为主，对日本很瞧不起，像章太炎，就在《印度人之观日本》中借了印度人的话，对大隈重信关于亚洲和日本的言论进行抨击，说“自日露战争以来，日本人傲睨甚，以为东方龙伯即已族矣”，他认为日本如果没有中国的儒书文艺，没有印度的佛教，甚至没有朝鲜王仁传来的《论语》、《千字文》，恐怕至今还是“蛟螭蜃蛤耳”，可是“今虽则效欧洲，大都模写型像而成，以是骄人，何颜之厚也”。他更说到，日本崛起以前，亚洲只是有些小衅，日本崛起以后，却不那么平和了[③]。梁启超则在《亚洲地理大势论》里，皮里阳秋地说，“日本固今世之雄也”，但是他却说“其意气扬扬自得之概，今勿具论，若我中华，则岂非亚细亚大陆之中心点，而数千年来之主人哉”，

① 姚文栋《赠朝鲜人李秉辉归国序》，载葛士睿编《皇朝经世文续编》（台北：文海出版社影印本，1979）卷一一八，第3154页。

② 《光绪朝朱批奏折》（北京：中华书局，1996）第一百二十辑，第643页。

③ 章太炎《印度人之观日本》，《章太炎全集》（上海：上海人民出版社，1985）第四卷《太炎文录初编·别录二》，第364~365页。

什么是“勿具论”？就是不好明说。什么是“主人”？就是他所谓“习居此土而有经验之中国人”应当是亚洲的领袖和主宰[①]。

特别是当日本人要进一步进入中国甚至干预中国内政的时候，这种鄙夷和悲愤就演变成了激烈的反抗和拒绝，当日本与中国分别成为凌辱和被凌辱的两方时，那种想象的“亚洲一体”或者“同文同种”的虚幻认同更是烟消云散，本来就有的傲慢、敌视和警惕就变成了认同和拒绝的分界。如果说，光绪二十八年（1902），杨度在和日本人嘉纳治五郎的对谈中，还只是很客气地指出“敝国之存亡，实亚洲之存亡，黄种之存亡也”，觉得“贵国之精神，能否适合于敝国今日之用，尚是一大问题”，并且希望彼此“相爱相护相提携相联络”[②]，那么五年后（1907），刘师培写的《亚洲现势论》，就把日本看成是“亚洲之公敌”，指出“欲保亚洲之和平，以谋亚洲诸弱种之独立，则白种强权固当排斥，即日本之以强权侮我亚人者，亦当同时排斥”，这里“亚洲”已经不再包括已经是强权的日本[③]。同样，不要说政治上的介入，就是对日本人认为是亚洲共同文化基础之一的佛教的介入，中国人也相当反感，在日本僧人大批进入中国的时候，汪康年就注意到日本僧人的图谋，在同一年的《京报》写了一篇《论日本僧人至中国传教之非》，而他的朋友项藻馨在给他的信中，也对此相当警惕，指出“从此日人借

---

① 中国之新民（梁启超）《亚洲地理大势论》，《新民丛报》（影印本）第4号，1902年3月。

② 杨度《支那教育问题》（1902年10月21日至11月5日），载《杨度集》（长沙：湖南人民出版社，1986），第55页，第60页。

③ 申叔《亚洲现势论》，载《天义》第11、12卷合册，1907年11月30日。转引自王晓秋《近代中日关系史研究》（北京：中国社会科学出版社，1997），第32页。

教申权，于大局实有极大关系”，甚至说“吾等非凉血类，遇此等事不觉发狂”[①]。这个被想象的共同体“亚洲”之中，有那么多的恩怨，就有那么多的警惕，更不消说过去中国“天下中央”想象的历史影响，以及当时现实日本“霸道”与“霸主”的威胁存在，怎么可能真的有什么“亚洲”的认同？

1912年10月，日本国会议员考察团来中国访问，其中一个叫做井深彦太郎的人在上海的《民立报》第752号发表了《大亚细亚主义论》，宣传“亚细亚者，亚细亚人之亚细亚洲也”，亚洲主义逐渐也成了中国的问题，可是这种亚洲主义却没有得到太多的认同。1917年，李大钊看到日本的《中央公论》4月号的《何谓大亚细亚主义》，便在《甲寅》发表《大亚细亚主义》指出，“对于大西洋主义而揭大亚细亚主义之旗帜为对立之抗拒”虽然是当然的反响，但是他觉得亚洲的关键是“中华国家之再造，中华民族之复活”，并且一针见血地说到“若乃假大亚细亚主义之旗帜，以颜饰其帝国主义，而攘极东之霸权，禁他洲人之掠夺而自为掠夺，拒他洲人之欺凌而自为欺凌”，这就会“嫁祸于全亚之同胞”。到了1919年元旦，他又在《国民》杂志上发表文章，说“日本近来有一班人，倡大亚细亚主义，我们亚细亚人听见这个名辞，却很担心”。为什么担心？就是因为他已经察觉“亚洲主义”背后一是“并吞中国主义的隐语”，二是“大日本主义的别

① 分别见于《汪穰卿遗著》卷三，第23~24页。《汪康年师友书札》（上海：上海古籍出版社，1986）第三册，第2236页。参看葛兆光《世纪初的心情——九十年前的杭州风波》，载《传统文化与现代化》（北京：中华书局）1997年第3期。

这里纠缠萦绕而又需要清理的有两个问题，一是民族主义，二是近代性追求，而这两个问题不仅成为二十世纪思想史的起点，而且影响了整个二十世纪中国思想史。

名”，尽管这种大亚洲主义在表面上确实有凸显“亚洲”而拒绝“欧美”的意思①。

四　民族主义与世界主义，或者传统性与近代性

从晚清到民初，日、中两国的知识界和思想界关于“亚洲”的言说背后，心情和思路竟是如此不同。这里纠缠萦绕而又需要清理的有两个问题，一是民族主义，二是近代性追求，而这两个问题不仅成为20世纪思想史的起点，而且影响了整个20世纪中国思想史。

“民族主义”这个词，现在似乎有些贬义，但是在近代国家的建构过程中，它却是必不可少的一种东西②，它提供除了由空间、语言、信仰、历史建构而成的标准之外，一种极其强烈区分自我和他者的认同基础。可是，任何“认同”都表示着同样的“拒斥”，任何“自我”都区分了非我的“他者”。尽管现在如安德森之类的学者提出国家只不过是“想象的共同体”，但是这种认同和排斥，在民族、国家还在事实

① 参看李大钊《大亚细亚主义》、《大亚细亚主义与新亚细亚主义》、《再论新亚细亚主义（答高承元君）》，中国李大钊研究会编《李大钊文集》（北京：人民出版社，1997）第二卷，第106~107页，第253页；第三卷，第75页。此外，早年的胡适也可以作为一个例证，周质平指出，1910年他第一次到日本的时候，甚至把日本说成是“岛夷”和“野蛮人”，对他们居然能“称雄世界”大为惊异，认为是中国人之“大耻”，并呼吁国人警惕，即使后来有所变化，但对日本始终不能全面认同，所以，胡适对日本的态度“在鄙夷、敬畏和惋惜之间”。见周质平《胡适笔下的日本》，《胡适丛论》（台北：三民书局，1992），第64页。

② 1902年，梁启超在《新民说》曾经说到：“自16世纪以来，欧洲所以发达，世界所以进步，皆由民族主义（nationalism）所磅礴冲击而成。民族主义为何？各地同种族、同言语、同宗教、同习俗之人，相视如同胞，务独立自治、组织完备之政府，以谋公益而御他族是也。”（《辛亥革命前十年间时论选集》第一册，第120页）

上作为不言而喻的认同基础的时代，民族主义总是在表达着一种价值和感情，而这种价值和感情常常成为一般知识、思想和信仰而普遍存在，并且成为各个民族国家不可通约、互相冲突的因素，甚至成为民族与民族、国家与国家之间冲突的心情①，特别是在19世纪末20世纪初的日本与中国，近代化与民族主义潮流涌动的时代②。如果说，一方面日本人长期在汉文化的笼罩下，在近代崛起的时候，总是期待着通过对"东洋"的规定，确立自身的位置，另一方面，已经充分近代化和世界化的日本在确立自身的时候，同样需要确立"西洋"这个他者，因此，他们很容易想象"亚洲"这个共同体，试图以"亚洲主义"的口号来凸显"日本主义"；那么，近代中国人则一方面延续了"天朝大国"的传统观念和残存的"天下四夷"的朝贡记忆，它使中国人无论如何也不能习惯一个平起平坐甚至是凌驾自己之上的日本，始终在心底里存在着"岛夷"和"鬼子"的蔑视，另一方面，尚未近代化而且被世界拒绝的中国，又常常把欧美和日本同样算成了欺负自己的他者，因此很难认同这个所谓的"亚洲"③。当然，同样应当指出的是，

① 梁启超始终认为，他所处的这个时代是"民族主义时代"，而下一个时代就是"民族帝国主义时代"，到了民族帝国主义时代，"其国民之实力，充于内而不得不溢于外，于是汲汲焉求扩张权力于他地，以为我尾闾、其下手也"（梁启超《新民说》，《辛亥革命前十年间时论选集》第一册，第120页）。又，此说早在1901年的《国家思想变迁异同论》中也说过，见《辛亥革命前十年间时论选集》第一册，第30页。

② 关于中国的民族主义，可以参看罗志田《民族主义与近代中国思想》（台北：东大图书公司，1998）。

③ 我们在晚清到民初的文献中常常看到提起欺负中国的列强，总是同时说到"欧美、日本"，比如《国民报》上刊登的《二十世纪之中国》、《中国灭亡论》等等，因为，对于迅速强大和近代化的日本，近代中国人总有一些警惕，像《民报》第二期刊载的陈天华的《绝命书》里说，"今日而欲与日本同盟，是欲作朝鲜也，居今日而欲与日本相离，是欲亡东亚也"，这里左右为难的意思很耐人寻味。

> 从晚清到民初，情势真的是很奇怪。民族主义和世界主义，追求近代性和固守传统性，似乎以一种复杂的方式互相纠缠，互相链接。

在晚清至民初，日本的民族主义由于强势，而从理性膨胀为非理性，从有限的扩张为无限的。而中国的民族主义却由于弱势，从非理性转化为理性，从笼罩的退却为有限的，其间的转捩嬗变，实在是很耐人寻味。

但是在近代世界，还有一个追求近代性和固守传统性的冲突。通常民族主义从逻辑上来说，会将取向引向对传统性的固守和对近代性的拒绝，可是，无论日本还是中国，19世纪末20世纪初的“民族主义”却表现为对于国家整体的近代性追求，简而言之即通过追求富强来凸显民族存在，而追求富强常常又只能是近代化和西方化。于是，民族主义立场和世界主义价值就常常混杂在一起，近代性的追求遮掩了传统性的固守，民族主义则经由世界主义来表达。如果说，日本通过“脱亚”而进入“兴亚”，是实现了近代性追求之后，进而诉求传统性保存，表面看来它确实有其合理性，因为对近代性的警觉、对西方话语霸权的对抗，都似乎有超越“近代性”或者“西方性”的意义，但实际上把日本放在亚洲领袖的位置，却又是用“进步”、“文明”之类的近代性话语来评骘高下，确立话语权力；而中国从“中体西用”激进地转向“全盘西化”，表面上看去，是未实现近代转化的背景下，对近代性的追求和对融入世界的向往，但是底色却是救亡，拯救民族危亡，包括后来“立于世界民族之林”、“争取球籍”之类的世界主义话语，都在背后书写着“民族主义”的内涵，呼吁着对于传统性的拯救。

从晚清到民初，情势真的是很奇怪。民族主义和世界主义，追求近代性和固守传统性，似乎以一种复杂的方式互相纠缠，互相链接。如果大体上说起来，在日本的“亚洲主义”言说背后，在很大程度上，潜藏着日本的民族主义或者叫做“大日本主义”，它相当强烈地体现着日本迅速近代化以后，希望确立自我以及确立“他者”的意识，而在诸如“脱亚入欧”之类的口号背后，才更多地体现着日本进入世界，追求近代性的心情。然而，在中国并不多的“亚洲主义”言说背后，却表现着强烈的近代性追求，更多地倒是希望融入世界，它体现的是尚未近代化时中国追求富强的意识，倒是看上去“全盘西化”之类激烈世界主义的口号背后，才隐藏着更多凸显民族与国家的心情。近来，关于“亚洲”的讨论在日本再次热闹起来，在中国也有相当呼应，这很好，它确实可以建构一个新的政治想象空间，提供一种超越民族国家来进行思考的基础，不过，我们还是考虑，现在重提“亚洲”或者“亚洲共同体”的旧话，其历史的背景和基础是什么？所以，特别需要追问的仍然是本文开头的问题，第一，“亚洲”，是哪一个“亚洲”，是东亚，还是包括了西亚、中亚和南亚的整个亚洲？第二，“亚洲”作为地理学的一个空间如何可以成为一个文化认同空间？第三，日本所认同的“亚洲”，是否就是中国和韩国也都认同的一个政治或文化共同体？第四，“亚洲”究竟是一个需要建构的认同共同体，还是一个已经被认同了的共同体？换句话说，它是已然的历史，还是希望中的未来？

第六章　国家与历史之间
——从日本关于中国道教、日本神道教与天皇制度关系的争论说起

引言　小问题引出大话题

古代中国道教是否影响过日本神道教？古代中国道教文化是否影响过古代日本的天皇称号？中国道教与日本神道教之间有什么异同？这本是文化交涉史领域的一个问题，说来简单，对这些问题的讨论，原本只需要依据古典文献和考古资料，寻找确凿证据，加以详细论证。可复杂的是，简单的历史问题背后，却常常会牵惹一些难以消解的立场和至关重要的观念，因为各种历史证据总是需要具有观念的人来解释的，因此，简单的历史问题会引出复杂的立场问题，因而历史证据的解释会因人而异因时而异。本章的讨论也不例外，它所涉及的问题，第一个是，中日文化交涉史上的这一问题能在日本学术界引起激烈争论，而且争论能够延续八十年之久，是否说明历史性的学术话题背后，始终有现实性的政治因素？第二个是，不同国家的历史学家对于同一个历史现象有如此巨大的评价差异，显然背后有不同的立场、

道教と古代日本
福永光司
日本古代史像の転換
中国江南道教の聖地・茅山の実地調査、及び中国道教経典と記紀・神道・天皇信仰・日本仏教との綿密な比較研究を基に、道教と日本文化の密接な関連を照明する。
福永光司书影

简单的历史问题会引出复杂的立场问题，因而历史证据的解释会因人而异因时而异。

心情和思路，那么，日本的“中国学”是否首先应被看成“日本学”？第三个是，面对文化交涉中的这些话题，中国学者是否能够“同情地了解”日本学界，并反身回看自身的学术史，对学术研究的民族性与国际性有深入的理解？

一　二“福”争论，争什么？

关于中国道教、日本神道教和天皇制度的话题，不妨从1980年代所谓的“二福论争”开始说起。1982年3月，东京大学著名的道教研究学者福永光司教授出版了新著《道教与日本文化》①，这部篇幅不大的著作收录了十七篇论文，其中第一篇是《日本的古代史与中国的道教》，而副题则相当刺激地点出论旨所在，叫做“以天皇的思想与信仰为中心”，第二篇论文题目也相当尖锐和干脆，就叫《日本古代的神道与中国的宗教思想》。在论文中，他批评日本学界一直否认中国道教的影响，总把神道教说成是日本土产，同时，他在日本著名学者津田左右吉之后，再次在非常敏感的“天皇”名称上，提出“天皇”这一称号实际上来自中国道教，这对于根据日本古典《古事记》和《日本书纪》的传说而形成的“万世一系”天皇神话，实在是相当严峻的挑战，正如他的另一部著作《道教与古代日本》封面的腰封上标榜的那样，这应当被视为“日本古代史像的转换”。

① 福永光司《道教と日本文化》（京都：人文书院，1982）。

有两个关乎日本文化主体的地方似乎不易动摇，一个即日本文化是独立文化，它有着丸山真男所谓恒久不变的「古层」，这是日本民族具有文化主体性的根本所在；一个是神化的「天皇」历史，尽管有九州岛上「汉委奴国王」金印和古坟时代壁画的发现，但是，传统日本观念世界基本上坚持天皇万世一系，天皇包括制度、称号、神圣家族是纯粹的日本产物。

学术研究与国民感情、历史问题与民族立场、客观与主观之间似乎开始出现了复杂的纠结……

什么是“日本古代史像的转换”？人们都知道，自从日本学者西嶋定生提出日本受中国的影响主要表现在四大领域（汉字、儒家思想、律令制国家、佛教）以来，日本学界大体上都承认，在日本史中这一部分“中国元素”的存在。但是，传统的日本学界在古代史上还有两个关乎日本文化主体的地方似乎不易动摇，一个即日本文化是独立文化，它有着丸山真男所谓恒久不变的“古层”①，这是日本民族具有文化主体性的根本所在；一个是神化的“天皇”历史，尽管有九州岛上“汉委奴国王”金印和古坟时代壁画的发现，但是，传统日本观念世界基本上坚持天皇万世一系，天皇包括制度、称号、神圣家族是纯粹的日本产物。在日本古代史中，这两点是不易动摇的，因为任何关于这两个问题的质疑，都会引出这样的结果，即在小野妹子奉命出使隋帝国，用了平等身份的“日出处天子致书日没处天子”说法之前，是否日本一直在中国文化的笼罩之下？换句话说，就是在日本确立自己神圣的独立国家与自主文化之前，是否一直在模仿着中国文化？

在这里，学术研究与国民感情、历史问题与民族立场、客观与主观之间似乎开始出现了复杂的纠结，因此，福永光司这部书出版当年，就受到了早稻田大学教授、著名道教学者福井文雅的强烈质疑，他在日本最重要的道教学会刊物《东方宗教》第60号上发表书评，迂回地批评福永光司对“道教”定义不清，同时指出，在关于“天皇”等问题上，福永光司没有提到津田左右吉以及其他日本学者的研究。福永光

① 丸山真男《原型、古层、执拗低音——日本思想史方法论についての私の步み》，《丸山真男全集》（东京：岩波书店，1996）第12卷，第150~153页。

司在次年（1983年）的《东方宗教》第61号上，以《津田左右吉博士与道教》为题，回应福井文雅的诘问，并正面提起了津田左右吉的研究。这样，关于道教、神道教的论题便正面涉及了天皇的称号与制度[①]。

二　津田左右吉及其对中国道教的判断

福井和福永所说的津田左右吉，究竟是什么人呢？这要从八十年前开始说起。

津田左右吉（1873—1961）在日本非常著名，曾经被称为“最大的东洋学者”，他的研究领域横跨了日本与中国的历史、文化与宗教。从1913年到1938年间，他的《天皇考》、《神代史研究》、《古事记与日本书纪的研究》、《道家思想及其展开》、《日本上代史研究》、《支那思想与日本》陆续出版。作为白鸟库吉的私淑弟子，他和白鸟库吉一样体现着明治维新成功之后日本文化界对中国的普遍轻蔑，表现出日本要求摆脱中国历史和文化笼罩的争胜心。他的这些著作一方面深受欧洲历史学的影响，追求历史研究的客观性和科学性，另一方面日本中心主义立场相当强烈，其历史学常常与大日本主义立场分不开。他的诸多观念中，一个重要的思想就是，日本历史与文化是独自发展起来的，而不是在中国文化影响下成长的。在《支那思想与日本》一书的前言中，他反复说：

① 这些论争要点，后来也被福井文雅收录在他的著作《汉字文化圈の思想と宗教——儒教、佛教、道教》之《上代日本と道教との关系》（东京：五曜书房，1998，第271~315页）中。

日本与中国，是各自的历史、不同的文化，以及不同的世界。

日本文化是经由日本民族生活独立的历史展开而独立形成的，因此与支那文明全然不同。[①]

津田认为，过去日本知识人虽然信奉和阅读中国经典，并以此为信条，但是，这些来自中国的经典文本与源于日本的生活世界却相背离，因此，虽然日本也引入过道教内容，甚至包括“神道”这样的词汇，但那不过是单纯的词汇输入，并不能在日本生活世界产生影响并成为信仰[②]。换句话说，就是尽管传入了一些知识，但并未传入道教这一宗教，所以，日本神道教与中国道教在本质上没有关联[③]。同样，古代日本的“天皇”称号，虽然采用了如中国《枕中书》之类文献中的成语，但这一称号中完全没有中国的意味，这就如同日本和中国同样对于作为星辰的“北极”格外重视一样，因此，他觉得使用“天皇”称号不必有顾虑。至于《日本书纪》中关于宇宙起源的说法，虽然也用了中国式的“天地剖判”这样的词汇，也只是日本人借用汉字的缘故，字词虽然相同，但是并没有背后的、中国的宗教性意义[④]。他反复申说，在6世纪到8世纪，一方面日本读书人受到中国文献影响，常常把原本是日本的历史、传说和故事“支那化”，逐渐在日本文献中呈现出受到中国

① 津田左右吉《シナ思想と日本》，《津田左右吉全集》（东京：岩波书店，1973）第20卷，第195页。

② 津田左右吉《シナ思想と日本》，《津田左右吉全集》第20卷，第251页。

③ 津田左右吉《日本の神道》，《津田左右吉全集》第9卷，第2页。

④ 津田左右吉《日本の神道》，《津田左右吉全集》第9卷，第26页。

影响的知识人思想，并与日本底层和深处的民众思想分离开来；另一方面这些文献中携带的“中国思想”，又由于被来自日本本土的新意义所叠加，因而出现了“日本化”，不能算是“中国制”[①]。总之，津田左右吉强调的是日本文化自有主体性，中国文化包括道教在内，虽然波及日本，在日本留下很深的痕迹，但那只是一些文字、文献上的“借用”，而不是根本性的“影响”。

按照福永光司的说法，津田左右吉作为明治时代成长起来的东洋学者，由于心中有日本维新成功的自负，因此，对中国文化包括中国道教的评价很低。比如在津田氏的《支那思想与日本》一书中，就充满了轻蔑甚至侮辱，常常说“中国人不喜欢思考或不擅长思考”、“缺乏对事物探究之心，感受性迟钝”、“非逻辑思维是中国思维的特征”、“科学文化不发达，故精神亦不可能优秀”等，而对于道教，更说“其本质是中国的民间信仰，即汇集了祈寿福而来的祈祷和咒术、相信长生不死可能的神仙学说，思想浅薄而不值得关注”。这种对道教研究相当不利的判断，甚至影响了后来日本关东地区甚至全日本的古代史学者[②]。可是，从一个二战后成长起来的、出身北九州的人的记忆和经验来看，福永光司觉得，津田左右吉的判断未必正确，因为北九州也有灶神信仰，也有祷旱魃，也有持竹取水于神社而求雨，也有七夕星空

① 津田左右吉《日本の神道》第二章《奈良朝までの思想につぃて》，《津田左右吉全集》第9卷，第20页。

② 福永光司《津田左右吉博士と道教》，《东方宗教》（东京：道教学会，1983年6月）第61号。

之下书册祈请天神等类似中国的风俗，显然，中国风俗甚至中国宗教早已传入日本。他怀疑这是因为在明治、大正以及昭和之初，津田左右吉处在日本越来越看不起中国的时代环境中，他为了强调日本人、日本文化的独特性和优秀性，才这样贬斥中国。他说，在讨论日本与中国的文化差异性的时候，他宁可采取冈仓天心《东洋的理想》关于亚洲同一性的立场，他批评津田左右吉有两个误区，一是把中国社会与文化、思想"固定化"，二是忽略了西历4世纪下半叶以后的道教文献与思想学说，所以，津田轻率地否定道教以及道教对日本文化的影响，下了一个错误的结论。

然而，福永光司的这一论述再次遭到福井文雅的抨击。福井文雅在《东方宗教》第62号发表评论，批评福永光司根本不理解津田左右吉。他觉得，福永光司把津田的判断说成是对中国人与中国文化的轻蔑是不对的。他引用津田关于"研究中国要有同情之理解，否则不能洞察真实思想与生活"的话，说明津田只是在批评那些对中国文化持完全崇拜，就像儒者对儒经的崇拜和服从一样态度的人，并且认为，津田对于道教，并不像福永说的那样轻视，否则不会有《道家の思想とその展开》、《神仙思想の研究》那样的力作。他特别质疑福永光司对津田氏心理的揣测，认为对于前人的异国文化研究，不能仅仅追究和批评其感情好恶，尊重还是轻蔑，只应当评论他的研究结论是否正确。仅仅追究其态度如何，那是对爱好者，而不应是对研究者的要求。他讽刺福永光司说，他是把问题从津田左右吉的研究是否正确，转向了津田的立场是否正确，这成了一种"诡辩"。

对于道教与日本文化之间的关系，福井文雅认为，在道教对日本是有实质性的“影响”（influence）还是仅仅在文献知识上被“借用”（borrowing）这一问题上，福永光司并没有否定掉津田，反而是对津田结论的“补强”，福永光司的那些来自北九州的个人经验虽然可贵，却只不过是个别现象，不能扩大成为“日本人的实际生活”[①]。

三　津田左右吉的困境：“影响”还是“借用”？

那么，津田左右吉对中国文化（包括道教）与日本文化的判断是否成立呢？我们再回到津田左右吉的时代，去看看当时的学术史语境。因为，对于中国文化对日本，尤其是中国道教对日本神道教与天皇称号，是“影响”还是“借用”这一话题的争论，无法抽离出当时的学术语境，恰恰要放回当时日本政治史和文化史中去考察。

我们知道，日本神代史是以《古事记》和《日本书纪》为依据的，在日本的国学学者看来，这一历史大体上有几个要点，一是神授天皇，二是天皇万世一系绵绵不绝，三是天皇的神圣性与日本神道的神圣性相关，即合法性与合理性甚至神圣性均来自这一历史。这种历史观念在明治以后日本国家主义与民族意识日渐崛起的时代，在不断被强化，为了建设一个统一、独立、强大的现代民族国家，“天皇”被神圣

① 福井文雅《汉字文化圈の思想と宗教——儒教、佛教、道教》。又，福井文雅也承认，如在守庚申、尸解、北斗信仰、存思等等方面，确实有中国道教因素。见其《中国思想研究と现代》（東京：隆文馆，1991），第271~315页。又，参见第149页。

化，“神道”被尊崇，日本明治时代的“大政归还”和“神佛判然”，就是这一潮流的产物。1882年开始草拟、1889年正式颁布的《大日本帝国宪法》第一条、第二条就规定，大日本帝国乃万世一系天皇统治，天皇的神圣是不可侵犯的①。而日本当年流行，一直到二战中仍然使用的“本国历史教科书”中，上古史的第一章就是从天照大神到天孙降临的“帝国及皇室之起源”，第二章开始是神武天皇，第三章便叙述崇神天皇、垂仁天皇等等。神道的历史和天皇的历史在这里构成一个神圣系谱，支持着“大日本主义”的感情。

不过，津田左右吉虽然是一个感情上的日本主义者，但也是一个理性的历史学家，在研究日本上代史的时候，他面对着一个相当尴尬的困境：一方面他不愿意承认日本文化受到中国文化的影响，如前所述，他既批判中国文化与宗教，小心地切割中国文化包括道教与日本的实质性关系，但是另一方面他又不能无视历史与文献的证据，把日本上代史说成是自成系统的神话系谱。所以，他既把“中国”与“日本”分开，提升日本文化的独特性，否定中国文化之影响力，要把中国之“臭”从日本清除出去②，也不得不追求历史研究的客观性，指出应神天皇、仁德天皇以后的历史是层层积累地“制造”出来的，很多年

① 此《宪法》之第七十三、七十四、七十五、七十六条，对冒犯天皇及天皇家人的“犯法”行为，确定了若干罪名。

② 沟口雄三指出，津田左右吉为代表的“近代主义中国观”，对现实中国采取了批判的、蔑视的观念，沟口认为，“近代日本自认为比亚洲非洲先进的观念，是因为没有根据各民族固有的、内在的价值标准，把握其文化，也来源于将欧洲的近代当做普遍的价值标准，并单方面向其归属”。见沟口雄三《方法としての中国》（东京：东京大学出版会，1989），第6页。又，本书又有李甦平中译本《日本人视野中的中国学》（北京：中国人民大学出版社，1996），第5页。

代都不可靠。比如有的天皇年龄长得难以置信；从仁德天皇到雄略天皇的古史记录，竟然和《宋书·倭国传》记录相仿，很有可能是中国的传说“反传”日本成了历史[1]，就连较近的神武天皇东征的故事，他都同意松本信广的研究，认为这是后来形成的[2]。特别是，他还深刻地指出，神代史是在日本国家建构时，试图在历史和思想上论证和阐明国家的合理性而精心炮制的，是为了将权力正当化的历史叙述[3]。

可有趣的是，津田氏在1920年代至1930年代陆续出版的这些著作，在1930年代的日本却遭遇到相当的麻烦。在这个时代，日本逐渐进入一种大东亚战争幻想的亢奋情绪中。1937年7月7日，卢沟桥事变发生，8月2日，日本的神道、儒家、佛教、天主教就联合成立“精神报国大同盟”，8月17日，日本宗务局长更号召各宗教奋起，以促进国民精神，接着各个宗教都举行“报国大会”，组织慰问日本皇军。1938年3月30日，文部省与神道、儒教、佛教三教代表，以及国民精神总动员中央联盟，签署协议要在中国布教。1939年3月15日，除了东京的靖国神社外，日本全国的招魂社统统改为护国神社。在这种把民族、国家、天皇、神道连成一体，并且幻想以日本为中心的大东亚共荣圈的时代氛围中，日本右翼对津田左右吉的研究进行大肆攻击，其中像蓑田胸喜

① 津田左右吉《古事记及び日本书纪の新しぃ研究》(1924年修订本)，《津田左右吉全集》第1卷，第474~475页。

② 这是他的博士论文《上代支那人の宗教思想》中的论证，载《满鲜地理历史研究报告》(东京：满铁调查所，大正九年〔1920〕三月)第六。参看松本信广《津田博士の忆ぃ出》对这一情况的记载，收入《津田左右吉全集》第9卷“附录”中，1964年6月。

③ 《神代史の性质及び其の精神》，载《神代史の研究》，第563~564页。

每个民族都会为自尊和认同书写历史……学术常常被政治绑架，历史叙述有时就像事后有意放在现场的证据。

等人就说，津田对于天皇与神道的说法大逆不道，并且以“不敬罪”告发津田。在巨大的政治压力下，津田在1940年1月宣布从其任教的早稻田大学辞职，同年2月，他的著作如《古事记与日本书纪的研究》等被禁止，连同出版商岩波书店的老板岩波茂雄也被一道起诉，1942年，东京刑事地方裁判所判决他有罪。

毫无疑问，每个民族都会为自尊和认同书写历史，“为了证明民族伟大，往往要证明历史悠久”，这当然没有问题。可是，关于过去的叙述只是依赖传说吗？提供过去的记忆只能相信一些神话吗？历史学仅仅是这样的工具吗？历史学家一直宣称历史就像科学，科学的历史学面对过去，应当像聚光灯下操手术刀的医生去挖瘤割疮，却不应当充满爱恨情仇去编造故事，在建构认同和追求真实之间，在国家需要与历史事实之间，历史学家究竟该何去何从呢？在那个时代，他们没有选择，津田左右吉的命运说明，学术常常被政治绑架，历史叙述有时就像事后有意放在现场的证据。

四 “古层”复“古层”：关于神道与天皇

那么，日本神道教、天皇制度与中国道教的关系究竟应当如何认识呢？

日本学者末木文美士在《日本宗教史》一开头，就指出丸山真男“古层说”有一个症结问题，即“古层”本身又是怎么来的？他指出，丸山真男在《历史意识の古层》一文中曾经以《古事记》、《日本书纪》

先看「神道」。

的神话开篇叙述，取出三个词“なる（成为）”、“つき（延续）”、“ぃきほひ（大势）”，并用日本的空间、族群、语言和稻作方式等要素，作为日本“执拗持续的低音”和“古坟时代以来的古层”。但是，末木文美士追问道，以这种所谓“不变的”观念看“古层”是不合适的，“古层”仍然是逐渐建立的[①]。我想这是对的，日本自己常常宣称来历久远的“天皇”、“神道教”，其实，也是历史中逐渐形成的，“古层”下面还有“古层”。

先看“神道”。其实早在明治时代的1891年，受西方科学古史观的影响，久米邦武就已经指出，“神道”本来是从祭天古俗中产生的，它非宗教，所以没有“诱善利生”的思想，它只祭天，所以是攘灾招福的活动，也正因此，它可以与宗教性的佛教并行不悖，形成“敬神崇佛”的王政基础[②]。这是有根据的。如果追溯历史文献，虽在《日本书纪》的“用明天皇即位前纪”、“孝德天皇即位前纪”中曾提到与“佛法”相对的“神道”，如“天皇信佛法尊神道”、“尊佛法轻神道”[③]，但津田左右吉认为，“神道”这个词应当来自中国，只不过它还不是像佛教那样有组织的宗教，“神道”在日本是被多义地使用着的[④]。另一稍

① 末木文美士《日本宗教史》（东京：岩波书店，2006），第2页。

② 久米邦武《神道乃祭天古俗》，载《史学会杂志》第二编第23号，第230页。

③ 在《日本书纪》孝德天皇大化三年（647）四月二十一日“惟神”一词的注释（据说是平安时代羼入的）中也说到，“惟神者，谓随神道，亦谓自有神道也”。

④ 津田左右吉认为，当时的“神道”，一是指自古传来的，作为日本民族风俗的包含了咒术的信仰，二是指神权、神力、神的地位和神本身，三是对“神”的思想和解释，四是特定神社宣传的神的学说，五是作为政治和道德规范的“神道”，六才是宗派性的有组织的神道。《日本の神道》第一章《神道の语の种种の意义》，《津田左右吉全集》第9卷，第13页。

晚的学者黑田俊雄则说，《日本书纪》的“神道”在世俗性祭祀与信仰中，是指“神性的、神圣的（状态）”，但它绝不是日本特有的，而是东亚三国共同的习俗性信仰，至于作为宗教的神道教的最终确立，应当在江户甚至明治时代[①]。这个说法极具震撼性，不过也得到很多学者包括欧美学者的支持。有学者指出，日本古代的“神道”，本是综合了巫觋方法、记纪神话、祭祀仪式、物忌制度，加上官方制度性的资源，才逐渐成熟起来的，一直到日本的中世时期，随着天皇统治的正当化需要，才出现了14世纪度会家行（1256—1341）《类聚神祇本源》[②]，和慈遍《丰苇原神风和记》之《神道大意》。尤其是15世纪末，吉田兼俱（又名卜部兼俱，1435—1511）《唯一神道名法要集》（1484）出现[③]，催生了与佛教区分，自立门户的自觉意识后，才使神道教内容和规制逐渐体系化，并且羽翼丰满，突显了神社和祭祀的权威、神官系谱的正

① 参看黑田俊雄《“神道”の语义》，载《日本思想大系·中世神道论》（东京：岩波书店，1977）附载《月报》第57期（1977年5月），第1~2页。

② 度会家行是伊势神道的理论阐述者，他反对以佛教为主、神道为辅的“本地垂迹”说，有为神道扭转屈从地位，确立神本佛迹的主体地位之趋向。《类聚神祇本源》原文，收入大隅和雄编《日本思想大系·中世神道论》（东京：岩波书店，1977）中，可以看出他相当多地使用中国文献资源，如大量引用《古今帝王年代历》、《周子通书》、《老子道经》、《周易》、《五行大义》、《元命苞》等等，第281~301页。

③ 吉田兼俱清理了当时神道的系统，一开始就指出神道分为三，一是本迹缘起，二是两部习合，三是元本宗源，他站在第三种即元本宗源的立场，认为“元”是明阴阳不测，“本”是明一念未生、“宗”是明一气未分之元神，“源”是明和光同尘之神化，这一派是依据圣德太子《先代旧事本纪》、《古事记》、《日本书纪》为本，奉《天元神变神妙经》、《地元神变神妙经》、《人元神变神妙经》三部经典。不仅用中国的“三才”说法，而且书中还有“无上灵宝”、“三清”等等词汇，更有三种“灵宝”是《日本书纪》所谓镜、剑、琼玉的说法，可以看出，这种为神道重新奠基的思路，仍然有很多来自中国道教的内容。《唯一神道名法要集》原文，收入大隅和雄编《日本思想大系·中世神道论》，第318~333页。

再看「天皇」。

统、自然和天皇的神圣[①]，从而形成了体系化的神道教。但这个时候已经是日本的中世末期了[②]。

再看“天皇”。日本学者经过长期考证，发现在720年《日本书纪》确立“天皇”名称之前，在不同资料中也确实曾经有过这一词汇，如推古四年（596）的元兴寺塔露盘铭文、十三年（605）元兴寺释迦牟尼光背铭文、十五年（607）法隆寺铭文等等，在推古天皇十六年（608）小野妹子出使隋朝的国书中，他们认为已经有了正式的“东天皇敬白西皇帝”（但在《隋书·东夷列传》中的记载是“日出处天子致书日没处天子无恙”）。由于中国文化传入日本远远早于6世纪末7世纪初，所以，即使是这些资料都可信，“天皇”的名称仍然很难说没有中国的“痕迹”。所以，津田氏在1920年发表的《天皇考》中，也说这一称号来自中国道教和中国古典[③]，只是他觉得，这不过是“借用”了中国

① 大隅和雄在《解说：中世神道论の思想史的位置》中讨论慈遍等思想的时候，也强调在“现世”问题上，神道在这三方面相当明显，并且特别指出由于中世神道理论，在论述天地开辟之后，在天皇统治国家的问题上，便有了各种正当理由，因为天皇有各种德行和能力，其中这些德行和能力的理由，有来自儒教的、也有来自伊势神道的。见《日本思想大系·中世神道论》，第359～360页。

② 参看末木文美士《中世の神と佛》（东京：山川出版社，2003）。也有人认为，自成系统的神道教是德川时代才开始成立，一部分神道学者通过强调尊皇忠君，主张神道教独立，在德川后期，才由荷田春满、平田胤笃，逐渐形成复古神道，依据《记》、《纪》，反对依附佛教。

③ 《天皇考》一开头就说，“我国‘天皇’御号，无疑是汉语而不是国语”，文中引用了像《春秋合诚图》、《史记·封禅书》、《史记·天官书》等资料，指出古代中国有从占星术中的“北极”而来的天皇观念，有从神仙传说及道教思想中来的天帝观念，最后，他总结说“以上述事实为背景考察，可以知道（日本的）‘天皇’这一御号，还是采支那成语，多半是从神仙说等与道教有关的书籍（如《枕中书》之天皇、地皇、人皇称号等）中来的”，载《津田左右吉全集》第3卷，附录4，第474～490页。

的词汇而已[①]。

可是，正如黑田俊雄所说，神道也好，天皇也好，前者作为日本文化根基的一个宗教，和后者作为日本政治的一个象征，维护它的历史来源的自主性和独立性，“对日本人来说，是从不可避免的、无选择余地的、深层和潜在的力量及价值来接受的”。

五　中国影响：日本学界的新观点

那么，从历史与文献上看，天皇与神道教，究竟有没有中国的因素甚至影响呢？

尽管日本有着很多出于民族自尊而不愿意承认中国影响的学者，但是，也有很多秉承历史研究应持客观立场的研究者，他们从中国和日本文献中找到了不少证据，说明在日本文化中，中国道教有着深刻影响（而不只是借用）。

在较早一辈的著名学者中，如黑板胜美《我国上代中的道家思想以及道教》从《古事记》、《日本书纪》等文献与考古遗迹中讨论道教在日本的痕迹，妻木直良《道教思想在日本》讨论了平安时代道教经典

---

① 这种说法后来被很多人接受，像中村璋八《日本の道教》就说，“日本所使用的‘天皇’这个称呼，在东汉以后已被中国人当作民族宗教的道教所使用，但是，日本所采用的‘天皇’这个称呼，在含义上和内容上，并非作为道教之神的‘天皇’，也不是知识分子的五行说和谶纬说中的‘天皇’，仅仅是采用了汉字而已”，他批评日本有的学者主张“天皇”来自道教“天皇大帝”，“不是正确的解释”。见中村璋八《日本の道教》，载福井康顺等编《道教》（朱越利中译本，上海：上海古籍出版社，1992）第三册，第7页。

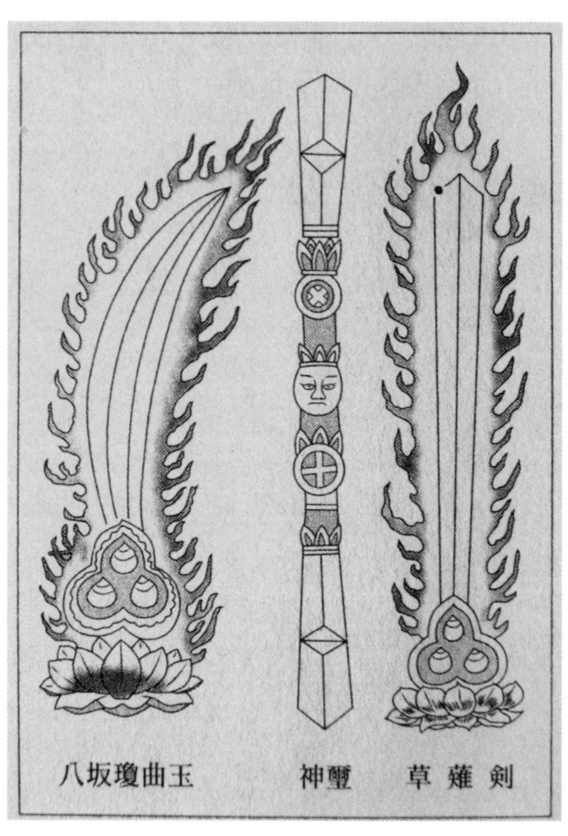

神道教三种神体图

传到日本特别是《老子化胡经》传到日本的过程，小柳司气太《道教的本质及其给予本国的影响》更是直接谈论到这一话题[①]。其中，尤其是以研究中国为职业的中国学家，为凸显中国古道教研究对于日本文化的自我认识有价值有意义，特别发掘各种史料，来证明道教在日本的痕迹。如那波利贞在1952年发表的长篇论文《关于道教向日本的流传》就指出，道家思想传入日本应当在归化人时期，此后，至少在奈良末期传来了道教，并与佛教结合（神佛习合），这时的道教仪式中，如四方拜、祀星、灵符神社、庚申信仰、司禄司命崇拜等等，都进入了日本[②]。接着，道教研究学者窪德忠也在《日本的守庚申》中指出，根据奈良县上之乡村的调查，守庚申传统是由中国道教关于三尸的信仰而来的，据圆仁《入唐求法巡礼行记》的记载，在唐代日本与中国的这一风俗是完全相同的[③]。

其实，就在神道教所谓“天子三种灵宝”的“三种神器”，即八咫镜（《唯一神道名法要集》作“内侍所神镜”，在伊势神宫）、天丛云剑（《唯一神道名法要集》作“草薙宝剑”，在热田神宫）、八坂琼曲玉（《唯一神道名法要集》作“神玺八坂琼”，在皇宫，与御玺在一起作为天皇相传的正统凭据）中[④]，很多人已经看到它与同样崇拜“镜”、

① 上田正昭在《古代信仰と道教》中已经历数津田左右吉、和辻哲郎、那珂利贞、黑板胜美、下出积与的研究，载福永光司等《道教と古代の天皇制（日本古代史新考）》（东京：德间书房，1988）。

② 那波利贞《道教の日本国への流传に就いて》（续），载《东方宗教》（东京：日本道教学会）第4、5号合刊，1954年1月，第118页。

③ 窪德忠《日本における庚申待》，载《东方宗教》第8、9号合刊，1955年3月。

④ 吉田兼倶《唯一神道名法要集》，大隅和雄编《日本思想大系·中世神道论》，第322页。

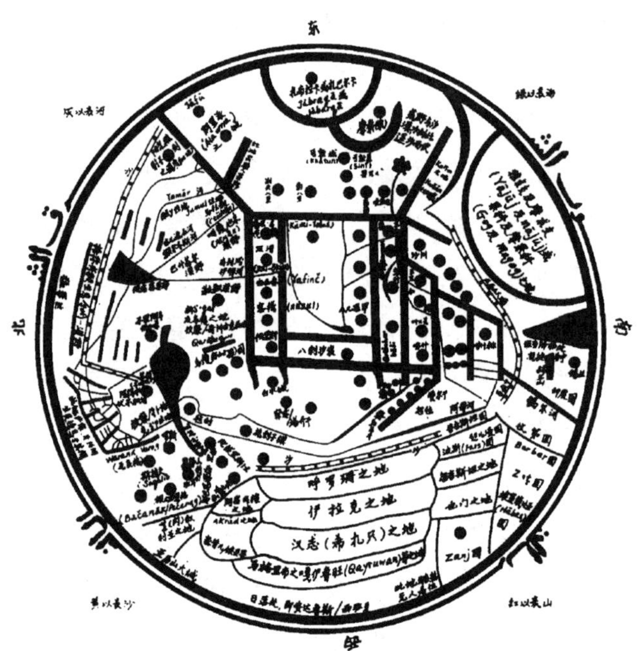

喀什噶里《突厥语词汇》中的圆形世界地图（1070年代）

“剑”、“印”这些神器的道教之间的隐约关系。福永光司多年来曾经反复强调这些证据。近年来坂出祥伸更全面地举出八坂庚申堂、大将军八神社、泰山府君信仰与赤山禅院、吉田神社斋场大元宫本殿八角形、伏见稻荷山之大日本大道教道观、妙见菩萨与镇宅灵符等等日本文化现象，证明道教对日本的“影响”[①]。他们始终觉得，在中国道教之后形成的日本神道教，在崇拜、仪式、方法和词汇上，尽管不完全是照搬，但也一定受到了中国道教和日本古俗两方面的影响，所谓“古层”更有“古层”，原来历史悠久的宗教信仰也有它的来历。

那么，“天皇”之称呢？在津田左右吉之后，尤其是二战结束后的自由学术空气中，更有很多相似的研究，比如下出积与《日本古代的神祇与道教》、山尾幸久《古代天皇制的成立》等等，都曾经讨论过这个问题。不过，最重要的仍然是福永光司，他在1982年出版《道教と日本文化》之后，在1987年更是推出了《道教と古代日本》，在开篇《天皇考六题》中，进一步提出六项证据，证明“天皇”称号受到过中国思想的影响：

(1) 689年草壁皇子死，宫廷歌者柿本人麻吕的挽歌中有“天皇”一词（《万叶集》卷二），684年即天武十三年，制定“八色之姓”，以中国道教神学中有关神仙世界之高级官僚的名称命名，686年，天武天皇去世，其谥号为“瀛真人”，就是中国道教神仙传说中的“瀛洲”之“真人”。

① 参看坂出祥伸《道教とはなにか》（东京：中央公论新社，2005）第九章《日本文化と道教》。

(2)712年成书的《古事记》记载天孙降临有"神镜"的记载，又有献"草芸那之大刀"的记载，这与道教崇信镜与剑有关。

(3)道教神话中想象"八角垂芒"，而天皇与八角形相关，所谓"八纮一宇"[①]、御针座、伊势神宫作为御神体的镜，均是"八显八叶形"。

(4)中国古代崇尚紫色，与最高神太一有关，如"紫宫"和"紫微"，而天皇也崇尚紫色[②]。

(5)神官祭祀与道教祭祀形式常常有关。

(6)"神道"与"天皇"相关，而"神道"一词来自道教经典如《太平经》，而"天皇"一号曾被中国皇帝使用，如唐高宗。

在接下来的一篇中，他更从纵横两个方面，指出道教在日本有相当多的痕迹，不仅神社的"幡"、"镜"作为神人象征的信仰，有道教的影子，天武天皇、天武皇子、持统天皇也都与道教有深刻的关系。到了1988年，他和著名的学者上田正昭、上山春平合作，推出《道教と古代の天皇制》，并提出一个有趣的想法，认为古代中国自从墨子的有神论宗教思想以来，经过董仲舒的天人感应思想和瑞应灾祥论

① "八纮一宇"是神道教的说法，"八纮"出自《淮南子·原道》"八纮九野"，高诱注释中说，"八纮"就是天之八维，《日本书纪·神武纪》中说，"兼六合以开部，掩八纮而为宇"，意思就是天皇统治下的是笼罩天下的国家。

② 《日本书纪·推古天皇纪》记载公元603年圣德太子行"十二阶冠位制"，以德、仁、礼、信、义、智为阶，各配颜色为冠服，其中最高位的"大德"、"小德"配紫色，有人认为与中国的太一紫宫信仰有关。

这让我们越来越相信，有时候，日本「中国研究」的问题意识常常来自「日本背景」。

述，《太平经》的神道神咒方法，以及汉末三张道教、北魏寇谦之、南朝陶弘景到唐代道教，中国有一个古老而悠久的神道即肯定“神”的思潮潮流，日本古代思想观念正与这一潮流有关①。他批评日本的中国道教研究缺乏应有的问题意识②，从他自己对于中国道教“镜”与“剑”的研究论著中，确实可以看到他的中国研究中有明显的日本问题意识③。

这让我们越来越相信，有时候，日本“中国研究”的问题意识常常来自“日本背景”。

六　转道高句丽？道教在东亚传播的路线图

如果我们不拘泥于“神道教”与“天皇”这两个敏感焦点的话，其

① 福永光司《天皇与真人》，载福永光司等《道教と古代の天皇制》（东京：德间书房，1988）。此书是在1977年，福永光司和上田正昭、上山春平在高崎哲学堂作“市民与学问”的演讲和对谈基础上整理而成的。可见他们早就有这一想法。

② 前引《道教と古代日本》，特别是“为发达の道教研究”一节，第19～47页。

③ 1973年，他发表的《道教における镜と剑——その思想の源流》，不仅将道教器物研究与思想研究非常精彩地融合在一起，而且已经隐含了对日本神道信仰中的镜、剑信仰寻根溯源的意味。1982年到1987年，他连续出版了以“道教”和“日本”为题目的三部随笔式论文集，除了前面提到的《道教と日本文化》（京都：人文书院）、《道教と古代日本》（京都：人文书院）之外，还有一部《道教と日本思想》（东京：德间书房）。1987年，他又出版了《道教思想史研究》（东京：岩波书店）和《日本の道教遗迹》（与千田稔、高桥彻合作，东京：朝日新闻社）。在他的研究中非常突出的强调点之一就是道教与日本的深刻联系，不仅是“天皇”称号，日本的很多神话、传说、仪式、风俗都与中国道教的东传有关。此外，他还和上田正昭、上山春平合编了《道教与古代天皇制》，直到1990年他为《东洋思想》（东京：岩波书店）第三卷《中国宗教思想》所写的长达152页的序言《中国宗教思想史》里，还以《道教と八幡大神》、《〈おもろ〉の创世神话と道教神学》为题的“补论”，特别提醒读者注意道教在日本留下的深深的痕迹。

实，我们可以看到中国道教对日本的广泛影响。就在《日本书纪》卷一四雄略天皇四年二月，就有天皇在大和之葛城山遇见蓬莱神仙的记载，二十二年又有浦岛子受邀请游历蓬莱的故事，“蓬莱”显然是中国传说，也是道教故事。即使在旧天皇去世和新天皇即位的仪式中，也有“谅闇”、“奉祝”、“大尝祭”、“大飨”等等仪式，可能就来自中国古礼，与儒家和道教不无关系[①]。如果我们接受早期道教曾经传入日本，并对日本文化产生影响的说法，那么，下面一个问题就应当是追问，中国的道教是如何传到日本的？

由于文献与实物证据的匮乏，关于这一问题的探讨仍然只能是一些初步的推论。

福永光司本人相当重视“古代日本与江南道教”的关系，他认为，自古以来江南的吴国就和古代日本有交流，“倭人”曾被视为吴太伯的子孙，而江南尤其是茅山道教相当重要和兴盛，因而他一直怀疑，江南的道教与巫术会对日本有深刻影响。而与福永光司接近的上田正昭，则从公元702年之前由“归化人”执笔的《延喜式》中所载宫廷祭礼咒语中有“皇天上帝，三极大君”以及东王公、西王母等道教色彩的神名，推测道教信仰可能随归化人而来[②]。而否认福永氏“天皇称号与道教有关”说的中村璋八虽然认为，“（尽管）带有建立道观与道士布教的教团道教根本没有传到日本来”，但是他也承认，5世纪前后

① 参看土肥昭夫、户村政博合编的《天皇の代替わりとわたしたち》（东京：日本基督教团出版局，1988）中户村政博所撰第一章，第19～48页。

② 上田正昭《古代の道教と朝鲜文化》（京都：人文书院，1989，1991），第8页。

（即应神、仁德年间），道教在江南已经合法地流传，大量来自朝鲜半岛和长江三角洲地区的归化人，确实会给日本带来道教的各种内容，特别是大和朝的归化人已经在中央与地方占据了重要位置，所以他们虽然并非道士，但是会传入道教信仰知识。

但是，无论如何应当强调的是，朝鲜应当是最重要的转运之道，日本学界越来越注意这一路径，前引上田正昭书中就说，“高句丽、百济、新罗道教过去被轻视与忽略了，现在我们之所以要特别讨论，是与强调朝鲜、日本、中国道教信仰的关联性这一研究趋向有关”[①]。其实，高句丽、百济、新罗的道教存在，是很早就被学界认识到了的，在1959年出版的李能和《朝鲜道教史》中，作者曾经提出，与中国内地政权接壤的高句丽王朝，曾经先信奉五斗米道，然后学习了《老子》，因而渐渐受到道教的影响[②]。这一观点在车柱环著《朝鲜的道教》进一步得到发挥。车氏引用《三国史记》卷一六《高句丽本纪四》的记载说，中国的道教应当是通过领土深入大陆的高句丽传来的。汉献帝建安二年（197），“中国大乱，汉人避乱来者甚多”，所以很可能由难民传入当时兴起的五斗米道。至于明确的文献证据，则是在《三国遗事》卷三“宝藏奉老”条《高丽本纪》中，这一记载明确地说，唐武德、贞观年间（618—649），高句丽人争相信奉五斗米道。魏晋以来在江浙一带盛行的道教沿江岸地域北上，并没有太大的变化，7世纪初在高

① 上田正昭《古代の道教と朝鲜文化》，第266页。

② 参看李能和（1869—1943）之遗著《朝鲜道教史》（首尔：东国大学校，1959）第一章《总说》。

句丽有了很多信仰者，所以，当唐高祖听说这一情况，便于荣留王七年（624，武德七年）赠给高句丽道士天尊像，并让他们宣讲《道德经》。而在《三国史记》卷二一《高句丽本纪九》二年和卷四九《盖苏文传》中，都记录了有关道教的资料。据说，当时盖苏文向国王禀报说，"三教譬如鼎足，阙一不可，今儒释并兴，而道教未盛，非所谓备天下之道术者也，伏请遣使于唐求道教以训国人"，结果得到国王支持，后来唐太宗便"遣道士叔达等八人，兼赐《老子道德经》"。据说，高句丽国王非常欢喜，让这些道士住在佛寺中[①]。

显然，至晚在初唐时代，制度性的宗教道教在高句丽已经生根，然而零星的道教信仰恐怕更早就传入高句丽、百济等国。我们知道，日本受到百济文化影响甚深，不仅儒家经典是由百济传入，道教恐怕也可能由这一路线，相当早地传入一海之隔的日本。《日本书纪》中记载，推古天皇十年（602）冬天，百济僧人观勒就到了日本，给日本带来了"历本及天文地理书，并遁甲、方术之书"。

在这些天文、地理、历法、遁甲、方术之书中，会没有道教的内容吗？

七　中国学家加入论战：宫崎市定的说法

通常，中国研究者比较愿意接受"中国道教影响日本文化"，包括

① 车柱环《朝鲜の道教》（三浦国雄、野崎充彦日文译本，京都：人文书院，1990），第39页。

“天皇称号来自中国”这样的说法，比如严绍璗在《日本中国学史》中，就认为“天皇”来自道教，而从天皇观念中“可以觅到早期道教文化传入日本的痕迹”，他沿用福永光司的说法，认为天皇传说中有关镜、剑、玉的信仰痕迹就是道教影响的证据。他还顺便说了一句，在日本，早期最高等级的政治称号可能先是“大王”，7世纪初才逐渐确立“天皇”的观念[①]。

说到“大王”，就必须要提及宫崎市定的研究。作为一个杰出的亚洲史学者，宫崎市定的视野常常超越中国，涵盖了整个“东洋”即亚洲，而他对中国研究的问题意识和现实关怀，同样常常来自日本本土。不过，他一方面尊重历史资料，不轻易否定日本文化中有中国文化影响的因素，另一方面他也比较倾向否认中国道教的直接影响，而比较愿意承认来自印度佛教的间接影响。1978年，出于对当时日本学界关于古代“天皇”称号之前用“大王”称号的说法的怀疑，他重新对这一涉及日本和中国的历史纠葛，作了详细的研究，并在当年岩波书店著名的《思想》杂志4月号发表了《关于天皇称号之由来》的考据文章。他指出，日本确实有一些关于古称“大王”的资料，比如熊本县江田船山古坟出土的大刀铭文、和歌山县隅田八幡宫藏画像镜铭文、法隆寺金堂金药师佛光背铭等等，但称“大王”的时代大约是4至5世纪，当时中国仍然是沿袭古代，所谓“大王”只是尊称而不是正式称号，日本也应当是沿用汉文中的习惯用法而已。

① 严绍璗《日本中国学史》（南昌：江西人民出版社，1991）第1卷，第51～53页。

但是，同时他又提出一个猜测，他觉得东亚诸国曾经流行“天王”的称号，尤其是在4至5世纪，在中国北方政权如石勒等人，就用这个称号，他们试图用这个来自佛教的称号复活古代制度，从“王”升格为“天王”。因此，在那个中国最流行“天王”的时代（天王冯弘之燕国灭亡在436年，相当于日本允恭天皇二十五年），日本有可能经过百济、高句丽的途径，受到中国的影响，把对最高统治者的称号由“王”升格为“天王”，再由“天王”升格为“天皇”。他从宫内省图书寮古本《日本书纪》中发现，有两处原本是“天王”的地方，后来均改作“天皇”。他推断古代日本在制度上用“天王”称号当在雄略天皇前后，即所谓倭之五王时代，而转用“天皇”则在圣德太子摄政的推古时代了。

为了证实这一论断，他既研究了日本的“七支刀”，研究了印度佛教的“毗沙门天王”，也研究了中国北朝时期流行的天王称号，他觉得从这些历史证据来看，津田左右吉的说法有问题[①]。津田左右吉曾经否认“天王”这一称号的使用历史，始终希望在道教诸神中发现日本天皇的渊源。宫崎市定对此相当不以为然，他一方面指出中国“五胡十六国”的天王称号可能曾经影响过日本，因为从圣德太子之后，日本与中国开始有直接国家交往，称号问题便会提上日程，迫使日本寻找合适的称号，来自印度佛教的“天王”称号可能就被借用；另一方面他否认津田左右吉的道教影响说，他质问道：“这一说法的前提，是日本深受道教与道教习俗的影响，但是这是可靠的吗？确立一国主权者的称号，

① 参看《宫崎市定自跋集》（东京：岩波书店，1996）中他晚年的回忆和总结，第367页。

「橘逾淮则为枳」确实是一个普遍现象，文化传播常常不是原汁原味，需要考虑到传播途径与接受选择两方面，对文化来龙去脉的历史学追踪，也不宜用「原旨主义」的方法。

乃国家之大事，后来因为是否采用佛教语词，曾引起国家分裂和纷争，那么为什么当时采用道教的神名，却没有人来反对呢？”①

八　橘逾淮则为枳：中国道教与日本神道教之差异

我们应当承认，“橘逾淮则为枳”确实是一个普遍现象，文化传播常常不是原汁原味，需要考虑到传播途径与接受选择两方面，对文化来龙去脉的历史学追踪，也不宜用“原旨主义”的方法。日本神道教的内容相当庞杂，来源不一，正如末木文美士指出的，给“神道”下定义“是颇为麻烦的事情”，而简单地断言神道教受什么影响而形成，也相当困难②。

在中国道教与日本神道教之间，差异最大的，可能是中国道教尽管大量吸收儒家与佛教的因素，但是无论在教义、崇拜、仪轨还是教团上，都保持了宗教本身始终的独立性，而日本的神道教则来源错综、边界模糊，而且教义庞杂，有相当强的兼容性。通常，由于宗教绝对性与唯一性的存在，宗教与宗教之间在崇拜对象、神学原理、仪式方法、教团组织等等方面有差异，总有一些难以融通的界限。在中国，佛教与道教之间，尽管在皇权高于一切的政治体制下逐渐有合流趋势，但是，仍然佛教归佛教，道教归道教，寺院与道观并不合一，僧

① 宫崎市定《天皇なる称号の由来につぃて》，原载《思想》1978年4月号，收入《宫崎市定全集》（东京：岩波书店，1993）第21卷“日本古代”，特别参看第303页。

② 末木文美士《中世の神と佛》（东京：山川出版社，2003），第7页。

人与道士之间仍各有规矩，拜释迦的和朝三清的，仍然井水河水泾渭分明。然而，在日本却会出现所谓“神佛习合”（しんぶっしゆごぅ）这样的宗教现象。按照一些研究者的说法，“神佛习合”是日本古代宗教最大的特征，本来是日本土产的神道之神，居然可以被置于佛教六道中“天”的范畴，作为佛教护法神，位在佛陀之下（据说这些神虽然仍未脱离轮回，但已经是六道中最高一道），本来是供奉天神的神社，居然也可以在旁建立神宫寺以供佛像与读佛经。按照古代日本神道理论的说法，神道教就是佛教，佛的法身（本身）随时应机说法，而神道的神灵就是佛或菩萨的化身（应身），如“天台神道”所谓比睿山“山王”为释迦牟尼的化身（垂迹）[①]，“两部神道”所谓伊势神宫之天照大神是大日如来之化身（垂迹）等等[②]，因此才会有所谓“本地垂迹”等学说。以至于有人认为“神道并非特定的宗教，而是传统的习俗”。

正是因为如此，在日本需要强调本民族的自主独立，凸显日本历史和文化的悠久深厚，确立天皇“万世一系”的神圣性的时候，神道教就在一波高过一波的民族主义潮流中，逐渐与佛教分离，不仅在14至16世纪间出现了度会家行、慈遍、吉田兼俱等人关于神道历史与理论的著作，在17至18世纪还有了吉川惟足（1616—1694）、山崎暗斋

① 天台神道，指平安时代（794—1192）以日本天台宗教义为基础的神道学说，认为释迦牟尼是比睿山王的本体，以此论证神佛同体，有《一实神道记》等文献。

② 两部神道，指两部习合神道，因以佛教真言宗教义为依据，“以佛法合于神道”，从镰仓时代到室町时代（1192—1573），逐渐形成，有《天地丽气集》等文献。

（1618—1682）、贺茂真渊（1697—1769）和本居宣长（1730—1801）这样从政治学说和宗教信仰两方面凸显日本文化的儒学家兼神道学者，到了19世纪更有平田笃胤（1776—1843）这样极端复古的神道教鼓吹者。因此，在明治初年出现了“祭政一致”的强烈呼声，也引起了著名的“神佛判然”事件。为了说明日本文化的独立性，为了确立天皇制度的神圣性，神道必须拥有悠久的历史并成为一个独立的宗教，与佛教划开界限。

可是，这些历史现象和宗教特性，在中国道教这里是完全没有过的，尽管神道教和天皇制度也许受中国道教影响，但是，我们要承认，在日本风土中生长的神道教、天皇制，它们自有更多日本文化的渊源，也自有它们全然不同于道教的命运。

结语　有关道教、神道教与天皇制的争论背后

可是，仍然有很多日本学者不愿意接受这种道教影响神道教和天皇制的说法。福井文雅一直在批评福永光司的说法，在后来的论文尤其是《日本道教研究史和一些相关的问题》中，他逐条反驳道教影响说。比如说，他认为福永光司未能读懂《古事类苑》和《群书类从》中的一些文献。又说，据日本人淡船三海《唐大和尚东征记》，8世纪的日本政府拒绝了道教传入，因而道教从来不像佛教那样成为组织的传入日本。他认为，现在列举的若干道教内容因素，其实是一些日本很早就从中国接受的民间信仰，不能算在5世纪才形成的道教

头上[1]。他对法国学者接受福永光司的说法相当愤慨，甚至把这场笔仗打到了欧洲。1985年9月，他在法国巴黎召开的“日法多领域学术讨论会”中的“道教与日本文化”论坛上，发表《“天皇”号の成立につぃての问题点》，既对法国学界受福永光司影响，认为“天皇”称号受到中国道教影响，而在推古朝成立的说法，表示相当不满，也认为施博尔（施舟人，Kristofer M. Schipper）认为唐高宗已使用“天皇”一称，故日本“天皇”称号可能在持统朝（686—697）成立，而前此“天皇”记载应当是后来改正的说法十分不妥。他强调，在天皇称号“成立”问题上，“西方的中国学研究者（除了少量美国学者）多持日本文化为中国文化的模仿和影响之产物的观点，因此，往往偏向于接受日本上代史上的中国道教影响说，如果这样，我担心会助长这种研究的倾向，因此希望区分‘真正活的宗教性道教’和‘只是作为知识的道教’”[2]。他的意思仍然是，道教知识虽然被日本“借用”，但是，道教宗教却不曾“影响”过日本。因为道教和儒、佛不同，“从未有组织性的传来，也没有过祀奉道教神像的教团”，而“天皇”之称也不能说是来自中国道教[3]。

也许关于道教、神道教和天皇制的历史纠葛，要想得到确切的结论，还需要继续发掘资料，还可能继续争论下去，但是，就像我在论文

① 福井文雅《日本道教研究史和一些相关的问题》，辛岩译，载《世界宗教研究》（北京：世界宗教研究杂志社）1996年第1期，第129～140页，特别参考第133～134页。

② 福井文雅《中国思想研究と现代》，第216～220页。

③ 福井文雅《中国思想研究と现代》第二章《道教通观》，第149页。

从学术史和思想史的角度看，在这一学术论争中有以下三个启示……

一开头说到的，从学术史和思想史的角度看，在这一学术论争中有以下三个启示：

第一，中日文化交涉史上的这一争论，说明历史性的学术课题背后，始终有现实性的政治因素，身处某一时代环境中的学者，很难避免当时政治、文化和社会环境的纠缠，因而具有问题意识的学术研究中，常常会带有某种现实关怀的痕迹，学者在“道”与“史”之间，常常会出现很难抉择的困境。

第二，不同国家的学者对于同一历史有不同的立场、心情和思路，这很正常。今天我们面对日本的“中国学”，其实，首先需要把它看成“日本学”，从他们自己的政治史和学术史脉络中，了解它的问题意识、思考立场、研究方法之由来，这样，才能对“国外中国学”有真正的理解。

第三，在文化交涉史中，我们需要对异国文化和历史有“同情地了解”，注意在看似相同的历史现象中，找到彼此微妙的不同，并对这些不同处进行深入的发掘，切不可简单进行比附。

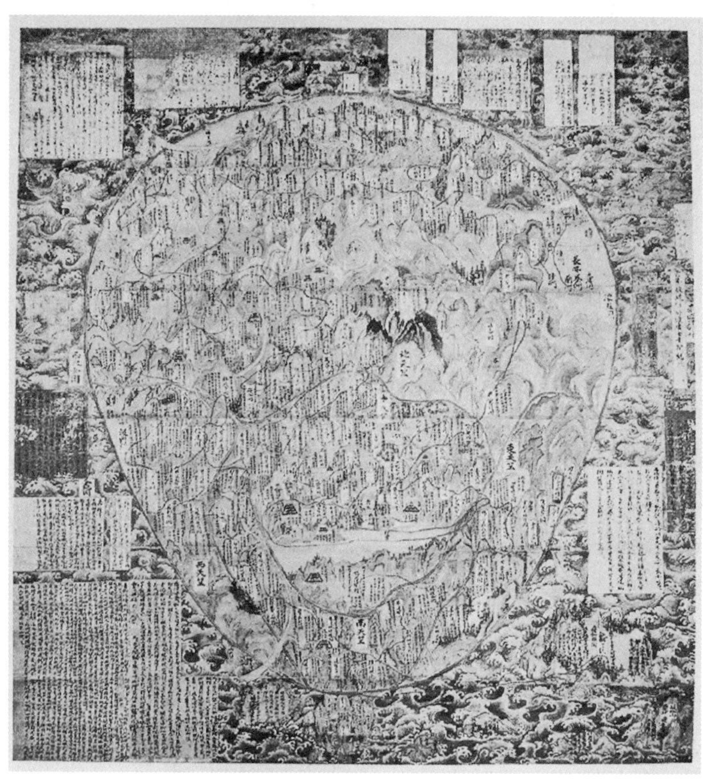

五天竺图（贞治三年，1364）

第三编 理解亚洲与中国历史的方法

天下图（17世纪末期，尹炯斗所藏）

第七章　边关何处?
——从十九、二十世纪之交日本"满蒙回藏鲜"之学的背景说起

引言　问题的提出

很长时间里我一直强调,即有关中国历史和文化的学术史研究,既包括本国的研究,也包括域外的研究,都要注意三个关节点:第一,是要了解这些学术风潮的起伏变化背后的政治因素,尽管很多人认为,现代学术的特征就是学术与政治的"分化",学术可以成为独立的领域,但我始终不相信这种"切割"可以如此"一刀两断";第二,是要注意这些学术研究的资料、焦点和方法的变迁,学术史和思想史不同的地方,就是它不能离开具体而专业的学问,去讨论高尚而抽象的观念,大判断需要来自小结裹。为什么陈寅恪说要"预流"?因为学术也如河流,一波才去一波随,任何资料、焦点、方法的移动,都会引起历史追溯、文化认同、传统解说的更深刻变化;第三,是要注意这种学术在不同学术共同体之间的彼此较量和竞争,不仅早期欧洲东方学与日本东洋学有彼此较长论短的心态,中国学者,无论是

在这一章里，我将从十九、二十世纪之交，即中国的晚清民初，也就是日本的明治大正之间中国、日本的学术史中，讨论以下几个问题……

没有出洋的陈垣，还是深受西洋学术训练的陈寅恪、傅斯年、胡适，都有非常深的“把汉学中心从法京（巴黎）和日京（京都）移回来”的想法。

在这一章里，我将从19、20世纪之交，即中国的晚清民初，也就是日本的明治大正之间中国、日本的学术史中，讨论以下几个问题：

为什么那个时代，原本聚焦于汉族中国历史文化的日本东洋学界，会出现对中国四裔即满（洲）、蒙（古）、回（疆）、（西）藏、（朝）鲜的强烈兴趣？

这种学术史上的兴趣，与日本政治背景有什么关系？与欧洲东方学中的西域南海史地之学有什么关系？

为什么中国学界在那个时候，并没有形成类似的学术兴趣，与重建的民族国家相互呼应？原本兴起的西北史地的关怀与对蒙古史的兴趣，何以最终却成为“绝域与绝学”？

一 晚清民初或明治大正之际：日本对“满蒙回藏鲜”研究的兴趣与东洋史学的形成

晚清民初也就是日本的明治大正时代，日本的东洋史学逐渐成型，中见立夫在一篇论文中说，“日本‘东洋史学’学术领域之形成，大约在1894年至1904年这十年，即日清、日俄战争之间，这一形成期的时代背景——即向大陆帝国主义侵略初期——对此后东洋史学的展开，这一时期的日本学界对中国及周边的研究，不仅涉及到环绕中国东南西北各方，而且涉及到各个民族和区域的历史、宗教、语言、地理诸领域，几乎可以说是全面覆盖式的研究……

有极大的影响”[①]。这是相当正确的，不过我试图把东洋史学的“黎明期”稍稍扩大，把它放在1891—1915年，即整个晚清民初，即明治大正时期来讨论，因为完整地看这个日本与中国同样激荡的巨变时代，才能看到，这恰恰是日本政界有关“中国”论述的变化期，也是日本学界所谓“满（洲）、蒙（古）、回（疆）、（西）藏、（朝）鲜”之学兴起的关键时期，以此来对比同时代的中国学术史，日本有关“中国”和“周边”的学术史变化及其政治史背景，就特别值得深思。

众所周知，这一时期的日本学界对中国及周边的研究，不仅涉及到环绕中国东南西北各方，而且涉及到各个民族和区域的历史、宗教、语言、地理诸领域，几乎可以说是全面覆盖式的研究，简略地说：

（一）正如和田清所说，明治以前的日本除了荻生观、伴信友等少数人外，对于满洲历史和地理的研究相当薄弱，但是，从1894年即甲午战争那一年之后，日本军队参谋本部出版了《满洲地志》，稍后，在学界又出现了如田中萃一郎的《满洲国号考》（1903），足立栗园、平田骨仙的《满洲古今史》（1904）等等。在日本东洋学重要人物那珂通世、内藤湖南、白鸟库吉的推动下，“满洲史的研究逐渐有大踏步的进

---

① 中见立夫《日本の东洋史黎明期における史料への探求》，载《清朝と东アジア——神田信夫先生古稀纪念论集》（东京，山川出版社，1992），第98页。这个说法基本上是学界的共识，如小仓芳彦《日本における东洋史学の发达》，载《小仓芳彦著作集Ⅱ》（东京：论创社，2003），第225~232页。但这里我们用贺昌群的说法，贺昌群认为应当从1891年起到1915年，他把这一时期区分为（一）明治二十四年（1891）至三十年（1897），在这个时期，日本史独立、东洋史成立，中国与朝鲜、蒙古、西藏史“等量齐观”，（二）明治三十一年（1898）至大正四年（1915），则“如朝花怒发”，形成东西京两大相对之学风，满蒙西域南海之学，大为发达，远远超越了中国。见贺昌群《日本学术界之“支那学”研究》，原载1933年10月26日天津《大公报·图书副刊》第三期，收入《贺昌群文集》（北京：商务印书馆，2003）第一卷，第447页。

展，特别重要的是，由白鸟库吉博士设立的南满洲铁道株式会社的学术调查部”[①]。

（二）随着日本对朝鲜的渗透和侵略，在学术界，也出现了大量关于朝鲜的论著，自林泰辅的《朝鲜史》（1892）、《朝鲜近代史》（1901）之后，有坪井九马三、白鸟库吉、池内宏、今西龙、原田淑人、藤冢邻等的大量研究。1908年，白鸟库吉向满铁总裁后藤新平建议设立满鲜历史地理调查机构，而在后来学术界中极有影响的学者，如箭内亘、津田左右吉、池内宏等，也加入了对满洲和朝鲜历史地理的调查。

（三）正如杉山正明所指出的，由于日本对于“蒙古袭来”的深刻记忆，对于蒙古的关注由来已久，但真正现代的蒙古历史地理语言研究，却是从那珂通世、桑原骘藏、白鸟库吉开始的[②]。其中特别值得一提的是号称日本东洋史学开山的那珂氏。1902年，东京文求堂曾出版他翻译校定的洪钧《元史译文补正》，当他发现中国另有蒙古新史料后，便请文廷式和陈毅等代为搜寻，如《皇元圣武亲征记》、《黑鞑事略》、《双溪醉隐集》、《元秘史李注补》等等，特别是他通过京都的内藤湖南得到文廷式所赠《蒙古秘史》抄本，更经过三年艰辛的研究，1907年出版了著名的《成吉思汗实录》即《蒙古秘史》校定译注本十二卷，一举奠定日本对蒙古史的研究基础，也刺激了日本学界对蒙古考察和研究的风气。

① 和田清《东亚史研究（满洲篇）》（东京：东洋文库，1955）序文，第1页。

② 见杉山正明《モンゴル帝国と大元ゥルス》（京都：京都大学出版会，东洋史研究丛刊之六十五，2004）序章《世界史の时代と研究の展望》，第11页。

（四）对西藏的研究也始于这一时期，随着日本对于中国的新认识，学界和政界都意识到要对西藏有所了解，1901年日本政府的特务成田安辉曾经到达拉萨，收集了很多有关西藏的资料[①]，先一年即1900年，寺本婉雅（1872—1940）在北京担任翻译时，曾在黄寺和资福院发现藏文佛经，他诱使庆亲王和那桐把这两套藏文佛经赏给了他，这两套后来分别收藏于东京大学（先是藏于皇宫）和大谷大学的藏文佛经，在日本引起很大反响，1901年11月，《帝国东洋学会会报》第一号专门刊登报道，说"这一稀有经典，是寺本氏多年苦心的发现"。而就在1901年，除了成田安辉外，著名的河口慧海（1866—1945）到达拉萨，携回大量梵文、藏文文献，包括梵文、藏文《大藏经》以及诸多资料[②]，此后陆续在东京和大阪报纸上发表入藏见闻，激起了日本对于西藏的极大好奇，特别是1909年在印度和英国出版英文版 *Three Years in Tibet*，更"满足了处于'文明开化'、'富国强兵'时代日本人对于处于封闭状态的西藏的好奇，在社会上引起很大反响"[③]。他不仅为日本研究西藏收集了大量文献，而且培养了诸如池田澄达、阿部文雄等一批西藏研究学者，并从此在日本开创了对西藏历史和文化的研究[④]。

① 成田安辉曾经有给外务省的秘密报告，后来很晚大约在1970—1971年才出版《进藏日志》，载《山岳》（65—66），转引自高山龙三《河口慧海》，载江山波夫主编《东洋学の系谱（1）》（东京：大修馆书房，1992），第81页。

② 据说，包括佛像一百四十四件、佛画二百六十一件、佛具三百八十五件、经版二十八件等等。

③ 高山龙三《河口慧海》，载江山波夫主编《东洋学の系谱（1）》，第78页。

④ 参看秦永章《日本涉藏史——近代日本与中国西藏》（北京：中国藏学出版社，2005），第54～98页。

一方面受欧洲东方学的影响，明治大正之际的日本中国学家中，所谓「超越中国」的中国研究开始兴起，另一方面由于日本的崛起和所谓亚洲主义思潮的影响，日本学者的兴趣重心也明显从传统汉族中国转向所谓「满蒙回藏鲜」即中国周边的历史地理研究。

（五）日本的西域（回疆）研究，当然是在欧洲学者的刺激下形成的，不过在较早时期，一方面是带有古物掠夺性的“探险”，另一方面是军事与政治的“侦察”，这使他们很快采取措施深入新疆。1902年，大谷光瑞等沿着欧洲学者的路线，由西而东进入库车、和阗，后来又陆续两次进入新疆探险，此后曾在东京和京都出版《中亚探险》（东京，1912）和《西域考古图谱》（京都，1915），这才被称为“日本西域学的起点”。1905年，奉外务省的密令和军部的指示，樱井好孝到新疆一带旅游和考察，回到日本之后，则撰写了关于内蒙和新疆的详细报告[①]。而其他日本学者如前述白鸟库吉，以及羽田亨、桑原骘藏和藤田丰八等，很早就在欧洲学者的影响下，开始了类似欧洲东方学的西域研究。他们对于汉文西域历史与地理资料、新疆考古新发现、古代西域诸多语言文字的研究，使东西文化交流史与对古代中国西域的宗教、艺术和文化的认识，都有了很大进展。

回顾日本有关中国“周边”的学术史，我们会发现，一方面受欧洲东方学的影响，明治大正之际的日本中国学家中，所谓“超越中国”的中国研究开始兴起[②]，另一方面由于日本的崛起和所谓亚洲主义思潮的影响，日本学者的兴趣重心也明显从传统汉族中国转向所谓“满蒙

① 近来有人已经提到这一情节，详见王柯《日本侵华战争与“回教工作”》，《历史研究》（北京：中国社会科学杂志社）2009年第5期，第88页。

② 大体上说，1890年代以前，一般日本教育领域对中国史的介绍是用《十八史略》，而高等教育领域的中国历史则是作为“汉学”的一部分，囿于中国汉文文献范围之中，不仅资料未能超越汉文文献，空间未能拓展至传统中国之外。但是，这种情况随着明治维新之后的日本转型，在渐渐发生变化，而变化最剧烈的，就是甲午战争之后。

回藏鲜”即中国周边的历史地理研究。与此同时，尽管中国从19世纪起也逐渐对西北史地之学、蒙古历史语言之学发生过关注，获得丰硕成就，并且促使中国传统考据学向国际近代历史学初步转向。但是，真正对于中国“周边”的近代性历史地理研究，却是稍后在欧洲和日本的东方学（或东洋学），即所谓“西域南海之学”或“满蒙回藏鲜学”的刺激下，才较明显地发展起来的①。

如果仔细观察和对比日本东洋学界对“满蒙回藏鲜”的兴趣，和中国学界对“四裔之学”（或如傅斯年所谓“虏学”）的态度，我们可以看到那个时代背景下，两国政治处境的巨大差异和两国学界不同的历史意识。

二　与欧洲争胜：日本历史学家对中国周边的研究动机之一

在日本的东洋史学领域，那珂通世（1851—1908）的影响很深，他对于蒙元史和满鲜史的兴趣，影响了他对中国历史的描述，特别影响到他对“中国”历史的新观念，即“中国”应当放置在“东洋”中研究的观念②。据榎一雄追忆，大概在明治二十七、二十八年间（1894—

① 如王国维因为译伯希和《近日东方古语言学及史学上之发明与其结论》，了解到西洋学术的进步，读藤田丰八《中国古代对棉花棉布的知识》，而了解东洋学者的研究，见《观堂书札》致罗振玉第九十六、第一一七。陈垣受伯希和、王国维的启发，作《火祆教入中国考》、《摩尼教入中国考》及《摩尼教残经》一、二，见《北京大学国学季刊》第一卷第一号，第二号，第三号，1923年1月，4月，7月。

② 他的这一学术取向，虽然也受到中国方面的启发，如他从陈毅和文廷式那里了解到中国对于蒙元史料的发现和研究，但主要还是来自欧洲东方学的刺激和日本国权论的影响，参看《宫崎市定自跋集》（东京：岩波书店，1996），第22页。

1895），也就是甲午战争爆发与马关条约签订的那两年，这种观念在那珂通世那里就已经明确[①]。而他的这一思路，不仅确立了日本东洋史学在大学中的学科地位，而且深刻地影响到后来的日本东洋学界（如被称为日本现代史学开创者之一的白鸟库吉）。其后，如明治三十年（1897）出版的市村瓒次郎《东洋史要》，就特意把原名中的“支那”改成“东洋”，据说，这是“顺应了当时学界和教育界的趋势”[②]。什么“趋势”呢？据田中正美说，就是明治二十年代以来，特别是在甲午战争后，日本民族自信强化的背景下，“日本自觉地意识到自己作为亚洲民族，代表了与西洋文明相对的东洋文明”的趋势[③]。稍后，大正年间出版的桑原骘藏《中等东洋史》更在《总论》中论述把历史叙述的范围扩大到东亚、南亚和西亚的意义。“这是以前没有的新学问”，用宫崎市定的话说，这一方面破除以中国为中心的历史叙述，“要解明东洋包含的所有民族的命运”，另一方面破除以中国为中心的文化观念，“取东洋各民族完全没有差别地平等的立场”。这促使日本学术界在制度上和观念上，都形成了取代“中国史”的“东洋史”，而东洋史与中国史相当不同的一点，就是注意满、蒙、回、藏、鲜，尤其是关注“西域”[④]。

我们看到，这一时期无论东京还是京都，相当多的日本学者具

① 参看吉川幸次郎编《东洋学の创始者たち》（东京：讲谈社，1976），第22~23页。

② 市村瓒次郎本人也曾经在1901年到北京对东大库进行调查，特别发现了“朝鲜及西番诸国的国书”、“西藏尼泊尔等西番的文献”以及“崇德七年朝鲜事件的文书”等等。

③ 江上波夫编《东洋学の系谱（1）》，第29~30页。

④ 《宫崎市定自跋集》，第24页。

有这种研究兴趣和趋向。其中，奠定日本明治时代东洋学的两个重要人物、日本亚洲研究的两大主要推手中，一个是东京帝国大学的白鸟库吉（1865—1942），他就很自觉地要把中国研究扩大到周边，并立志在这一方面“振兴我国之东洋学，使之达到甚至超过世界水准”[①]。他本人关于突厥、乌孙、匈奴、粟特、康居以及朝鲜的研究都赢得了欧洲学界相当高的评价[②]，而且还在后藤新平的满铁支持下，成立了“满鲜历史地理调查部”，编辑了“白山黑水文库”。而另一个是京都帝国大学的内藤湖南（1866—1934），他也对满洲、蒙古和朝鲜下了很大功夫，曾经搜集了蒙文版《蒙古源流》、在沈阳拍摄了四千余张满文老档的照片，并以此编辑了《满蒙丛书》。除了白鸟库吉和内藤湖南之外，明治、大正、昭和时期陆续出现了著名的藤田丰八（1869—1928）、桑原骘藏（1871—1931）、箭内亘（1875—1926）、池内宏（1878—1953）、羽田亨（1882—1955）以及稍晚的石浜纯太郎（1888—1968）、和田清（1890—1963）、神田喜一郎（1899—1984）、宫崎市定（1901—1995）等等，他们对于蒙古、朝鲜、安南、西域、西

① 羽田亨在《白鸟库吉の思出》，见《东洋史研究》（京都：京都大学，1942）第七卷第二、三号，第83页。白鸟库吉在若干年后写的《满鲜史研究の三十年》中就说到，“为了不输给欧美学者，我们建立了规模很大的东洋历史学会，与实业家、政治家携手，提倡根本的东洋研究的必要性，特别是当时欧美人在东洋研究方面，多在中国、蒙古、中亚，确实其中有非常权威的成就，但是，在满洲和朝鲜研究上，却尚有未开拓处，因此，我们日本人必须要在欧洲人没有进入的满洲、朝鲜的历史地理方面，有自己的成果”。转引自松村润《白鸟库吉》，载江上波夫编《东洋学の系谱（1）》，第45～46页。

② 如1900年他在《史学杂志》（东京）第十一卷第四号上发表的《支那北部に据った古民族の种类に就いて》，全面考证了从月氏、匈奴、东胡起，到鲜卑、乌丸、蠕蠕、契丹、高车、回鹘、黠戛斯、勿吉、室韦、女真等二十多个异族，引起很大的反响。

这是当年日本的学术潮流，这一潮流自有其学术史的特殊背景。从学术史的角度看，所谓日本这一学术趋向的现代性意味是很清晰的。

藏等等史地领域，都有相当多的研究，显示了当时日本中国学的新潮流。这使得日本学者对于进入世界学术潮流相当自信，他们甚至觉得，日本人比中国人懂得西洋新方法，又比西洋人更善于阅读东洋文献，所以，日本才应当是"东洋学"的前沿。这使得中国学者尽管不服气，却也不得不承认，"对于中国正统史事之研究，吾人当可上下其是非得失，相与周旋，至于西域、南海、考古美术之史的研究，则吾人相去远矣"①。

这是当年日本的学术潮流，这一潮流自有其学术史的特殊背景。从学术史的角度看，所谓日本这一学术趋向的现代性意味是很清晰的。日本学界向来有一种观念，日本人理应比欧洲人更应当掌握解释中国的主导权，他们承认，只是近代以来，在西域南海这些区域，由于文化、宗教、风俗上的距离遥远，以及工具、资料和方法上的差异，欧洲人比日本人早了一步，这使得在理解"中国"上日本落后于欧洲②。有一个故事很有象征性，据说桑原骘藏曾经从别人那里听说，法国学者沙畹不仅阅读过《悟空行记》，而且在1895年就对这个唐代就到西域天竺达数十

① 贺昌群《日本学术界之"支那学"研究》，《贺昌群文集》第一卷，第447页。

② 日本学界受到欧美东方学影响，这是不言而喻的。比如，桑原骘藏在《支那学研究者の任务》一文中，作为学习的典范，他就列举了一些西洋中国学家，如美国的Rockhill（研究西藏和蒙古佛教、文化、地理及研究《诸蕃志》、《岛夷志略》等有关南海交通文献）、英国的Phillips（研究荷兰占领时期的台湾史及明代中国与南洋交通）、Wylie（精通蒙古文、梵文、满文，研究传教士对中国的影响）、Legge（研究和翻译中国经典）、俄国的Bretschneider（研究蒙古时代），并且检讨"我国（日本）最大的失误，在于我国的支那学研究，还没有充分使用科学的方法，甚至可以质疑的是，也许还在无视这些科学的方法，然而，科学的方法并不只是西洋学问应当应用，毫无疑问，日本的支那学研究也是应当依据的"。《桑原骘藏全集》（东京：岩波书店，1968）第一卷，第591~594页。

把「中国学」变成「东洋学」，即把领域逐渐从汉族中国，扩大到中国的周边，并有意识地把它作为与「西洋」相对的历史空间来研究……

年的佛教僧人旅行记作过很好的译注和考证，而日本学者包括他，却连“悟空”这个名字都没有听说过，因此大受震惊和刺激，觉得必须迎头赶上，和西人一较高下。因此，他们要努力通过和西方学术一致的工具、资料和方法，从事西方学界感兴趣的领域、课题和问题，使用和西方科学相同或相似的，被标榜为“中立”的所谓客观主义立场，来促进日本“东洋学”的形成。而在研究的空间视野上，他们也极力效仿欧洲来自传教士和人类学家的汉学传统，把“中国学”变成“东洋学”[①]，即把领域逐渐从汉族中国，扩大到中国的周边，并有意识地把它作为与“西洋”相对的历史空间来研究，一方面建立一个在历史、文化、民族上，可以和“西洋”并立，叫做“东洋”的历史论述空间，一方面又把日本从这个“东洋”里抽离出来，成为有两个“他者”的“本国”。

所以，当那珂通世提出在日本“本国史”之外，分设“西洋史”和“东洋史”的时候，日本东洋学界，就逐渐把“东洋史”从“中国”扩大到“周边”，“中止了日本历来仅仅以中国史为中心的偏狭，而必须包括东洋诸国、东洋诸民族的历史”[②]。在明治大正时期，日本各种如《东洋哲学》等刊物的学术关注，白鸟库吉等学者的学术训练，和各个学者多选择以满、蒙、回、藏为主的学术课题，都显示了这种追求现代

① 在讨论白鸟库吉的史学趋向时，桑田六郎、植村清二、石田干之助曾说到白鸟库吉的理念“不是中国史，而是东洋史”，参看前引吉川幸次郎编《东洋学の创始者たち》，第22页。而中岛敏在讨论市村瓒次郎的时候，也特意讲到他在明治三十年（1897）出版的《东洋史要》两卷，是从“中国史到东洋史”，见江上波夫编《东洋学の系谱（1）》，第28页，第31页。

② 江上波夫编《东洋学の系谱（1）》，第3页。

从政治史的角度看，这一学术转向背后却隐藏了很深的背景。

性、融入国际潮流的趋向[①]。

三　清国非国论：满蒙回藏鲜学在日本兴起的历史背景和政治意味

然而，从政治史的角度看，这一学术转向背后却隐藏了很深的背景。明治以来，“国权扩张论”逐渐膨胀，日本民族主义以所谓“亚细亚主义”的表象出现，特别是在1894年甲午战争中击败清国之后，日本对于这个过去在亚洲最大的对手，重新采取一种俯视的眼光来观察，对于中国以及周边的领土要求也越来越强烈[②]。中野正刚（耕堂）曾经明确地以《大国、大国民、大人物——满蒙放弃论を排す》为题，以传统中国的历史兴衰来论证日本争霸与扩张的必要性，他说中国变弱始于秦始皇筑长城自保，他认为“我国乘新兴机运，渐有台湾、并朝鲜，向满洲与蒙古发展的曙光出现，若于朝鲜国境筑长城，守四方，弱士气，这岂非亡国之兆？”[③]其中最有影响的，就是不再把过去的清国即“中华帝国”看成是庞大的“一个”，而是借用欧洲流行的“民族国家”新观念，把过去所谓的“中国”解释成不同的王朝，这些王朝只

① 这一潮流的参与者羽田亨曾经总结说，这一时期日本东洋学的进步，表现在（一）东方新的考古资料与诸文献的研究（如阙特勤碑）、（二）古代语文的发现（如回鹘文、吐火罗文、西夏文）、（三）西域各国的人种的研究、（四）各种非汉族宗教文献的新发现（如摩尼教经典）、（五）粟特文化对东方的影响、（六）回鹘文化的东渐。显然，这些新研究远远超越了传统“汉族中国”。羽田亨《挽近における东洋史学の进步》，原载《史林》（1918年）第三卷第一、二号，后收入羽田亨《羽田博士史学论文集》（京都：同朋舍，1957，1975），第635～653页。

② 参看市古宙三《近代日本の大陆发展》（东京：萤雪书院，1941）自序，第1页。

③ 中野正刚《我が观たる满鲜》（东京：政教社，1915），第335页。

是一个传统的帝国，而实际的“中国”只应该是汉族为主体，居住在长城以南、藏疆以东的一个国家，而中国周边的各个民族应当是文化、政治、民族都不同的共同体，所谓“满（洲）、蒙（古）、回（疆）、（西）藏、（朝）鲜”，都只是中国之外的“周边”[①]。

这种思想潮流，在当时的日本相当流行，并在当时形成一方面以日本为亚洲拯救者，试图扩张日本空间，另一方面试图强化中国对外力量，但同时使中国限制在长城以南汉族区域的思想，比如当时得到近卫笃麿支持的东亚会和同文会，就以“文明论”即优胜劣汰论述日本在亚洲的主导权，又以“人种论”讨论中国和日本的唇齿关系[②]，这使得日本文化界形成了应该以日本为“盟主”拯救东亚的野心，也形成了中国应当强化中央而放弃四裔的想法。日本近代思想的奠基者福泽谕吉，在明治三十一年（1898）曾发表过一篇《十四年前の支那分割论》的文章，文中回忆自己在1884年曾经指出，中国被列强分割的危险迫在眉睫，似乎不可避免，因此，已经现代化了的日本，为了自身安全要采取措施，参与分割的竞争[③]。这种想法在明治大正间相当流行，如1912年中岛端发表的《支那分割の运命》，1917年酒卷贞一郎发表的

① 例如和田清在《支那及び支那人とぃう语の本义につぃて》（1942年1月与2月）中就认为“蒙古、满洲、西藏在过去，与中国并非一国，人种不同，语言不同，文字和宗教也不同，风俗习惯也不同，历史和传统更是有差异，这从满洲兴起的大清帝国统一才归到一起，没有理由把这些一样地说成是‘支那’或‘支那人’，这无需论证，不言自明”。见氏著《东亚史论薮》（东京：生活社，1942），第202～203页。

② 参看酒田正敏《近代日本にぉける对外硬运动の研究》（东京：东京大学出版会，1978），第113页；坂野润治《东洋盟主论と脱亚入欧论——明治中期アジア进出论の二类型》，载佐藤诚三郎等编《近代日本の对外态度》（东京：东京大学出版会，1974），第39页。

③ 《福泽谕吉全集》第十六卷，第204～207页。

这种民族主义甚至是帝国主义的政治背景，恰恰激活了学术领域的研究兴趣，而这一学术领域的研究取向，又逐渐变成一种重新理解中国的普遍观念。

《支那分割论》，都认为中国既不能逃脱专制的宿命，又无法避免被分割的前景。而著名的东洋史学家内藤湖南在1914年发表的著名文章《支那论》中，虽然极力反驳这一说法，但也认为中国的领土问题，要从政治实力角度考虑，如今应当缩小，所谓五族共和云云，只是空想的议论，不应成为支配的想法，考虑到实际力量，宁可一时失去领土，达到内部的统一[①]。这种思潮正如日本学者所说，是“在日清战争爆发的刺激后（日本）国民对亚洲大陆越来越关心的背景下形成的，也是在日本作为近代国家急剧上升的明治二十年代，日本作为亚洲民族的自觉日益高涨，面对西洋文化，出现主张独特的东洋文化的背景下形成的”[②]。这使得他们对满洲、蒙古、回疆、西藏、朝鲜都产生了“有如国土”的感觉，可是，正是这种民族主义甚至是帝国主义的政治背景，恰恰激活了学术领域的研究兴趣，而这一学术领域的研究取向，又逐渐变成一种重新理解中国的普遍观念[③]。

这种学术与政治的互相纠缠，在当时的日本相当普遍。举一个典型的事例。1908年，在满铁总裁后藤新平的支持下，白鸟库吉终于建立了“满鲜历史地理调查部”，这个机构不仅收集了大量有关满洲和

① 参看子安宣邦《日本近代思想批判——国知の成立》（东京：岩波书店，2003）第Ⅱ部《他者への视线》第一章第一节《湖南と〈支那论〉》，第108页。

② 江上波夫编《东洋学の系谱（1）》，第3页。

③ 桑原骘藏在《从东洋史看明治时代的发展》（1913）一文中，曾经以“朝鲜合并”、“东亚称霸”、“世界一等国家”、“文化的输出”、“亚洲人的觉醒”为标题回忆日本的崛起，传达了当时日本学界的一种普遍兴奋。见桑原骘藏《东洋史上より观たる明治时代の发展》，《桑原骘藏全集》第一卷，第551~563页。和田清也在《我国满蒙史研究的发展》（1932）一文中说，对中国周边研究的契机，恰恰就是在日本逐渐强盛，清国对周边的权威衰落，外敌压迫加剧的背景下出现的。和田清《我が国に於ける满蒙史研究の发达》，氏著《东亚史论薮》，第241~268页。

朝鲜的文献，建立了“白山黑水文库”，陆续出版了《满洲历史地理》（包括德文版）、《朝鲜历史地理》，而且培养了一批著名学者，如稻叶岩吉、箭内亘、池内宏、津田左右吉、松井等、和田清、濑野马熊等人，影响了整个日本东洋学界的风气。但是这一看上去是东洋史学界的事情，背后却有政治思考在内，白鸟库吉在《满洲历史地理》第一卷的序文中就坦率地说，“回顾六七年前，当收拾日俄战争的残局，经营南满之经济，保护和开发朝鲜的重任历史地落在日本国民身上时，我曾经倡说在学术上对于满鲜的研究，乃是学界急务”。为什么呢？他认为，一是因为满洲和朝鲜与日本有密切的关联性，二是满鲜如今渐渐从中国笼罩的铁幕下向日本开放。正是出于这样的动机，他推动了日本学界对满洲、朝鲜和蒙古的研究，正如后藤新平说的，“必须明白日本人对东洋的特殊使命……历史传统习惯的调查，对于殖民政策是非常重要的，这一点必须有清醒的认识”[①]。而在1915年出版的《满蒙研究汇报》第一号的“发刊辞”中，白鸟库吉更清楚地说，满蒙研究绝不是一个纯粹的学术领域，“满蒙对我（日本）而言，一为北门之锁匙，一为东洋和平之保障，今满洲蒙古为（日本通向）欧亚联络之最捷径，处于未来东西文明接触圈内，我国国民岂可轻忽视之？况我于满洲投入战费二十亿，人员牺牲则在五六万以上”[②]。

① 鹤见祐辅曾经认为，后藤新平对与满鲜历史地理调查视野的贡献，使“日本民族进入其发祥地满蒙及西伯利亚深处”，将在五十年、一百年后才能正确评价和认识到其在文化史上的重要地位。鹤见祐辅著，一海知义校订《后藤新平》（东京：藤原书店，2005）第四卷《满铁时代》，第343页，第336~337页。

② 《满蒙研究汇报》第一号（大正四年十一月一日），第1页。

这种夹杂了学术与政治两方意图的历史研究，在二战前后继续发展并在日本历史学界形成帝国主义性质的战略资源和论述话题……

顺便指出，这种夹杂了学术与政治两方意图的历史研究，在二战前后继续发展并在日本历史学界形成帝国主义性质的战略资源和论述话题，其中最有代表性的，是满鲜历史地理调查部编纂的十余册《满鲜历史地理报告》，在1931年九一八事件发生之后，迅速洛阳纸贵，由于日本对中国东北的野心和兴趣，这些报告书的价格居然暴涨到令人咋舌的“百金”，成了军方和政界都需要的“情报”，这当然是后话了。

四　边界还是周边：如何从历史与现实中界定中国

那么，这一时期的中国学界的情况又如何呢？

和明治大正时期的日本学界一样，随着清中叶帝国边界的最终形成，以及清中后期列强对中国边疆的觊觎，所谓“四裔之学”特别是西北史地之学也逐渐兴起。通过平定三藩（1636—1681）、准噶尔（1681—1760）和大小金川（1747—1776），通过建立满藏佛教信仰共同性维系西藏，通过满蒙联姻对蒙古怀柔，在清代中叶已经基本形成疆域广阔的帝国版图①。由于西部疆域的拓展与西北边界的始终

① 关于清帝国的疆域问题，参看拉铁摩尔（Owen Lattimore）的《中国的亚洲内陆边疆》（唐晓峰等中译本，南京：江苏人民出版社，2005）。近来，由于“新清史”等研究风气的兴起，欧美学者特别关注这一问题，如柯娇燕（Pamela Kyle Crossley）、萧凤霞（Helen F.Siu）、苏堂棣（Donald S.Sutton）等编的《在边缘的帝国：前近代中国的文化、族群和国境》（*Empire at the Margins: Culture, Ethnicity and Frontier in Early Modern China*, University of California Press, 2006）；拉瑞（Diana Lary）编的《边陲的帝国》（*The Chinese State at the Borders*, University of British Columbia Press, 2007）等等，均开始围绕清帝国与边疆问题进行讨论。

十九世纪中叶之后，这一既超越内地十八省空间，也超越三皇五帝、汉唐宋明的王朝史的「绝学」，一方面作为「考据之学」的自然延续，另一方面作为「实用之学」的应时兴起，逐渐成为学术新潮流。

动荡，不断有军事行动，频频有外交交涉，这一现实背景曾经刺激了学者们对西北地理、民族和历史的关注，因为仅仅靠《史记·大宛列传》、《汉书·西域传》和《汉书·地理志》的那点记载，凭“邹衍荒唐之论，山海传闻之说”的那些记忆和想象来面对现实与危机，是远远不够的了。因此，19世纪中叶之后，这一既超越内地十八省空间，也超越三皇五帝、汉唐宋明的王朝史的“绝学”，一方面作为“考据之学”的自然延续，另一方面作为“实用之学”的应时兴起，逐渐成为学术新潮流。特别是，当他们开始接触域外的文献资料与考察发现，这种学术趋向就激起了传统学术的嬗变[①]。

在那个时代，一些敏感的学者们开始参与到西北地理、辽金蒙元史、域外文献的译读、中亚各种宗教研究等国际性的课题中。就连后来对满蒙回藏研究很深的日本学界，在明治时代起步时，都不得不借重中国人如张穆、何秋涛、李文田的著作。王国维所谓“道、咸之学新”的“新”，就是指这个时代学者逐渐进入乾嘉诸老所不曾涉及的新领域，他所说的“言经者及今文”，“考史者兼辽金元”，“治地理者逮四裔”，后两条即与“西域”相关[②]。从此，这个新领域的关注空间已经不仅仅是传统的“汉族中国”，而更重要的在于所谓的“西域”研究了[③]。

① 参看下一章《从“西域”到“东海”》第一部分的介绍。

② 《沈乙庵先生七十寿序》，《观堂集林》（上海书店影印本《民国丛书》第四编第93种）卷二十三，第26~28页。

③ 参看下一章《从“西域”到“东海”》。

在心中尚无"外患"焦虑的时代，这些四裔之地或许还如齐召南所说，"驭鹿使犬之部，烛龙冰鼠之乡，衣鱼种羊驱象驯狮之国"，只是"理藩院统辖"之事[①]。但是，在现实中出现"边界"争端的时候，这些国家、民族和领土问题便会成为焦点。特别是在列强环伺、国将不国的情势之下，"边疆"本来就应当是政界和学界共同的焦虑。经历了1840年代鸦片战争中国被迫开关，1870年代琉球被强行整编到日本、沙俄强占伊犁，1890年代英俄进入帕米尔地区，更加上甲午海战后朝鲜和台湾被日本占领，如何界定"领土"和"边界"已经是晚清不言而喻的关心焦点。

其实，早在19世纪中叶的龚自珍《西域置行省议》中，这种对外的焦虑就已经开始呈现[②]，而魏源为贺长龄编《皇朝经世文编》"兵政"一目中，也特别设"塞防"和"海防"，不仅考虑了"东南边海"的防备，也考虑了西北边疆的控制，已经有了近代国家的"边疆"之意[③]。到晚清，这种"国家"和"边疆"的焦虑已经越来越明显，郭嵩焘曾指出，由于魏源在撰《海国图志》时没有看到这些新的国际变化，只是"以禁烟之故，所忌者英吉利"，所以，忽略了朝鲜、琉球、回部，如果现在再写《海国图志》，俄、日成为大患，西北回疆和东边琉球、朝鲜就

① 齐召南《一统志外藩蒙古属国书总序》，引自谭其骧主编《清人文集·地理类汇编》（杭州：浙江人民出版社，1986）第一册，第277页。

② 见《清经世文编》（北京：中华书局影印本，1992）卷八一《兵政一二》，第1993~1996页。

③ 《清经世文编》卷八〇《兵政一一》"塞防"卷首，即魏源所撰的《答人问西北边域书》，文中讨论了蒙古、回疆、卫藏等地，"大清国之北境，东起鸭绿江黑龙江，逾两蒙古，西迄准部，袤二万余里，皆接俄罗斯界"，第1962页；参看《魏源集》（北京：中华书局，1976）上册《明代食兵二政录叙》，第163页。

大清帝国现实的领土拓展原本应当使历史地理研究空间拓展到「四裔」，但传统中国延续的历史意识却始终把关注视野聚焦在「中土」。

“尤为大势所必争”，就更应当注意研究，写入书中了[①]。晚清以来一系列有关边疆的外交争端，都曾经刺激过四裔史地之学[②]，汪之昌曾经以姚莹的《康辎纪行》为例指出，姚莹的撰述动机其实也与国家的边疆有关：

> （姚氏）述经历之险夷，识耳目所闻见，夫岂告劳苦，侈博异之所为？论乍雅而兼考西藏，因西藏而并及回疆，盖西藏、回疆二地，为中国边徼，自英夷规据印度，与我西藏逼处，回疆之杜尔伯特若塔尔巴哈台等处，又与俄夷接壤矣。[③]

但是，令人不解的是，从事后学术史的角度来看，这种四裔史地之学并没有与国际学术互相融汇与沟通，成为当时中国的新学术潮流，更没有像日本“满蒙回藏鲜”之学那样，被整编到晚清的政治背景之中，与当时的民族国家重建的大势相呼应。放大了说，即大清帝国现实的领土拓展原本应当使历史地理研究空间拓展到“四裔”，但传统中国延续的历史意识却始终把关注视野聚焦在“中土”。为什么？这

① 郭嵩焘《书海国图志后》，谭其骧主编《清人文集·地理类汇编》第七册，第494页。

② 如所谓伊犁问题、帕米尔谈判、间岛争端。曾纪泽对中西舆地图所载伊犁与西北地理的研究，有助于清政府与俄国谈判中，使伊犁南境一带“全数来归”；俄德荷奥公使许景澄、驻法参赞庆常留意西北边疆地理，也帮助了清政府与英国讨论帕米尔地区的主权；陈昭常、吴禄贞对东北的地理勘察与历史研究，以及对朝鲜承文院文献的调查，也帮助清政府在1909年与日本签订《图门江们韩界务条款》（即“间岛协约”）。参看郭双林《西潮激荡下的晚清地理学》（北京：北京大学出版社，1999）第三章《晚清地理学研究与民族救亡》，第161～171页。

③ 汪之昌《书姚莹康辎纪行后》，谭其骧主编《清人文集·地理类汇编》第六册，第1061页。

历史中国的叙述中是否应当包括周边广大区域？现实中国的政治版图中，是否可以合法地涵括这些民族和疆土？这既是政治领域的大问题，也是学术世界的大课题。

里的原因相当复杂，如果容许我简单地归纳，可能有两方面原因：一方面，也许是由于清廷上下在巨大危机下自顾不暇，学术史上的这一潮流在晚清民初并没有特别被政治家重视，成为重建中国的学术资源；另一方面，那种似乎只是为谈判服务的史地之学与国家边界外交的关联太直接，没有接受国际学术界的语言、考古与民俗调查等等新方法，发展为学术界的新趋向，因此，它始终是在少数学界精英中作为"绝域与绝学"，在小范围作为"博学"而流传①。

毫无疑问，历史研究本来就会涉及国家、民族与四裔，在那个时代的中国学术界，无论是康有为、梁启超还是章太炎、王国维，都曾注意到"国家"、"领土"与"历史"的问题。道理很简单，当大清帝国那个"无边帝国"或"天朝大国"的想象，在西洋和东洋列强的威胁和打击下破灭之后，人们会开始注意到一个拥有清晰边境和自主主权的"国家"的意义②。历史中国的叙述中是否应当包括周边广大区域？现实中国的政治版图中，是否可以合法地涵括这些民族和疆土？这既是政治领域的大问题，也是学术世界的大课题。可是，晚清以来上至当局宰辅下至士大夫学者，对"中国"历史和"国家"边界的认知都歧见纷纭。由于"海防西征，力难兼顾"，官僚集团中对朝廷应当经营西域还是经营海防就意见对立，李鸿章希望专力海防，觉得塞防撤回并不

① 参看郭丽萍《绝域与绝学》（北京：三联书店，2007）一书的描述，此处用她的书名。

② 如梁启超《西疆建置沿革考序》说到"帕米尔千余里之地拱手让之俄人"，是应当归咎于"吾国士夫暗于西北地理，故外交之间失败至此"。原载《饮冰室文集》卷五六，引自谭其骧主编《清人文集·地理类汇编》第三册，第537页。

晚清学界由于「国家」与「民族」认识分歧，也分为以大清帝国疆域为现代中国和以长城以南汉族中国为现代中国的两路……

可惜，左宗棠则极力反对，觉得祖宗基业不可轻言放弃[①]。而晚清学界由于"国家"与"民族"认识分歧，也分为以大清帝国疆域为现代中国和以长城以南汉族中国为现代中国的两路：有人延续着大清的帝国空间的政治观念，觉得清朝"开辟蒙古、新疆、西藏、东三省之大中国，二百年一体相安之政府"，毕竟是一个巨大的成就[②]，他们试图把原来庞大的帝国人口与空间纳入一个现代国家之中。而有人则受到清王朝压力下滋生的反满情绪和欧洲近代民族国家观念的影响，只承认汉族所居的"十八行省"为"中国"，"中国历史者，汉人之历史也"，宣称"西藏、回部、蒙古三荒服，则任其去来也"，甚至觉得对于中国来说，满洲还不如日本近，"日亲满疏"[③]。在后来真正成为现代中国的实际缔造者那里，甚至觉得为了革命成功，可以把满、蒙之地统统送给日本，"中国建国在长城之内"[④]。

或许现实的政治事大，而周边的学术事小，或许现实危机太深，

① 李鸿章曾经建议放弃乾隆以来的成法放弃西北而经营东南，试图通过招抚回疆豪强，许以自治，来抵抗英国俄国的渗透，强化东南的海防；而左宗棠则强调维持祖宗成法，为对抗俄国等列强而在新疆以传统郡县方式建省，通过中央对西北的控制抵制列强的领土欲望。这些政治策略的制定者，似乎都没有充分考虑历史、民族与地理的学术研究，因而也没有激活四裔史地之学成为主流。参看茂木敏夫《清末における"中国"の创出と日本》，载《中国—社会と文化》（东京：中国社会文化学会，1995）第四号，第258~259页。

② 参看康有为《辩革命书》，载汤志钧编《康有为政论集》（北京：中华书局，1981）上册，第487页。梁启超的现代中国民族国家观念，也基本上是这一路子，认为未来中国应当包括所有帝国疆域内的不同种族。

③ 参看章太炎《中华民国解》和《正仇满论》，分别载于《民报》第15号（1907年7月）和《国民报》第4期，转引自《辛亥革命前十年间史论选集》第一卷，上册，第98~99页，以及陶成章《中国民族权力消长论》（1904），载汤志钧编《陶成章集》（北京：中华书局，1986），第212页。

④ 参看杨天石《孙中山与"租让满洲"问题》，载其《寻求历史的谜底》（北京：首都师范大学出版社，1993），第273页。

根本顾不得四裔的历史和地理。处于手忙脚乱中的大清帝国，上自皇帝中至大臣下至学者乃至反抗者，始终缺乏从历史、文化、语言和种族的学术角度，去论证有关未来的“国家”和“边界”合法性的自觉意识，更没有自觉地把自己的学术放置在社会主流的聚焦点上。一直要到1930年代日本侵略的野心和行动日益明显，让中国政界和学界再次感到极大震撼，人们才开始意识到，在“四裔之学”中原来有如此深刻的背景和如此巨大的意义[①]。

这里再提一下前面曾说到的一段后事。在1931年的九一八事变后，日本关于“满洲”的研究兴趣大大高涨，正是在这个时候，傅斯年专门写了一部《东北史纲》。尽管傅斯年以提倡“史学即史料学”这种现代学术的观念著称，也与日本学者一样相当关注“虏学”即所谓“四裔”的研究，但是在这部书中，他却专门驳斥日本学者“满蒙非中国论”（如白鸟库吉、箭内亘、中山久太郎、矢野仁一等），尤其是反驳矢野1931年发表在《外交时报》的《满蒙藏は支那の领土に非る论》，他坚持用“东北”而不用“满洲”，认为这是“专图侵略或瓜分中国而造之名词，毫无民族的、地理的、政治的、经济的根据”[②]。而当时与傅斯年已渐生嫌隙的顾颉刚，1934年也同样在《禹贡·发刊词》上郑重指出，这份关注地理的杂志，是有现实关怀的，特别是“我们的东邻蓄意侵略我们，造了‘本部’一名来称呼我们的十八省，暗示我们边陲之地不是原有的，我们这

① 1915年即民国四年，曾经成立“全国经界局筹备处”，由蔡锷为局长，并“设所编辑、分译东西图籍，详溯中国经界源流”，转引自《蔡松坡先生集》附录《蔡松坡年谱》。

② 见《东北史纲》（北平：中研院历史语言研究所，1932），第3页。

研究「周边」或所谓「虏学」，把传统中国研究的视野扩大到周边，了解「异族殊文」的历史、文化和地理，不仅是对现代学术的追求，而且是在重新书写和确认一个统一的「中国」。

群傻子居然承受了他们的麻醉”[①]。很显然，不仅讨论“东北”或者“满洲”，包括讨论“边陲”西藏、新疆以及蒙古和朝鲜，中国和日本学者的思考立场和研究策略往往大相径庭，这无疑告诉我们文史研究尤其是历史研究，不得不面对各自不同的学术策略与思想立场问题。正如我曾说的，“传统文史的研究并不完全是一种‘无国界’的普遍性科学，现代学术的转型与民族国家重新界定始终同步，文史研究不是在破坏一种认同、一种观念、一种想象，就是在建构一种认同、一种观念、一种想象，特别是当你研究的是一个关于民族和文化的传统的时候，尤其如此”[②]。同样，日本学界关于“满蒙回藏鲜”的研究热情，在学术史上是一种对现代学术的追求，在政治史上却是一种重新建构“东亚新秩序”和“东亚新世界”的基础，而在晚清民初中国学术史中，我们并没有看到这样明确的学术追求与政治倾向。可是事后反省的话，我们可以发现，研究“周边”或所谓“虏学”，把传统中国研究的视野扩大到周边，了解“异族殊文”的历史、文化和地理，不仅是对现代学术的追求，而且是在重新书写和确认一个统一的“中国”。

---

① 见《禹贡》第一期卷首。据葛剑雄说，这篇发刊词是谭其骧所写，由顾颉刚修改的。参见《悠悠长水——谭其骧前传》（上海：华东师范大学出版社，1997），第69页。

② 参看本书《结论　预流、立场与方法》。又，丁文江《中央研究院的使命》曾经这样阐发文史研究的意义，“中国的不容易统一，最大的原因是我们没有公共的信仰，这种信仰的基础，是要建筑在我们对于自己的认识上，历史与考古是研究我们民族的过去，语言人种及其他的社会科学是研究我们民族的现在，把我们民族的过去与现在都研究明白了，我们方能够认识自己”。文载《东方杂志》（上海）第三十二卷第二号（1935年1月16日）。

第八章　从“西域”到“东海”

——一个新历史世界的形成、方法及问题

引言　文明交错的空间：地中海、西域与东海

1949年，布罗代尔（Fernand Braudel，1902—1985）出版了他的名著《地中海与菲利普二世时期的地中海世界》，这部书讨论的是1551年至1589年时期的地中海，这部书成为历史学的名著，非常有影响。布罗代尔为什么要以“地中海”为一个历史空间？人们为什么会关注16世纪的地中海？这是因为地中海是一个种族、宗教、政治异常复杂的地域，埃及人、亚述人、波斯人、希腊人、罗马人的交织，犹太教、基督教、伊斯兰教的冲突，很长的历史时间里，由于海路作为交通渠道，使得环地中海形成了有关联的“历史世界”。在布罗代尔研究的那段时间里，包括土耳其和西班牙两大帝国以及其他一些民族、宗教与文化，就是在这个舞台上互相交流与互相影响的，政治、宗教和文化在这一空间的交错，使它成为历史学家进行研究的绝好聚焦点。

和布罗代尔的“地中海”一样，中国历史学家张广达先生也指出，中古“西域”也就是中亚一带，也是当时世界上各种宗教、信仰、文化

朝鲜、日本、中国以及越南不仅逐渐「由同而异」，从共享历史传统转向彼此文化分离，而且更随着大航海时代的到来，又加入了西方世界的因素，使得这个本来就和地中海、西域不同的文化区域，变得更加风云诡谲莫测。

的交集处，仅以宗教而言，汉族中国的儒家与道教、南亚印度的佛教、西亚甚至欧洲的三夷教（景教、祆教、摩尼教），都在这里留下痕迹，因此也可以把它看作是另一个“地中海”，尽管它不是经由海上交通，而是经过陆路彼此往来的[①]。这一说法很有意思，如果站在中国的立场和角度观看“交错的文化史”，“西域”这个区域即蒙元以前中国的左翼，确实是一个宗教、语言、文化交汇的陆上“地中海”，汉族文明在那里与其他各种文明互相激荡，因而使“西域”形成了一个极其错综的“历史世界”。

然而，在蒙元之后来看“交错的文化史”，那么我以为，“东海”（也包括近世欧洲人经由海上途径到达东亚的“南海”）即中国的右翼，也许是一个更值得关注的“地中海”或者说是一个新的“西域”，在这个历史与文化错综交织的空间中，和本来就存在文化差异，逐渐“由异而同”的地中海和西域不同，朝鲜、日本、中国以及越南不仅逐渐“由同而异”，从共享历史传统转向彼此文化分离，而且更随着大航海时代的到来，又加入了西方世界的因素，使得这个本来就和地中海、西域不同的文化区域，变得更加风云诡谲莫测。或许，对这个文化交错的历史世界的研究，不仅可以让我们超越国境形成一个新的学术领域，而且它进入“近代”之后复杂的差异性和特殊性，或许，也可以给全球文明史增添一个新的模型？

① 参看张广达《文书、典籍与西域史地》（桂林：广西师范大学出版社，2008）卷首《自序》。

一　西域：从近代欧洲东方学、日本东洋学的转向，到敦煌的大发现

欧洲对于中国的全面研究，或许在“传教士时代”已经开始。不过，大多数经由南海来到中国的传教士记录，主要还是以传统汉族中国的历史、宗教和语言为中心，尽管欧洲人对于中亚、南亚和西亚早有相当多的涉猎，但是，最初他们并没有把“西域”作为一个完整的历史世界来看待①。这种情况的根本改变要到19世纪，随着崛起的欧洲列强对亚洲日益增长的兴趣，也随着欧洲人在西亚、中亚以及远东地区“探险”式的考察热，欧洲学者开始注意到中国的“周边”，研究的视野陆续拓展至后来所谓的满、蒙、回、藏，对中国的研究资料也开始超越汉文文献，广泛涉猎各种中亚、南亚和西亚的资料②。当时，西洋

① 尽管有刘应（Claude Visderou，1656—1737）这样很早就注意研究塞外民族历史和语言，注意到汉文史料中关于匈奴、突厥、契丹、蒙古的记载的人，但是，大多早期的历史研究仍然“东方是东方，西方是西方”，对于中国历史、文化和语言，主要还是借用传统中国文献来描述，例如，冯秉正（Joseph Anne Marie de Moyriac de Movilla，1669—1748）的十二卷《中国通史》基本上是以中国的《通鉴纲目》、《续通鉴纲目》为基础，尽管“此书一出，为不识中文之欧人增添了无数有关中国史的知识，推动欧洲中国学日新月异”，但他的中国史认识仍然是依据了汉族中国的角度和立场来观看的。即使是他们超出汉族中国描述蒙古历史，如宋君荣（Antoine Caubil，1689—1759）编纂的《蒙古史》，仍然是借用清代邵远平之《元史类编》（即《续宏简录》）。参看石田干之助《欧人の支那研究》（东京：共立社现代史学大系第八卷，1932），第206页。

② 如1826—1828年出版的*Heinrich Julius von Klaproth*（1788—1830）《亚细亚文学、历史、语言杂稿》中，就有关于《蒙古源流》的研究，有关于满族、台湾、阿富汗等语言的研究，有关于琉球、和阗、日本的研究；1829年巴黎出版的《新亚细亚杂纂》（*Nouveaux Melange Asiatiques*）中，就出现了对周达观《真腊风土记》的研究，出现了根据《文献通考·四裔考》对西藏的研究，出现了对蒙元时代的畏兀人塔塔统阿、蒙古人速不歹的研究，特别值得注意的是，还出现了根据伊斯兰文献进行的蒙古史研究等等。参看莫东寅《汉学发达史》（北平：文化出版社，1949；此据上海书店重印本，1989）七《十九、二十世纪》，第93～110页。此外，人们熟悉的如雷慕沙（Abel Remusat，1788—1832），就著有《塞外民族语言考》、《法显传译注》等。

的一些学者与探险家除了对亚洲腹地的“实地探险”之外，他们也开始了对各种亚洲资料的“文献探险”[①]。随着新文献的大量出现，所谓“东方研究”无论在语言文字、空间范围、历史现象还是关注焦点上，都开始超越了汉族中国，扩展到了“周边”，尤其是，在他们的研究视野中，渐渐形成了现在所说的“西域”这个历史世界[②]。

随着西洋学术与思想进入东洋，这种“超越中国”的中国研究也开始在明治以后的日本兴起。大体上说，1890年代以前，一般日本中等教育领域对于中国史的介绍，是用《十八史略》，而高等教育领域的中国历史，则是作为“汉学”的一部分，仍然囿于中国文献范围与传统中国观念之中，不仅资料未能超越汉文文献，空间未能拓展至传统中国之外，立场亦未能超出作为东邻的日本。但是这种情况随着明治维新之后的日本转型，也在渐渐变化，上一章里说到，在这一方面，那珂通世《支那通史》四卷五册有指标性意义[③]。这部“一改中国传来之旧史籍，易之以西洋式的理解天下大势方式”的著作，在最前面概论中国地理、人种、东西交通时，就用了作为最新知识的欧洲文献，而他对于

① 如斯坦因(Marc Aurel Stein, 1862—1943)、伯希和(Paul Pelliot, 1878—1945)、大谷光瑞(おおたにこぅずぃ, 1876—1948)等。

② “西域”虽然是汉代文献中就已经有的地理词汇，但是，作为一个有意识地连接各国历史、语言和宗教来研究的历史世界，却是近代的事情。

③ 三宅米吉、宫崎市定等人在追忆那珂通世的时候曾经指出，从来中等学校的中国史教科书，多以《十八史略》、《元明史略》、《清史举要》等等，这些史籍一方面是中国史，一方面是汉文学，固然十分重要，但是它们与欧洲历史教材相比，体裁和编纂旨趣大相径庭。参见三宅米吉《文学博士那珂通世君传》，《文学博士三宅米吉著述集》(东京：目黑书店，1929)上卷，第295~296页。

蒙古史的兴趣，也影响了他对中国历史的认识和描述[1]。这一思路深刻地影响到后来的日本学者，如被称为日本现代史学开创者之一的白鸟库吉等，据榎一雄后来追忆，白鸟库吉在高中读书时就受到这一启发，后来这位日本亚洲研究的重要推手白鸟，就很自觉地要把中国研究扩大到周边，并在这一方面，立志“使日本的东洋史研究超越西洋学界之上”[2]。其后，在明治三十年出版的市村瓒次郎的《东洋史要》、大正年间出版的桑原鹭藏《中等东洋史》，都表现了这一学术上“空间放大”的努力，在日本形成了“东洋史”取代“中国史”的趋势，正如上一章所说，东洋史与中国史相当不同的一点，就是在历史上的汉族中国之外，注意满、蒙、回、藏、鲜，尤其是关注“西域”[3]。

其实在清代中期与晚期，中国有关西北史地之学也开始崛起。在前一章里我也曾经说过，在清代，一方面西部的疆域大大拓展[4]，但另一方面西北又始终不平静，不仅对内军事行动不断，对外又频频有外交交涉，这刺激了对西北地理、民族和历史的关注[5]。因此，到了19世纪中

① 参看《宫崎市定自跋集》，第22页。又，参看中见立夫《元朝秘史渡来のころ》，载《东アジア文化交涉研究（别册4）》（大阪：关西大学文化交涉学教育研究据点，2009年3月），第3~26页。

② 吉川幸次郎编《东洋学の创始者たち》，第22~23页。羽田亨在《白鸟库吉の思出》中也说，“振兴我国之东洋学，使之达到甚至超过世界水准，乃是白鸟库吉博士的心愿”。见《东洋史研究》（京都：京都大学，1942）第七卷第二、三号，第83页。

③ 《宫崎市定自跋集》，第24页。这是一个学术大趋势，像藤田丰八（1869—1928）就在大正年间，关注重心由“南海史”向“西域史”转变，因此，稍后更出现了像石浜纯太郎（1888—1968）、和田清（1890—1963）、神田喜一郎（1899—1984）等学者。参看前一章《边关何处？》的详细讨论。

④ 正如魏源《圣武记》卷九“嘉庆川湖陕靖寇记一”所说，“国家极盛于乾隆六十年，版舆生齿倍雍正，四夷宾服逾康熙”。

⑤ 例如康熙年间，图理琛假道俄罗斯出使土扈尔特，撰《异域录》，乾隆年间，七十一赴新疆，撰有《西域闻见录》等等。

叶，这种既超越内地十八省空间，也超越三皇五帝历代王朝历史的“绝域与绝学”，一方面作为“考据之学”的自然延续，一方面作为“实用之学”的应时兴起，逐渐成为学术潮流。特别是，当他们开始接触域外的考古发现与文献资料，这种学术趋向就激起了传统学术的嬗变。以蒙古史为例，在钱大昕以后曾有邵远平《元史类编》、魏源《元史新编》、曾廉《元书》之作，到了晚清，洪钧修《元史译文证补》，屠寄修《蒙兀儿史记》，就务求蒙古在历史中固有之分际，扩大蒙元史之范围。如屠寄引用资料，便远远超出传统汉文史料，有高丽史料、云南史料、西域史料，尤其是采用了各种外文史料，如施特哀丁《蒙兀全史》、撒难薛禅《蒙兀源流》、多桑《蒙古史》、美国米亚可丁《蒙古史》等[①]。在那个时代，一些学者们开始参与到如突厥三大碑（暾欲谷碑、阙特勤碑、毗伽可汗碑）的考释[②]、蒙元文献的译读[③]、唐代三夷教即火祆教即波斯琐罗亚斯德教（Zoroastrianism）、景教和摩尼教的研究等等国际性的课题中[④]。在中国学术的现代转型中，无论在视野、工具、文献上看，这都是一个巨

① 参看杜维运《屠寄传》，载其《历史的两个境界》，第118~120页，东大图书公司，1995。

② 突厥三大碑即暾欲谷碑、阙特勤碑、毗伽可汗碑，据说是1890年芬兰人A.Geikel在蒙古鄂尔浑河东岸和硕柴达木（Khoshoo-tsaydam）发现的，另一种说法是1889年俄国学者雅德林采夫（N.Yadrintsev）发现的，由丹麦哥本哈根大学教授，比较语言学家汤姆森（Vilhelm Thomsen，1842—1927）根据A.Geikel的报告在1892年最先解读，并出版了《鄂尔浑碑铭译解》（*Deciphered Orkhon Inscriptions*）。中国学者如沈曾植，虽然不懂突厥文，但根据西洋的释读，加上自己丰富的唐代文献知识，给予历史的解释，也作出了贡献。

③ 如何秋涛、张穆、李文田、沈曾植对于《皇元圣武亲征录》的校正等。

④ 火祆教（即波斯Zoroastrianism即琐罗亚斯德教）研究，在中国，最早曾有文廷式《纯常子枝语》中提到，也许是看到外国的研究。摩尼教的研究，最早是蒋斧在1909年发表的《摩尼教流行中国考略》，参看林悟殊《摩尼教研究之展望》，载《新史学》（台北：中研院历史语言研究所，1996）第七卷第一期。

资料多藏在域外、文献涉及语言繁多、宗教来源成分繁杂、历史地域偏向西侧，迫使学界不得不超越乾嘉诸老的治学方法，面向国际学界的挑战，开出一个新天地。

大变化，王国维所谓“道、咸之学新”的“新”，就是指这个时代学者逐渐进入乾嘉诸老所不曾涉及的新领域，这个新领域的关注空间已经不仅仅是传统的“汉族中国”，而更重要的在于所谓的“西域”了。

特别应当指出的，是所谓中国20世纪四大发现之一的敦煌文书的大发现，更大大促进了“西域”研究，这些千余年之前古文献，不仅吸引了学界的注意力，而且也由于资料多藏在域外、文献涉及语言繁多、宗教来源成分繁杂、历史地域偏向西侧，迫使学界不得不超越乾嘉诸老的治学方法，面向国际学界的挑战，开出一个新天地。所以，当时中国历史学的领袖人物傅斯年和陈寅恪都看到了这个新趋势，傅斯年曾在宣言式的《历史语言研究所工作之旨趣》中，简单明了地呼吁，中国研究要“将来一步一步西去，到中央亚细亚”；而陈寅恪则委婉地表达，“默察当今大势，吾国将来必循汉唐之轨辙，倾其全力经营西北，则可以无疑。考自古世局之转移，往往起于前人一时学术趋向之细微，迨至后来，遂若惊雷破柱，怒涛振海之不可御遏”，把研究西域和经营西北彼此钩连，暗示了这一波学术趋势的发展路向[①]。

二　东海：传统文明在东亚近世的交错与分离

不过，西域作为文化交汇的空间，主要是在中古，蒙元之后，虽然

① 傅斯年《历史语言研究所工作之旨趣》，《傅斯年全集》（台北：联经出版事业公司，1980）第四册，第1304～1306页。陈寅恪《朱延丰〈突厥通考〉序》，《寒柳堂集》（北京：三联书店，2001），第163页。

也有陈诚（1365—1457）出使西域，但毕竟时过境迁。不妨举一个例子，17世纪初，葡萄牙人鄂本笃（Bonoit de Goes，1562—1607）曾试图不经由习惯的海路，而从中亚寻找从欧洲探访北京的陆路，尽管他最后到达了中国，但是在他的记录中留下的是"愈前行，危险与疲劳渐增……道路既危险，复有盗贼之虞"，在这一路上，他不仅"始终与盗贼、水灾、山岭、风雪相争斗"，而且缺少水源和食品的戈壁沙漠，也让他吃尽了苦头[①]。

道路畅通交流便繁盛，渠道壅塞来往就困难。郑和七下西洋象征着东海海路的逐渐兴盛，而鄂本笃的经历则象征着西部交流的渐渐淡出。因此，"西域"作为亚洲语言、文化和宗教交融中心的历史，在蒙元时代以后差不多即告一段落。其实，自从唐宋两代中国西北丝绸之路相继被吐蕃、契丹、西夏、女真、蒙古遮断，而"背海立国"的宋代逐渐把重心移向东南之后，尽管有蒙元时代横跨欧亚，但毋庸置疑的是，或宽阔或狭窄或交错或宁静的"东海"，似乎渐渐取代"西域"，成为元明以后中国更重要的交流空间，同时也因为政治、经济与文化上的种种原因，日本、朝鲜、琉球、越南以及中国等等，在这个空间上演了彼此交错与互相分离的复杂历史，这使得"东海"成为一个相当有意义的历史世界。

对于东亚海域（包括南海）的研究，其实一直就有。随着16、17世纪以后葡萄牙、荷兰等国的东进，以耶稣会士为主的欧洲传教士东来

① 见费赖之编，冯承钧译《在华耶稣会士列传及书目》（北京：中华书局，1995）上册，第100页。

十九世纪中叶以后，从「南海」到「东海」的文化、历史、宗教、地理、习俗，也开始进入欧洲东方学者的中心视野。

以及稍后列强对于南海和东海诸区域的渗透和占领，这种研究逐渐展开，而新兴的人类学（或者也可以说是民族志）、比较语言学、比较宗教学更刺激了这种“异文化研究”的兴盛[①]。尽管欧洲汉学界影响较大的学问，一直是在“西域”，即吐蕃、波斯、爪哇、真腊、安南、蒙古、占城、高昌、印度、吐谷浑、黎轩、罽宾，重点研究的宗教是火祆教、摩尼教、景教、佛教以及后来的天主教和基督教，最多引证典籍是《诸蕃志》、《魏略西戎传》、《瀛涯胜览》、《真腊风土记》、《玄奘传》、《元秘史》、《长春真人西游记》、《宋云行纪》、《使印度记》等等[②]，但是，随着东印度航路发现后欧人东航到达日本、朝鲜、中国大陆和台湾、越南与菲律宾等等地方[③]，随着研究时段下移至明、清， 19世纪中叶以后，从“南海”到“东海”的文化、历史、宗教、地理、习俗，也开始进入欧洲东方学者的中心视野[④]。

① 仅仅以亚洲文会1850—1860年代的演讲为例，就有相当多对东亚海域的考察，如1858年郇和（Robert Swinhoe）就讲《台湾旅行记》、卫三畏（S.W.Williams）讲《日本》、1859年敏体呢（M.C.de H Montigny）讲《从长崎到上海》、不详人讲《一封来自日本的信》、1861年安科特恩（H. M.Ship Actaeon）讲《朝鲜沿海考察记》、甘霓仁（J.M.Esq Canny）讲《库页岛考察记》、1865年巴斯琴（Bastian）讲《古代柬埔寨遗迹》、勃朗（Revd Brown）讲两次《一则来自日本手稿之译文》、1866年卫三畏（S.W.Williams）讲《中国与琉球之关系》等等，参看王毅《皇家亚洲文会北中国支会研究》（上海：上海书店出版社，2005）附表，第182~186页。

② 可以参看冯承钧所译《西域南海史地考证译丛》（北京：商务印书馆，1995，1999）第一卷、第二卷、第三卷，其中第一、二卷原为自1926年以来陆续翻译的法国中国学家的论著1—9编，第三卷为后来辑在一起的六种专书和论文。

③ 《欧人の支那研究》第六章，即“东印度航路の发现と欧人の东航、宣教师の支那研究と支那学の成立”，第138~257页。

④ 如卫三畏、C.S. Leavenworth 在 *Journal of the North China Branch of the Royal Asiatic Society* 上发表的有关琉球的研究，Maspero、Pelliot、Aurousseau、Gaspardone 1920年代在 *Asia Major* 上所发表的关于安南研究的论文。参看贝德士（M.S.Bates）编《西文东方学报论文举要》（南京，金陵大学中国文化研究所，1933）。

明治以后的日本学界，由于「国权扩张论」的膨胀，一半源于「大亚洲主义」政治思潮的影响，一半出自历史学的学术新兴趣，对于中国「四裔」出现了异乎寻常的热情……

然而，把“东海”作为一个彼此关联的历史世界来研究，在环东海诸国学界的发展状况却不尽相同。也许，中国由于在历史叙述方面自给自足，常常会忽略“周边”，所以这一领域的研究起步较晚。但是，由于日本在自国的文献记录、文化源流、政治交涉、贸易往来各方面的历史叙述中，都不能不涉及中国、朝鲜、琉球，因此，在日本学界，“东亚海域”、“东亚”、“东北亚”等等词语会常常出现。特别是明治以后的日本学界，由于“国权扩张论”的膨胀，一半源于“大亚洲主义”政治思潮的影响，一半出自历史学的学术新兴趣，对于中国“四裔”出现了异乎寻常的热情，对环东海的朝鲜、琉球、台湾以及南部的越南、北部的库页岛等等都有格外的关注[①]。正如日本学者所说，“在日清战争爆发的刺激下，（日本）国民对亚洲大陆越来越关心，这一历史观念是在日本作为近代国家急剧上升的明治二十年代，面对西洋，日本作为亚洲民族的自觉日益高涨，面对西洋文化，出现主张独特的东洋文化的时代思潮的背景下，逐渐形成的”[②]。在上一章里我已经说过，所谓满、蒙、回、藏、鲜之学在日本明治和大正年间非常兴盛，例如对满洲，自从1908年白鸟库吉向满铁总裁后藤新平建议设立调查部，此后日本学术界中，如箭内亘、津田左右吉、池内宏等都加入了对满洲的调查。而对朝鲜，则随着日本势力的西进，出现了大量关于朝鲜的论著，自林泰辅的《朝鲜史》（1892）、《朝鲜近代史》（1901）之后，就有坪井九马三（1858—1936）、白鸟库吉、今西龙（1875—1932）、池内宏

① 关于这一问题，请参看上一章《边关何处？》中的分析。

② 江上波夫编《东洋学の系谱（1）》，第3页。

（1878—1952）、小仓进平（1882—1944）、原田淑人（1885—1974）等的大量研究。应该说，这一潮流一直要到稍后几十年，大约在1920年代之后，才渐渐影响到中国。

不过，那个时代对于满洲、朝鲜、台湾、日本、琉球等地区，以及南海诸区域的研究，仍然较多是孤立的个案，还没有很自觉地把它当作"东亚海域"一个整体，考察其在历史与文化上的关联与互动①。但是，近年来随着超越"国别史"的呼声越来越高，"超国家"的"地域史"成为新的学术趋向，其中，日本对东亚海域的研究越来越兴盛，例如关于"朝贡贸易体制"的研究有了新进展也有了新回应（滨下武志、岩井茂树），以宁波、广州、长崎等地为中心的海上贸易研究也相当有成绩（如大庭修、松浦章、小岛毅），而"从亚洲思考"的理论和方法在日本学界的流行，也刺激了这一研究范式（如沟口雄三、平石直昭），而在中国学界，也开始渐渐关注这一领域的研究，尝试着把"东亚海域"看成是一个新的"历史世界"，那么，"东亚海域"能够成为一个新的历史世界吗？关于东亚海域的研究能够提供一个新的研究典范吗？

三　研究重心与研究方法：西域研究与东海研究之异同

我们看到，"西域"之学的兴起，曾经给国际学界带来了思想与

① 尽管日本学术界一直有从"东洋史"到"アジア史"（亚洲史）的研究传统，但是，最初还并不是以"东亚海域"及其周边为一个自足的历史世界。

学术的若干变化。如果允许我简单概括的话，那么这些变化是，第一，它把以王朝疆域为基础的中国史，转变为东洋史或亚洲史，它超越了传统汉族中国范围，拓展了中国研究的文献、语言、历史与文化的空间，并在民族国家的政治史之外，重新建立了一个超越民族国家的"文明史"框架，使得"疆域"、"王朝"、"政治"不再是叙述历史的绝对指标。第二，在这种研究视野中，宗教、语言、民族、文化的冲突与融合成为重要的新内容，历史、文献、艺术、语言之学成为重要的新工具，共同问题的形成使它成为具有国际性的新领域。第三，由于这一新学问研究的是一个超越传统中国的新空间，这促使文献资料范围巨大扩张，而这种文献资料的扩张，又使得各种中亚西亚南亚的语言文字之学成为必需的工具，"写本"特质（包括传播途径、书写方法、鉴定技术）成为重要的研究点，同时，民俗调查和遗址考古也成为发现新材料的必然途径。正如1923年王国维在刚刚创刊的《北京大学国学季刊》第一卷第一号上所译的伯希和（Paul Pelliot）《近日东方古言语学及史学上之发明与其结论》所说，这十几年来欧洲东方学"智识愈丰富，其方法愈进步"，这种"丰富"与"进步"主要就是"古物学与古语学之复兴，所得自较前人为优"[①]。所谓古物学即考古学，所谓古语学则是中亚南亚甚至西亚各种语文的知识，显然，这些新知识和新研究远远超越了传统"中国"的空间、历史、文化、典籍和语言。

① 伯希和著，王国维译《近日东方古言语学及史学上之发明与其结论》，载《北京大学国学季刊》第一卷第一号，第146页。

正如前面所说，无论西洋、东洋还是中国，这一新的历史领域与新的研究方法都具有非常复杂的背景、意图和立场。由于淡化甚至超越民族国家的现实边界和政治领土，隐含了欧洲与日本对于重新界定“中国”的疆域，重新书写中国的“历史”的政治意图。尽管古代王朝以及现代中国，确实因为天朝大国的自大，遗留了“朝贡体制”或“册封体制”的想象，但是，近代以来中国的落后与衰败，不仅导致了日本对于满洲与朝鲜、俄人对于蒙古与回疆、英人对于西藏、法人对于安南的领土要求，也特别容易引发对于“中国”的重新界定①。但是，如果我们暂且搁置政治的意图与背景，仅仅从学术研究的方法论角度看，这种超越汉族中国政治、语言、历史和文化边界的西域研究的意义之一，就是傅斯年所说的，它促成了史料的扩充和工具的改进，也就是促进了学术的进步②。

那么，“近世东海”的研究呢？毫无疑问，任何区域研究在方法上都有共通性，无论研究“西域”还是研究“东海”，我们都会发现，一旦超越传统民族国家的中心区域与传统历史，超越当代民族国家的政治边界和历史论述，很多新资料、新视角、新手段、新问题就会纷纷

① 对于“中国”的重新界定，不始于今日，在日本是在明治时代就已经开始了的，追随西方民族与国家观念和西方中国学逐渐形成日本中国学研究者，对于中国“四裔”如朝鲜、蒙古、满洲、西藏、新疆有格外的关注，而不再把中国各王朝看成是笼罩边疆和异族的同一体，这一趋向发展到二战时期，最典型的例子就是矢野仁一的《近代支那论》（东京：弘文堂书房，1923）、《大东亚史の构想》（东京：目黑书店，1944）。参看本书《绪说　重建关于“中国”的历史论述》。

② 日本学者桑原骘藏《中等教育东洋史教科书》之“近世史摘要”中就说道，“欧人势力渐压东方，英人占印度，法人占安南、柬埔寨，俄人占西伯利亚、中亚，亚洲大部已为欧人占领，即今尚存者中国，亦在各国势力竞争圈中”，亚洲真正独立并可以与西洋列强并峙的国家只有日本，因此要由日本重新梳理亚洲历史，并重新整顿亚洲秩序（转引自《宫崎市定自跋集》，第29页）。

> 西域研究之重心在中古，而东海研究之重心则应当在近世，因此，西域研究需要关注「重叠」，而东海研究则需重视「分化」。

出现。像研究西域的时候，各种被发掘出来的语言、宗教、历史、艺术资料，不仅在挑战着我们原有的知识、工具与方法，而且在丰富着我们此后的视野、理论和领域。同样，在研究东海的时候，也会出现同样的学术变局，原来似乎很陌生的文献开始被用在解释中，各种历史的新线索开始变化着我们观看历史的焦距。

不过，除了“中古”与“近世”、“写本”与“印本”、“左翼”和“右翼”这些明显差异之外，和“西域”研究相比，在“东海”研究中似乎还有若干值得注意的问题。

第一，与多种相异宗教与文化一直互相激荡、彼此角逐的“中古西域”不同，“近世东亚”的宗教与文化似乎出现一个差异很大的趋向，不是来自各个区域的宗教和文化在这个空间中彼此覆盖和皴染（如历史上佛教、袄教、摩尼教与伊斯兰教在西域的来来往往和此进彼退），而是从原本看似同一的传统与文化中逐渐出现了离心独立（如近世日本、朝鲜、越南与中国在文化的渐行渐远）。换句话说，由于西域研究之重心在中古，而东海研究之重心则应当在近世，因此，西域研究需要关注“重叠”，而东海研究则需重视“分化”。对于“东海”这一区域来说，更值得关注与研究，也是更加复杂的文化交错，却是在“近世”，也就是在蒙、汉、满交替统治中国的时代中，原来看似有同一性的“东亚”或者“东亚海域”的文化出现了“纠缠而且分离”的现象。

我们应当看到，首先，与“地中海”不同，在“东海”这个同样依赖海路彼此联系的空间里，尽管有着类似佛教和儒家这样共同尊奉的宗教与思想，但是，却始终缺乏一个类似基督教那样，超越国家（王朝）、皇权（君主）之上，作为彼此认同基础和联系纽带的共同宗教，因此，这个区域很难在国家之外，形成超越国家的文化共同体；其次，与“西域”也不同，“东海”也不是一个各种民族、宗教和语言的边界时常移动，因而成为彼此混融、互相冲突的空间，由于各个民族、宗教和语言大体各守边界，加上它们原本就有一些共享的典籍、文字和宗教，因此，历史学家应当关注的文化变迁，却是这些文化认同基础的崩溃。这倒是西域甚至地中海都没有的历史变化，也正是这一现象的延续，导致了近代东亚各国认同与文化的变迁①。

第二，中古西域虽然有来自南亚、西亚（甚至更西）、北亚和东亚的文化，但是毕竟各种宗教、语言与典籍彼此角逐，即使是最强盛的汉唐中国及儒家学说，在那里也不可能横扫一切，成为垄断和笼罩的文明，这一特殊的文化交涉现象，使得考古发掘、比较语言、历史地理、写本鉴定等等方法，以及民族、宗教、艺术等领域成为最重要，正如石田干之助在回忆羽田亨的时候说到的，由于敦煌、高昌、龟兹、于阗遗址的发现，流沙坠简、敦煌文书的问世，由于废寺石窟塑像壁画的重见天日，如何灵活地运用语言学知识，如何充分使用新的残简佚籍，如何全面地掌握西洋的新材料和新方法，成为陈寅恪所说的学者

① 不仅是东北亚朝鲜、中国和日本，也包括越南，它在15世纪逐渐形成与大明国“北国”相对应的“南国意识”，虽然他们仍然保存了对中国的文化认同，但是却滋生了对北国的政治不认同，参看桃木至朗《“中国化”と“脱中国化”——地域世界の中のベトナム民族形成史》，载大峰显等编《地域のロゴス》（东京：世界思想社，1993），第73~77页。

研究近世东亚海域，比起研究「中古西域」来，更复杂和更重要的理论、工具和方法，不是掌握各种语言文字、宗教历史、写本壁画，而是需要更复杂的和更多元的视角、立场和观念。

是否能够“预流”的必要条件[①]。可是，16、17世纪以前，“中华文化”或者说是“汉字文化”曾经有过笼罩性的影响，而16、17世纪之后，尤其是经历了鸦片战争的大清国、经历了黑船事件的日本国，和经历了江华岛事件的李朝朝鲜，包括同时的越南等等，又都在一个纯粹外来的、更加强大的西方文化，以及无所不在的“现代性”的影响之下，经历了重新“从锁国到开国”的历程。因此，研究近世东亚海域，比起研究“中古西域”来，更复杂和更重要的理论、工具和方法，不是掌握各种语言文字、宗教历史、写本壁画，而是需要更复杂的和更多元的视角、立场和观念。由于“近世东海”周边诸国，很多文献原本均由汉文书写，各种宗教学说大体共享，文献资料多有印刷流传，因此，对于新语言、新发掘、新资料的依赖并不是那么多。

但是，近世东亚海域研究却有不易注意的“暗礁”：一是研究者如何超越国家疆域，形成“东海”这个历史世界？东亚海域周边各个国家大体长久存在，疆域也大体固定，文化也相对延续，这不仅造成了历史、文化、宗教和政治的相对稳定性，也构成了各自文化认同与政治认同的空间边界，因此，“国家”（或者“王朝”）的历史意义很浓。如何既承认“国家历史”的存在，同时又看到环东海文化交流在深层给各区域造成影响，是一个需要斟酌和需要平衡的问题。二是因为曾经共享传统，它造成各个国家文化的表面相似，研究者如何改变过去习惯于“同文同种”的历史观念，细心剔理各自“古层”和“低音”中的差

① 石田干之助《欧美における支那研究》中所收《我国における西域史研究》中对羽田亨的介绍，第316~317页。

近世东亚海域的研究却不同，历史研究者不仅很难摆脱历史记忆与感情纠葛，也常常受制于现实国家与政治的立场。东亚海域周边诸国显然各有各的历史记忆，也各有各的政治立场。

在「东亚海域」研究中，在超越「国家历史」的同时，应当如何超越这种「国家感情」？

异，探讨彼此的不同，这是需要认真考虑的。三是因为诸国都遭遇到西方的冲击，因此，在这一区域历史的研究中，更需要深入研究回应西方“冲击”时各国的不同“反应”，这些不同“反应”背后的原因，以及各自不同的现代性问题。这些恐怕都是“中古西域”研究中所不曾遇到的问题[①]。

第三，如果说对“中古西域”的研究，仿佛是面对一些古老的典籍和一个寂静的遗址，虽然会有思古之幽情，但已不存在感情的波澜。可是，近世东亚海域的研究却不同，历史研究者不仅很难摆脱历史记忆与感情纠葛，也常常受制于现实国家与政治的立场。东亚海域周边诸国显然各有各的历史记忆，也各有各的政治立场。比如，朝贡体系中是宗主国还是进贡国？在战争中是侵略者还是被侵略者？在现代化进程中是先进一方还是落后一方？在这里，不同的记忆和立场始终会影响到对历史的观察，在关于历史起源（如檀君、天皇、黄帝的争论）、国家疆域（如高句丽、琉球、安南之归属）、文化交流（如蒙古袭来与倭寇扰边）等等方面，这些意识、立场、感情都会掺入，使这种超越国家疆域的东海区域研究带有太多的非学术因素，那么，在“东亚海域”研究中，在超越“国家历史”的同时，应当如何超越这种“国家感情”？

① 参看葛兆光《十九世纪初叶面对西洋宗教的朝鲜、日本与中国——以“黄嗣永帛书”为中心》，载《复旦学报》2009年第3期。

结　论

预流、立场与方法

——追寻文史研究的新视野

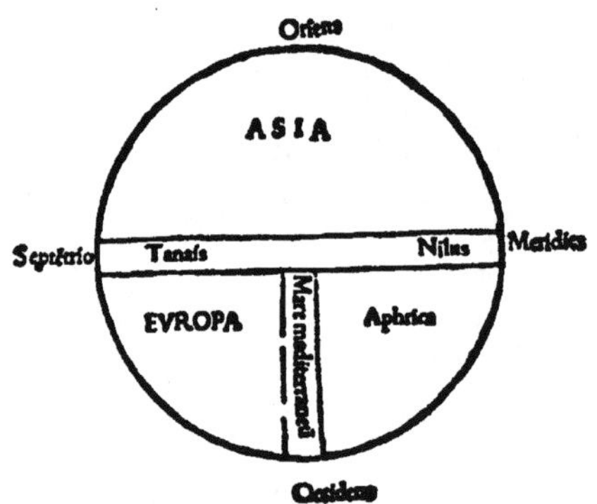

欧洲中世纪的T-O图和带圈图

除了当时中国学术正处在从传统向现代转化的关键时期、外在相对平稳的社会环境恰好给了学术界一个契机，以及各自拥有一批兼通中西的学者外，从学术的角度看，有以下三方面原因……

引言　学术史告诉我们什么？

现代中国学术史研究在20世纪90年代曾经成为“显学”，不过，回顾学术史的意义，并不仅仅在于面对不如人意的当下学界，发一些思古之幽情，也不仅仅在于见贤思齐，表彰几个学界前辈的高风亮节，甚至不仅仅是建立学统，描述或总结某些学人的学术成就。我总觉得，在人文学科尤其是文史领域中，学术史需要讨论的，一是传统学术在西潮与东风的鼓荡下，是如何转型成为所谓现代学术的，二是这种来自西方的所谓现代学术，在现代中国政治、文化和知识语境中，是如何形塑出中国的学术观念与方法的，三是现代学术在资料、方法、工具和观念上，如何重新诠释了古代中国，并影响到对于现代中国的想象和设计。从学术史角度说，这三个问题至为关键，因为它决定了我们对于既往学术史的回顾，是否能够让我们了解学术发展脉络如何延伸，使我们对于未来学术的潮流和取向有所自觉。

很多人都注意到，20世纪20年代到30年代，是中国现代学术史上一个重要时期。我曾经在很长时间里，特别关注这一时期中两个办得最成功的研究机构，一个是1925年成立的清华学校研究院，就是仅仅办了四年却影响深远的所谓“清华国学院”；一个是1928年成立的中央研究院历史语言研究所，就是傅斯年所开创，后来迁到台北的所谓“史语所”。这两个研究机构之所以能够成为典范，我想，除了当时中国学术正处在从传统向现代转化的关键时期、外在相对平稳的社会环境恰好给了学术界一个契机，以及各自拥有一批兼通中西的学者外，从学术的角度看，有以下三方面原因：

第一，他们始终站在现代国际学术前沿，不仅在研究领域上把握了国际学界的关注点，而且在方法和工具上始终与国际学界同步。像王国维对西北地理和蒙元史的关注和以两重证据法研究上古史，像李济推动科学的考古包括他的山西考古和后来的安阳殷墟发掘，像陈寅恪研究“殊族之文，塞外之史”，教授西人之东方学目录，以及作敦煌文书的多语文考证，像赵元任的语音学和方言调查，还有傅斯年所念念不忘的“虏学”，这些选题、材料和方法都是当时的前沿，就连梁启超对于历史研究法的阐释和对于佛教史的研究，也吸收了国际学术界的很多新思路和新成就，这就是陈寅恪讲的，进入了“世界学术之新潮流”即国际学术研究问题、材料和方法的主流①。

第二，不仅仅是“预流”，中国学者的中国研究必然不能简单等同于国外学者的“汉学”，它必须逐渐建立中国的立场、问题和方法。在经历了晚清民初整体向西转的大潮之后，在西方的学科制度和研究意识全面侵入中国现代学术界的时候，他们始终坚持以“中国”为中心的研究立场，他们不是在稗贩西方知识，而是在试图重新诠释中国，甚至提出，要使对于中国的解释权重新回归中国，像梁启超的近三百年学术史研究、王国维的古史新证、李济的中国考古，都在试图

① 陈寅恪《陈垣〈敦煌劫余录〉序》：“一时代之学术，必有其新材料与新问题。取用此材料，以研求问题，则为此时代学术之新潮流。治学之士，得预于此潮流者，谓之预流（借用佛教初果之名），其未得预者，谓之未入流。此古今学术史之通义，非彼闭门造车之徒，所能同喻者也。敦煌学者，近日世界学术之新潮流也。”《金明馆丛稿二编》（北京：三联书店，2001），第266页。

拿回对于古代中国的解释权。当时史语所提倡的历史研究，有相当清楚的大理想和大方向。据说，主其事的傅斯年的目的，就是“以历史研究所为大本营，在中国建筑‘科学的东方学正统’，这一号召是具有高度的鼓舞性的……他（傅）是这一运动理想的领导人，他唤醒了中国学者最高的民族意识”[①]。很多年以后，李济《感旧录》里还说到这一点，“当时学术界（对外人文化侵略）普遍存在着‘不满’和‘不服气’的情绪，要反对这种文化侵略，只有自己去搜集去研究，直到中央研究院成立后，才站在国家学院的地位，把学术界这种情绪导入了正轨”[②]，所以，傅斯年在宣言式的《历史语言研究所工作之旨趣》最后，要大声疾呼“我们要科学的东方学之正统在中国”[③]。也许这种说法有一些学术民族主义，但是它却促进了现代中国学术之独立，这可能恰恰是这两个研究机构成功的基础。

第三，仅仅有充分国际化的预流和相对自觉的中国立场，可能还不够，清华学校研究院和历史语言研究所之所以能够成为影响现代中国学术研究的重镇，还得益于“地利”。我所谓的地利，是说那个时代恰恰在中国不断出现了新资料。像殷墟甲骨、敦煌文书、居延汉简和大内档案等所谓四大发现，都在那个时代的新思路和新眼光下被使用起来，并且给重新理解历史提供了坚实的基础。也许有人会指出，甲骨

① 傅乐成《傅孟真先生年谱》（台北：传记文学社，1964），第28~29页。

② 李济《感旧录》（台北：传记文学社，1967），第72~75页；转引自陶英惠《抗战前十年的学术研究》，载《抗战前十年国家建设研讨会论文集》（台北：中研院近代史研究所，1985年第二版）上册，第77页。

③ 傅斯年《历史语言研究所工作之旨趣》，载《历史语言研究所集刊》第一本第一分，1928。

在文史研究的工具和资料上，特别重视考古发现的证据、多种语言的对比、边缘资料的使用，在文史研究的视野上，关注四裔历史并试图与国际学术界讨论同样的话题，在文史研究的方法上，重视社会科学的方法、极力将语言学与历史学联结。

和敦煌都是20世纪初的发现，并不是20世纪20年代的事情，但是，新史料需要有新眼光才能在研究领域中发酵，而甲骨卜辞和敦煌文书要到20世纪第二个和第三个十年，才超越和结合传世的历史文献，真正使用在历史的重新理解上，因而它不是史料的量的增加，而是历史的质的变化。

总之，当年清华学校研究院和历史语言研究所以殷商甲骨研究上古史、以汉简和敦煌文献研究中古史、以大内档案研究近世史，追踪新史料开拓新领域，在文史研究的工具和资料上，特别重视考古发现的证据、多种语言的对比、边缘资料的使用，在文史研究的视野上，关注四裔历史并试图与国际学术界讨论同样的话题，在文史研究的方法上，重视社会科学的方法、极力将语言学与历史学联结。这些“新”风气、“新”方法，挟“科学”之名义，借“西学”之影响，又隐含着争东方学“正统”的立场，所以一下子就站在了国际的前沿，使得这两个研究机构成为中国学界乃至国际学界引人瞩目的中心。

这些年，无论在国内还是国外，我常常在图书馆翻阅当年国外的中国学期刊，深深感到那个时代中国文史研究的国际影响力，那个时代的国外中国学家，不像现在某些人那样，觉得中国的论著不足以观，不得不常常翻译和介绍中国学者的著作。举一个例子，像日本京都大学至今仍然出版的著名学术刊物《东洋史研究》，从1935年创刊的第一卷起就频繁地关注中国学术的新进展，像闻一多的高唐神女说研究、《禹贡》派的历史地理学、柯劭忞的《新元史》、孟森的“七大恨”研究、陈寅恪的各种论著、郭沫若的先秦天道观研究以及陶希圣、朱希祖、傅斯年、顾颉刚、全汉昇、陈梦家等等的动态。就是在七七事变以后的交战状态下，日本学者也仍然介绍了罗根泽和顾颉刚的《古史辨》、陈垣的《南宋初河北新道教考》等等[①]。这个时候，中国的文史研究绝不亚于任何地区的中国学，傅斯年念念不忘的争回中国学正统，似乎很有成功的希望，而陈寅恪痛心疾首的“群向东邻受国史，神州士子羞欲死”[②]，经过那个时代人的努力，状况也许并没有那么严重。

那么，现在的中国文史学界应当如何应对“世界学术之新潮流”，它将在什么地方走自己的路呢？以下陈述的，只是我个人的想法而已。

一　国际视野：从“虏学”到“从周边看中国”

八十多年前，梁启超在《中国史叙论》中，曾经把中国历史区分为中国之中国、亚洲之中国和世界之中国三个阶段，分别对应“上世史，自黄帝以迄秦统一”、“中世史，自秦统一至清代乾隆之末年”、“近

① 日本人在20世纪30年代相当注意中国的研究，包括一些相当左倾的研究，如东亚同文会办的《支那》，在第二十二卷第二号、第三号四号（昭和六年二月至四月），曾连载赖贵富译郭沫若著《支那奴隶制度について》（上，第54~62页）（中，第79~90页）（下，第69~78页），在第二十一卷第六号（昭和五年六月）又译有被称为“中国共产派之巨头”的甘乃光的《先秦经济思想の一考察》（第45~63页，同卷第九号续完）。此外，关于这一方面的情况，还可以参看今崛诚二《北京の学界それから》，《东洋史研究》（京都：京都大学，1944）第八卷五—六号，第98~101页。

② 陈寅恪《北大学院己巳级史学系毕业赠言》，载《陈寅恪文集·诗集》（北京：三联书店，2001），第19页。

世史，自乾隆末年以至于今日”。这个分法很有意思，也可以作种种解读，像许倬云就说，这是以种族的交涉与竞争为着眼点，也隐隐以封建、帝制及立宪三种政体作为三个时代的主要政治形态[①]。不过，在这里我想以“中国的自我认识”为中心，也把以往的中国历史分成三个阶段。

第一个阶段可以称作“以自我为中心的想象时代”。这个时代的中国，由于对外交通的困难、汉文明传统的强大和外来文明无法形成巨大冲击，换句话说，在没有巨大的“他者”的情况下，中国仿佛处于一个没有镜子的时代，这形成了以自我为中心的“天下观念”（对于周边的鄙视和傲慢）和以自我为宗主的“朝贡体制”（尽管从宋代起，情况便发生变化）。我们可以从古代所谓的九州、五服记载，“北狄、南蛮、东夷、西戎”的说法，《王制》所谓的“五方之民”，以及古代的天下地图和《朝贡图》中看到[②]，尽管实际的世界地理知识早已经超越了汉族中国，但是，在观念的天下想象中，人们仍然习惯地以自我为中心，想象一个处在天下之中的“中国”。

但是，自从晚明西洋人逐渐进入东方以来，特别是晚清西洋人的坚船利炮迫使中国全面向西转之后，中国人认识“自我”，开始有了一

① 许倬云《寻索中国历史发展的轨迹》，载其《江渚候潮汐》（一）（台北：三民书局，2004），第159~160页。按：这个分期方法与日本当年的中国史著作是否有关系？明治三十一年出版的桑原骘藏《中等东洋史》是以（一）上古期：汉族膨胀时代（到秦统一），（二）汉族优势时代（从秦汉到唐末），（三）蒙古族最盛时代（从北宋和辽到明末），（四）欧人东渐时代（从清代至今）。

② 参看本书第二章《山海经、职贡图和旅行记中的异域记忆》。又，参看傅斯年与顾颉刚讨论战国人对于世界的想象一信，载《语言历史研究所周刊》（广州：国立中山大学，1927年11月8日）第一集第二期。

个巨大的“他者”（The Other）即西方，从此进入第二个阶段即“一面镜子的时代”，这个时代正如列文森（Joseph R.Levenson）所说，从天下到万国，实际上是一个很大的变化①。由于在西方这个“他者”的映照下，中国人才开始了对中国的重新认识，这当然是一个巨大的进步。然而，这种重新认识是以“西方”，而且仅仅是一个似乎同一的“西方”为镜像的。无论是晚清所谓“中体西用”还是“西体中用”的争论，无论是李大钊、陈独秀还是梁漱溟等人的中西文化比较观念，无论是五四时代以西方为对照重新解读中国的思潮和鲁迅以后的“中国国民性”剖析，还是一直蔓延到80年代的“文化热”讨论，其实都是在这一面镜子下的自我认识。

可是，我们现在要问，这面镜子是正确的镜子还是一面哈哈镜呢？它是认识自己的唯一镜子吗？它难道能够全面地让我们自我认识吗？就像我们在理发室里修剪头发的时候，仅仅靠眼前的那面镜子是不够的，还必须“菱花前后照”才能看到后脑勺，那么，我们是否还需要一面或多面西方之外的镜子呢？可是，我们从来很少明确而自觉地认识到，作为“他者”，自己周边的日本、朝鲜、越南、印度、蒙古与自己有什么不同，人们始终觉得，他们似乎还是自己文化的“边缘”，并不善于用这些异文化眼光来打量自己。可是，真的是这样吗？我总觉得，中国与“西方”的差异对比，只能在大尺度上粗略地看到自我特征，

① 列文森（Joseph R. Levenson）《儒教中国及其现代命运》（郑大华等中译本，北京：中国社会科学出版社，2000）第一部分第七章指出，“近代中国思想史的大部分时期，是一个使‘天下’成为‘国家’的过程”（第87页）。

「在多面镜中认识自我的时代」。

从周边各个区域对中国的认识中，可能我们会重新认知历史中国、文化中国和政治中国。

而那些看似差异很小，甚至曾经共享一个文化传统的不同国度的比较，才能真正认识细部的差异，才能确认什么才是“中国的”文化。因此，在今天这个全球化看似普遍同质的时代，恰恰也许我们有可能进入第三个时代，即“在多面镜中认识自我的时代”。《宋高僧传》卷五记载唐代华严大师法藏有一个著名的设计，他曾经面对学者“取鉴十面，八方安排”，就是在上下八方各悬镜子，面面相对，中间安一佛像，用炬光照耀，于是交影互光，重重映照。当然，我们想做的，并不是法藏的“佛法无尽，彼此交互”，让“学者因晓刹海涉入无尽之义”，而是像拍立体电影一样，用多台摄影机从四面八方拍摄，然后组合起一个立体的中国。因而，从周边看中国，重新确立他者与自我，换句话说就是，从周边各个区域对中国的认识中，可能我们会重新认知历史中国、文化中国和政治中国。

关于这个问题的思想史意味，这里无法详细讨论。从文史研究的角度，我更想讨论这一研究方向的学术史意义。

如果我们回顾中国学术史，在某一个角度上说，中国学术国际化和现代化的第一波，似乎可以上溯到清代中叶对于西北地理和蒙元史的研究。自从钱大昕以后，由于考据学发展的内在理路（考据领域的拓展和延伸）和国情变化的外在背景（嘉道以后国际形势的变化），人们开始意识到西北地理、辽金及蒙元史研究，在超越汉族中国传统空间上的意义。首先，它不再仅仅是考据学家所涉猎的“汉语”、“汉族”和“汉文献”；其次，研究范围也不仅仅是考据学家们熟悉的儒家世界和传统经典；再次，他们研究的内容已经不仅仅局限在政治史的范围中。不妨看一下蒙元史的研究，在钱大昕以后，曾有邵远平《元史类编》、魏源《元史新编》、曾廉《元书》以及洪钧《元史译文证补》之作，到了屠寄在晚清时期修《蒙兀儿史记》，就务求蒙古在历史中固有之分际，扩大蒙元史之范围。他引用资料远远超出传统汉文史料，有高丽史料、云南史料、西域史料，尤其是采用了外文史料①。前面说到，在那个时代以后，中国学者其实已经参与到国际学术话题之中，如对突厥三大碑的考释、对蒙元文献的译读、对唐代火祆教即波斯琐罗亚斯德教（Zoroastrianism）、景教和摩尼教的研究等等国际性的课题中，就连傲慢的俄国人，对沈曾植考释突厥碑也只好刮目相看，“译以行世，西人书中屡引其说，所谓总理衙门书者也”②。

当晚清民初的中国，在政治、经济和文化上“被迫”日益进入国际的时候，学术界也发生了相当深刻的变化。正如前面所说，进入20世纪20年代前后，中国出现了一批最好的学者，他们不仅视野开阔，而且相当敏锐，无论是从哲学、文学而入史学的王国维，还是并未出洋却深谙国际学术潮流的陈垣，无论是主张全盘西化的胡适，还是恪守中国文化本位的陈寅恪，在学术上都在努力地“预流”，即进入“世界学术之新潮流”。恰好这个时候有所谓“四大发现”，尤其是敦煌文书的发现和研究，我们知道，当时王国维考证过敦煌的文献、陈垣编过《敦煌劫余录》，胡适和陈寅恪更是研究敦煌文书的大家，这些努力

① 参看前引杜维运《屠寄传》，载其《历史的两个境界》，第118~120页。

② 王蘧常《沈寐叟先生年谱》（台北：台湾商务印书馆，1977）。

便促成了中国学术国际化的第二波[①]。这是由于，第一，"胡语文献"刺激了语言学和历史学的结合，比如陈寅恪以梵文、藏文和汉语对勘敦煌文献；第二，敦煌出土的原始文献刺激了对传世文献的怀疑和辨证，如胡适对禅宗文献的考证；第三，敦煌这一非政治、宗教与文化中心区域所保存的不同语言的文献，引起了对中外交通、文化接触的研究兴趣；第四，各种非政府文书和非儒家文献的出现，引起了对经济史（如敦煌寺院经济）、宗教史（如三夷教、佛教和其他宗教）、地方史（如归义军、吐蕃、西域）的重视，促使历史研究领域传统的重心和边缘的彼此移动。

那么，第三波究竟是什么呢？我不敢断言，但我以为"从周边看中国"这一课题，也许在某种程度上可以刺激学术史的变化。

首先，我注意到前两波的学术史变动中，关注的空间都在西北，与传统的丝绸之路重叠，却比较少地注意到东边，比如日本、琉球、朝鲜、越南等等，可是，事实上这些区域所存的有关中国的文献相当丰富，过去，吴晗先生曾经在《李朝实录》中辑出十几册有关中国的珍贵史料[②]，其实远不止这些，比如韩国景仁文化社影印的《韩国历代文集丛书》近三千巨册，绝大多数是汉文书写，大致相当于明清时代

① 陈寅恪在1942年写的《朱延丰〈突厥通考〉序》中，其实已经感觉这一波学术与清代西北史地之学的关联，并预见这一学术趋势的发展，他说"惟默察当今大势，吾国将来必循汉唐之轨辙，倾其全力经营西北，则可以无疑。考自古世局之转移，往往起于前人一时学术趋向之细微，迨至后来，遂若惊雷破柱，怒涛振海之不可御遏"。见其《寒柳堂集》（北京：三联书店，2001），第163页。

② 吴晗编《朝鲜李朝实录中的中国史料》（北京：中华书局，1962）。

的史料；而韩国东国大学校林基中教授和日本京都大学夫马进教授分别编辑的《燕行录全集》和《燕行录全集日本所藏编》一百零六册，几乎五万页的资料基本上是明清两代朝鲜人对于中国的观察和记录；朝鲜通信使在日本的多种日记和诗文，也记录了大量日本和朝鲜人对于中国的观察、想象和评价，而日本江户时代在长崎和其他地方接待清帝国船只的各种记录，以及所谓唐通事的资料，像著名的《华夷变态》、《唐通事会所日录》、《古今华夷通商考》等等，以及大量有待发掘的史料，都呈现着已经分道扬镳的日本对中国的冷眼旁观[①]，至于在越南留下的一些文献如所谓“汉喃文献”，也保留了相当多有关中国的记载。俗话说，“当局者迷，旁观者清”，也许这些资料能够让我们“跳出中国，又反观中国”，了解中国的真正特性。

其次，近代以来我们习惯了东西文化对比，从最初以时间先后而论优劣的“西学中源”说，到以道器不同而论本末的“中学为体西学为用”说，再到五四时代以来的“东西文化”论争和“全盘西化”与“中国文化本位”之争，最后到如今的“东方主义”或“后殖民主义”理论，在讨论中国文化的时候，都是在“西方”这个巨大而朦胧的“他者”背景下立论的，冰炭不同、冷热迥异，让人看起来似乎很清晰，但是，这个看似清晰的文化描述中，却包含了相当朦胧的内容。追问下去，究竟这个“西方”是哪个“西方”，这个“东方”是哪个“东方”？因此，也许以

① 像一般记载中国风土人情和普通知识的寺岛安良《和汉三才图会》(1712)、中川忠英编的《清俗纪闻》(1799)、冈田玉山的《唐土名胜图会》(1805)等等，它们背后的眼光和态度，也相当值得注意。

看似文化差异不大的周边为“他者”，倒更能看出它们与“自我”那些细微却又至关重要的文化差异来。比如，表面上同样信仰朱熹之学，但是固执地恪守朱子学说不动摇的朝鲜两班士人，和没有科举制度的日本儒家学者，以及在满清王朝的考据学和异族文化双重影响下的中国士大夫，是很不一样的，在各种文献中常常看到朝鲜人对于清帝国学术和思想的讥讽，都能看到朝鲜和日本人因为蔑视中国文明沦丧而自称“中华”，看看这种差异，就能够更清楚地理解这个“东方”或者“东亚”，其实，并不是冈仓天心想象的“一个”[①]。

再次，正如傅斯年在《历史语言研究所工作之旨趣》中所说的，史料的扩充和工具的改进，其实就是学术的进步。他说，（一）凡能直接研究材料，便进步；凡间接的研究前人所研究或前人所创造之系统，而不繁丰细密的参照所包含的事实，便退步。（二）凡一种学问能扩张他研究的材料便进步，不能的便退步。（三）凡一种学问能扩充他作研究时应用的工具的则进步，不能的则退步[②]。1928年的时候，他觉得，“虏学”很重要，中国学术界“多不会解决史籍上的四裔问题的”，在边疆民族史地和中外关系史研究方面落后于外国的东方学家，在匈奴、鲜卑、突厥、回纥、契丹、女真、蒙古、满洲等问题上，就不曾像欧洲人那样注意，所以，亟须扩展研究的史料和使用的工具，借鉴比较历史和语言的方法。而且，他曾经设想中国研究，“将来一步一步西去，到中央亚

① 冈仓天心《东洋の理想》，亀井胜一郎、宫川寅雄编《冈仓天心集》（东京：筑摩书房《明治文学全集》38，1968），第6~7页。

② 傅斯年《历史语言研究所工作之旨趣》，《傅斯年全集》第四册，第1304~1306页。

细亚”，又设想在广州建“南洋学”中心，认为“南洋学应该是中国人的学问”。这是一个绝大的判断，前面我们提到中国学术国际化的第一波和第二波，正是像他所说，在一步一步西去，从敦煌、安西到中亚，重心在西北（虽然偶尔也南下）。可是，第三波是否应当转身向东呢？

1938年，胡适在瑞士的Zurich代表中国第一次参加国际历史学大会，在题为《近年来所发现有关中国历史的新资料》（Recently Discovered Material for Chinese History）的英文论文中，提到当时他所想到的有关中国史最重要的史料，包括当时被称作大发现的甲骨卜辞、敦煌卷子、大内档案以及禁书逸书，而与这些大发现并列的，就是“日本朝鲜所存中国史料”①。可是，近七十年过去了，除了吴晗后来在《李朝实录》中辑的资料之外，似乎有关中国的朝鲜汉文资料，尚没有特别好的整理和研究，至于日本有关中国的资料如长崎唐通事的资料，更很少看到人充分使用。当然，这个学术史的大趋势，并不是我能够预料的，不过，如果逐渐转身面向这个“周边”，将使得过去我们所不够重视的上述历史资料和周边各种语言，成为新的领域和新的工具，套一句经济学界常用的术语，也许，它将成为学术“新的增长点”②。

① 《胡适致傅斯年》（1938年9月2日），王汎森辑《史语所藏胡适与傅斯年来往函札》，载《大陆杂志》（台北）第九十三卷第三期，1996年9月，第11页。

② 这一研究新领域的开拓，我以为引出的学术史变化，有可能是（A）语言学的重新重视、（B）非汉族的宗教史的重视、（C）不得不参考外国文献与研究论著、（D）重新界定与认识“中国”和“他国”、（E）学术和文化之民族主义与世界主义问题。在这一点上，其实东洋和西洋学者已经有一些做得很好了。参看Colin Mackerras: *Western Images of China*（Oxford University Press, 1989）。又可参看荒野泰典、石井正敏、村井章介等编《自意识と相互理解》，载《アジアのなかの日本史》（东京：东京大学出版会，1993）第四册。

二　中国立场：与域外中国学的比较

毫无疑问，注意“中国”的周边并不是中国文史学界的专利，甚至不是中国学者的发明[①]，比中国学者更早，欧洲和日本的学者从19世纪末20世纪初就已经开始了有现代学术意味的“中国周边研究”，他们在这些研究中使用了历史学、文献学、考古学和语言学的综合方法，取得了相当大的成就。比如，法国的沙畹（E.Chavannes）、伯希和（P.Pelliot）、费琅（G.Ferrand）、马伯乐（H.Maspero）等等。虽然通常我们都把他们称作“汉学家”，他们的关注中心确实也都在中国，但是，他们的研究范围却常常涉及四裔，从冯承钧所译的《西域南海史地考证译丛》三大册中可以看到，题目常常出现的地名，是吐蕃、波斯、爪哇、真腊、安南、蒙古、占城、高昌、印度、吐谷浑、黎轩、罽宾，常常出现的宗教，是火袄教、摩尼教、景教、佛教以及后来的天主教和基督教，而常常出现的典籍，则是《诸蕃志》、《魏略西戎传》、《瀛涯胜览》、《真腊风土记》、《玄奘传》、《元秘史》、《长春真人西游记》、《宋云行纪》、《使印度记》等等[②]。

受到欧洲的影响，明治以来学术近代转型后的日本中国学家更是

① 比如宫崎市定在1943年就写有《中国周边史总论》，讨论到朝鲜、满洲、蒙古、土耳其斯坦（即古西域、今新疆）、西藏、印度支那半岛。且不论其对“中国”的理解，他提倡的研究，在聚焦中心和研究目的上，显然与我们不同。见《宫崎市定全集》（东京：岩波书店，1992）第十九册，第149～162页。

② 《西域南海史地考证译丛》（北京：商务印书馆，1995，1999）第一卷、第二卷、第三卷，其中第一、二卷原为冯承钧自1926年以来陆续翻译的法国中国学家的论著1—9编，第三卷为后来辑在一起的六种专书和论文。

关注所谓“满蒙回藏”以及中国周边。从兼治朝鲜与蒙古史的那珂通世（1851—1908）以后，明治、大正到昭和年间的日本学者，相当多的有这种关注中国四裔的趋向。著名的如白鸟库吉（1865—1942）、藤田丰八（1869—1928）、桑原骘藏（1871—1931）、箭内亘（1875—1926）、池内宏（1878—1953）、羽田亨（1882—1955）、和田清（1890—1963）等等，对于蒙古、朝鲜、安南、西域、西藏等等史地领域，都有相当出色的研究。其中，奠定日本明治时代东洋学的重要人物白鸟库吉，他关于突厥、乌孙、匈奴、粟特、康居以及朝鲜的研究，都赢得了欧洲学界相当高的评价，显示了当时日本中国学的新潮流。这使得日本学者对于进入世界学术潮流相当自信，他们甚至觉得，日本人比中国人懂得西洋新方法，又比西洋人更善于阅读东洋文献，所以，日本才应当是“东洋学”的前沿。这一潮流的参与者羽田亨曾经总结这一时期日本东洋学在考古、文献、语文问题上的进步，他说，明治大正年间日本东洋学的发展，“不仅在美术史、风俗史、历史地理上的研究数量不少，更由于中亚所发现的史料，使得中国历史事实被阐明得更多……从上述取向可见，如果从事中国史特别是塞外地方的历史研究，晚近学者可以向何方努力，学术的大趋势究竟会走向何方”，其中他特别提到了“第一武器”即语言知识在新研究中的意义[①]。这使得中国学者尽管

① 羽田亨曾经总结说，这一时期日本东洋学的进步，表现在（一）东方新的考古资料与诸文献的研究（如阙特勤碑），（二）古代语文的发现（如回鹘文、吐火罗文、西夏文），（三）西域各国的人种的研究，（四）各种非汉族宗教文献的新发现（如摩尼教经典），（五）粟特文化对东方的影响，（六）回鹘文化的东渐。见其《挽近における东洋史学の进步》，原载《史林》（1918年）第三卷第一、二号，后收入羽田亨《羽田博士史学论文集》，第635～653页。

从学术史的角度看，所谓日本这一学术趋向的现代意味是很清晰的。

不服气，却也不得不承认，“对于中国正统史事之研究，吾人当可上下其是非得失，相与周旋，至于西域、南海、考古美术之史的研究，则吾人相去远矣”①。

这是当年席卷欧美、日本以及中国的国际学术潮流。看起来，这一潮流有它的同一性，似乎是世界一致的风尚。不过，仔细考察就知道，无论在欧洲还是在日本，这一趋向自有其政治史和思想史的特殊背景。以和中国最为密切的东邻日本为例，如果说，从学术史上来说，它是学术近代化与国际化的推动所致，充分表现了它的现代意味，那么，从思想史的角度来说，这一学术风气中恰恰在看似纯粹的学术取向、学术方法和学术话题背后，隐藏了日本对于中国的某种特殊意图。

从学术史的角度看，所谓日本这一学术趋向的现代意味是很清晰的。这一趋向导致了日本对于中国研究的传统出现了危机，过去对于中国的传统认识似乎被颠覆，过去理解中国的习惯方法被改变，正如子安宣邦所说的，既因为研究方法的现代性而充满对传统中国学术的轻蔑，引起“支那学”的自负，也由于西洋学术方法的盛行，颠覆了传统学术，导致了危机意识，“这一危机意识，是由支配了近代日本学术制度的西欧近代人文科学而来的”②。但是，它促成了日本中国学

① 贺昌群《日本学术界之“支那学”研究》，原载1933年10月26日天津《大公报·图书副刊》第三期，收入《贺昌群文集》第一卷，第447页。

② 子安宣邦《日本近代思想批判——国知の成立》（东京：岩波书店“岩波现代文库：学术110”，2003），第115页。

的现代形态。明治以来，自认为与中国有久远关系的日本理应比欧洲人更能够掌握解释中国的主导权，因此，它努力通过（一）和西方学术一致的工具、资料和方法，（二）从事西方学界感兴趣的领域、课题和问题，并且（三）采取和西方科学相同或相似的，被标榜为“中立”的客观主义立场，在研究方法上，促进日本“东洋学”的形成，而在研究视野上，他们也极力效仿欧洲来自传教士和人类学家的汉学传统[①]，把“中国学”变成“东洋学”，即把领域逐渐从汉族中国，扩大到中国的周边，并有意识地把它作为与“西洋”相对的历史空间来研究[②]，一方面建立一个在历史、文化、民族上，可以和“西洋”并立，叫做“东洋”的历史论述空间，另一方面又把日本从这个“东洋”里抽离出来，成为有两个“他者”的“本国”。所以，当那珂通世提出在日本“本国史”之外，分设“西洋史”和“东洋史”的时候，日本东洋学界，就把“东洋史”从“中国”扩大到“四裔”，“中止了日本历来仅仅以中国史为中心

① 桑原骘藏在《支那学研究者の任务》一文中，作为学习的典范，他列举了一些西洋中国学家，如美国的Rockhill（研究西藏和蒙古佛教、文化、地理及研究《诸蕃志》、《岛夷志略》等有关南海交通文献）、英国的Phillips（研究荷兰占领时期的台湾史及明代中国与南洋交通）、Wylie（精通蒙古文、梵文、满文，研究传教士对中国的影响）、Legge（研究和翻译中国经典）、俄国的Bretschneider（研究蒙古时代），并且检讨“我国（日本）最大的失误，在于我国的支那学研究，还没有充分使用科学的方法，甚至可以质疑的是，也许还在无视这些科学的方法，然而，科学的方法并不只是西洋学问应当应用，毫无疑问，日本的支那学研究也是应当依据的”。《桑原骘藏全集》（东京：岩波书店，1968）第一卷，第591~594页。

② 白鸟库吉的志向，就是要使日本的东洋学，超过欧洲，所以他在若干年后写的《满鲜史研究の三十年》中，就说道：“为了不输给欧美学者，我们建立了规模很大的东洋历史学会，与实业家、政治家携手，提倡根本的东洋研究的必要性，特别是当时欧美人在东洋研究方面，多在中国、蒙古、中亚，确实其中有非常权威的成就，但是，在满洲和朝鲜研究上，却尚有未开拓处。因此，我们日本人必须要在欧洲人没有进入的满洲、朝鲜的历史地理方面，有自己的成果。”转引自松村润《白鸟库吉》，载江上波夫编《东洋学の系谱（1）》，第45~46页。

从思想史的角度看，这一学术转向背后却隐藏了很深的政治背景。

的偏狭，而必须包括东洋诸国、东洋诸民族的历史”[①]。明治大正时期，日本各种如《东洋哲学》等刊物的学术关注，白鸟库吉等学者的学术训练，和各个学者多选择以满、蒙、回、藏为主的学术课题，都显示了这种追求现代性、融入国际潮流的趋向[②]。

然而正如第七章所说，从思想史的角度看，这一学术转向背后却隐藏了很深的政治背景。明治以来逐渐膨胀的日本民族主义，以所谓“亚细亚主义”的表象出现，日本对于过去在亚洲最大的对手中国，重新采取一种俯视的眼光来观察。其中，最有影响的就是不再把过去的“中华帝国”看成是庞大的“一个”，而是借用欧洲流行的“民族国家”新观念，把过去所谓的“中国”解释成不同的王朝，这些王朝只是一个传统的帝国，而实际的“中国”只应该是汉族为主体，居住在长城以南、藏疆以东的一个国家，而中国周边的各个民族应当是文化、政治、民族都不同的共同体[③]。自从明治时代“国权扩张论”的膨胀，借了安全和利益的名义，对于中国以及周边的领土要求越来越强烈。因此，在明治时代的日本中国学研究者，对于中国“四裔”出现了异乎寻常的热情，对朝鲜、蒙古、满洲、西藏、新疆都有格外的关注，而不再把中国各王朝看成是笼罩边疆和异族的同一体。正如日本学者所说，

① 江上波夫编《东洋学の系谱（1）》，第3页。

② 参看第七章《边关何处？》的讨论。

③ 例如和田清在1942年的《支那及び支那人とぃう语の本义につぃて》一文中就说“蒙古、满洲、西藏在过去，与中国并非一国，人种不同，语言不同，文字和宗教也不同，风俗习惯也不同，历史和传统更是有差异，这从满洲兴起的大清帝国统一才归到一起，没有理由把这些一样地说成是‘支那’或‘支那人’，这无需论证，不言自明”（《东亚史论数》，第202~203页）。

“在日清战争爆发的刺激下，（日本）国民对亚洲大陆越来越关心，这一历史观念，就是在日本作为近代国家急剧上升的明治二十年代，面对西洋，日本作为亚洲民族的自觉日益高涨，面对西洋文化，出现主张独特的东洋文化的时代思潮的背景下形成的”[①]。当时，这种民族主义的政治行为，激活了学术领域的研究兴趣，而这一学术领域的研究取向，又逐渐变成一种理解中国的普遍观念[②]。这种观念一直发展到二战前后，便在日本历史学界形成热门话题，其中最有代表性的，是前面几次提到的矢野仁一《近代支那论》。矢野认为，中国不能称为所谓民族国家，满、蒙、藏等原来就非中国领土，如果要维持大中国的同一性，根本没有必要推翻满清王朝，如果要建立民族国家，则应当放弃边疆地区的控制，包括政治上的领属和历史上的叙述[③]。

学术史上的国际视野和现代方法，与思想史上的民族立场和论述策略，在这里纠缠不清。那么，现在我们讨论“从周边看中国”，是否也会遇到这种问题？也许可以说远一些，这涉及到一个有关传统学术研究的根本问题，就是传统文史研究的意义究竟在哪里？我觉得，除了给人以知识的飨宴，训练人们的智力之外，一个很重要的意义就是建立对国族（是文化意义上的国家，而不是政治意义上的政

① 江上波夫编《东洋学の系谱（1）》，第3页。

② 参看第七章《边关何处？》的论述。

③ 前引矢野仁一《近代支那论》（东京：弘文堂书房，1923）。在1943年第二次世界大战的关键时刻，矢野更在广岛大学的系列报告中，便提出了超越中国，以亚洲为单位的历史叙述理论。见其《大东亚史の构想》（东京：目黑书店，1944），参看第31页以下。又，关于这一时期日本中国学研究与日本民族主义政治的关系，还可以参看当时东亚研究所编《异民族の支那统治史》（东京：大日本雄辩会讲谈社，1944—1945）。

那么，我们现在提倡「从周边看中国」，又如何确立我们自觉的问题意识与独立的研究立场呢？

我们提倡的「从周边看中国」却是聚焦中国史，在「中国」这个近世形成的文明空间和现代已经成型的政治国家，仍然在文化上和政治上强有力地笼罩的情况下，以中国这个「民族国家」为中心的历史研究，仍然有它的意义。

府)的认知，过去的传统在一个需要建立历史和形塑现在的国度，它提供记忆、凝聚共识、确立认同。美国学者芭芭拉·塔克曼(Babara W.Tuchman)在《从史著论史学》(*Practicing History*)中在提到以色列为什么对考古有特别的兴趣时，说“一个民族为了觉得自己是国家，不但必须有独立和领土，并且还要有历史”①。如果说，明治时代的日本学界，无论是有意还是无意地把中国放在东洋，把东洋的各个民族历史文化放在和中国同等的位置，加以重视和研究，虽然吻合现代的民族国家平等观念，但又隐含了对中国的政治意图，那么，我们现在提倡“从周边看中国”，又如何确立我们自觉的问题意识与独立的研究立场呢?

这里应当强调，我提倡“从周边看中国”，并不是打算重拾过去欧洲东方学和日本对满蒙回藏鲜学的学术兴趣。从纯粹学术的角度看，他们对日本、朝鲜、琉球、越南、蒙古、印度等等地区历史文化的研究，我们可以归入“区域研究”之中，这种研究可能有超越现代的“民族国家”的空间限制的意义，使历史文化空间超越政治领属空间，从而认识历史与文化交流和接触的真相；然而，我们提倡的“从周边看中国”却是聚焦中国史，在“中国”这个近世形成的文明空间和现代已经成型的政治国家，仍然在文化上和政治上强有力地笼罩的情况下，以中国这个“民族国家”为中心的历史研究，依然有它的意义。

我在《绪说》中说到，超越民族国家，从民族国家中把历史拯救

---

① 芭芭拉·塔克曼(Babara W.Tuchman)《从史著论史学》(*Practicing History*)(梅寅生译，台北：久大文化公司，1990)，第165页。

传统文史的研究并不完全是一种「无国界」的普遍性科学，现代学术的转型与民族国家重新界定始终同步，文史研究不是在破坏一种认同、一种观念、一种想象，就是在建构一种认同、一种观念、一种想象……

出来，这是以欧洲历史为背景的后现代思路，在中国未必行得通。为什么？一方面中国和欧洲不同，中国的政治疆域和文化空间是从中心向边缘弥漫开来的，即使不说三代，从秦汉时代起，“车同轨，书同文，行同伦”，语言、伦理、风俗和政治的同一性就开始把这个空间逐渐凝固起来，特别是在宋代，由于国际形势的变化，其实已经形成了中国独特的近世“民族国家”，这与欧洲认为“民族原本就是人类历史上晚近的新现象”不同①；另一方面中国和日本也不同，日本的单一民族、语言、文化，与其在范围明确的空间重叠，因此，在形成近代民族国家的过程中，不会有民族、空间、文化和语言的复杂问题，而中国却在近代民族国家的建立中，始终要在传统王朝的延长线上，继承变动的又是传统的遗产。因此，把中国的传统帝国与现代国家区分为两个时代的理论，并不符合中国历史，也不符合中国的国家意识观念和国家生成历史。在中国，并非从帝国到民族国家，而是在无边“帝国”的意识中有有限“国家”的观念，在有限的“国家”认知中保存了无边“帝国”的想象，近代民族国家恰恰从传统中央帝国中蜕变出来，近代民族国家依然残存着传统中央帝国意识，从而是一个纠缠共生的历史。

传统文史的研究并不完全是一种“无国界”的普遍性科学，现代学术的转型与民族国家重新界定始终同步，文史研究不是在破坏一种

① 比如霍布斯邦（Eric J.Hobsbawm）《民族与民族主义》（李金梅中译本，台北：麦田出版社，1997），第8页，他已经注意到这“是源于特定地域及时空环境下的历史产物”，所以，在讨论到民族国家的语言问题时，他也说到“不过中国的情况是一大例外”（第75页）。

认同、一种观念、一种想象，就是在建构一种认同、一种观念、一种想象，特别是当你研究的是一个关于民族和文化的传统的时候尤其如此。按照当时的认识，它是一个“公共的信仰”，也是一个“认同的基础”。当年丁文江发表《中央研究院的使命》一文，曾经这样阐发文史研究的意义，“中国的不容易统一，最大的原因是我们没有公共的信仰，这种信仰的基础，是要建筑在我们对于自己的认识上，历史与考古是研究我们民族的过去，语言人种及其他的社会科学是研究我们民族的现在，把我们民族的过去与现在都研究明白了，我们方能够认识自己”，他的结论是“用科学方法研究我们的历史，才可造成新信仰的基础”①。所谓“（我们）民族的过去”、“（我们）民族的现在”和“（我们的）公共的信仰”，常常并不能共享。因此，同样研究周边的历史文化，“中”与“外”是不同的，如果说他们关注的是“周边”，而我们关注的却是“中国”。

或许，关注东亚、中亚、西亚、南亚是一百年前欧美、日本学术界的时尚。或许，超越民族国家，把各个不依国界的区域当作研究空间，是当今的风气。但是，理论虽然不是陈酒越旧越值钱，但也绝不是时装越新越好销。当“历史上的中国”仍然是一个有关文明和传统的意义空间的时候，重建以周边（日、韩、越、印、阿、藏、蒙等）为“他者”的新参照系统，来认识历史意义上的文化中国，既可以使传统历史与文化的研究具有确立认同之意义，也可以使人们可以清晰地区分一个

① 文载《东方杂志》（上海）第三十二卷第二号（1935年1月16日）。

移动的历史中国和一个现实的政治中国。同时，我们从“周边”的反应来观察一个历史上文化与传统曾经不断变化的“历史中国”，其实，也是试图对“现实中国”自身有一个新认识。正如我在前面说的那样，也许现在是一个“需要多面镜子的时代”，周边各个区域长期以来对于中国这个“庞大的他者”的不同认识，可能恰恰是多面洞烛细微、使中国认识更加准确的镜子。与这些和中国亲密接触、看上去有些“同质”的文明体相比，那个“异质”性似乎太大的“西方”，似乎只是一面朦胧含糊的铜镜，虽然看得见整体中国文化的轮廓，却怎么也看不清具体文化中国的细部。

三　交错的文化史：不必划地为牢

关注的重心在中国，也试图以“中国的”文化和历史作为研究的主要领域，但并不是说，我们想划地为牢，把视线集中在传统中国的自我认识上。中国文史学界也需要研究中国以及周边各个文明体在文学、宗教、学术、艺术等等方面的彼此互动。以前，比较宗教学的创始人缪勒（F.Max Müller）引用过歌德的一句名言，“只知其一，便一无所知”（He who Knows one, Knows none），这对于我们永远是一句箴言，尽管作为中国学者，“从周边看中国”是我们的研究重心，但了解彼此文化之间的交错同样应当关注。古代禅师有一句话说，“一波才动万波随”，近世中国和周边的关系也是这样，只是我们不希望把这种接触、交错和影响，变成一种简单而呆板的“牛比马大，马比羊大，羊比猫大”

在近世中国与周边，知识、思想和信仰彼此关联，形成或隐或显的大链条的例子很多……

式的比较，而是希望透过文学、宗教、学术、艺术以及语言的具体接触史，看看这一文化的大链条，究竟是怎样一环扣一环地连接起来的。

1940年，宫崎市定在《东方的文艺复兴和西方的文艺复兴》中曾经提出一个假设，在15至16世纪的欧洲，很多绘制圣母的形象，例如香奇博物馆藏15世纪圣母像、安格兰·夏伦敦（Enguerand Charonton）与让·贝来阿尔（Jean Perreale）的圣母像等，可能已经受到了东方观音形象的影响，如瓜子形的长椭圆脸，合十的动作等等。此后，还有人指出，正是因为观音和圣母形象的如此接近，当日本长崎的天主教徒受到迫害转入秘密之后，来自中国泉州制作的陶瓷观世音像尤其是童子拜观世音像，就曾经替代了圣母玛利亚的塑像，被心中仍然向往天主的日本信徒膜拜①。而1943年，方豪先生则写过一篇文章，讨论“跨越十字架”这种来自日本禁抑天主教信仰的“蹈绘”方式，是怎样传入中国，影响雍正以后的清帝国，并被中国的官府用来作为考验中国信教者的方法②。在这两个例子中，“圣母形象”和“蹈绘考验”就贯穿了若干个有趣的文化史链条。

其实，在近世中国与周边，知识、思想和信仰彼此关联，形成或隐或显的大链条的例子很多，我们不妨再看三例。第一个涉及宗教史和艺术史，关于明代中国国家祭典尤其是文庙祭祀孔子的乐舞。根据

① 宫崎市定《东洋のルネッサンスと西洋のルネッサンス》，《宫崎市定全集》第十九册，第33~36页；中译本《东方的文艺复兴和西方的文艺复兴》载中国科学院历史研究所编译组译《宫崎市定论文选集》下卷，商务印书馆，1965，第60页。

② 方豪《清代禁抑天主教所受日本之影响》，1943年发表，后收入《方豪文录》（北平：上智编译馆，1948），第47~66页。

比利时学者钟鸣旦的研究，万历年间的宗室朱载堉在《乐律全书》中曾经对于这些乐舞有过富于创造力的阐述和改造，虽然它未能真正在国家祭典上得到实现，但是却远传到欧洲，因为它引起了耶稣会士法国人钱德明（Joseph Marie Amiot, 1718—1793）的注意。最早的一批有关朱载堉的舞蹈图示被收录在 *Mémoires concernant l'histoire, les sciences, les arts, les moeurs, les usages, etc. des Chinois*（Paris: Nyon, 1780）一书中，而且他还把总数超过1400页的朱载堉舞蹈图示的绘本送到了欧洲[①]。究竟这些整齐有序规模庞大的国家乐舞以及它背后的儒家涵义，对欧洲有什么影响，还需要研究；无独有偶，同样是万历年间，国家对于文庙祭祀儒家先祖孔子的乐舞，曾经由一个归依了天主教的著名学者李之藻（1565—1630）进行修订，他的《泮宫礼乐疏》（1618,1619）前几章讨论乡校（即泮宫）中的圣祠，对于祭器、祭典上的音乐和颂歌都有记载和讨论，而且其中记载了三套、每套32个姿势的大夏舞。然而，更有趣的是，李之藻的《泮宫礼乐疏》中记载的乐舞，又在1672年，被明亡以后流亡到日本的虔诚儒家学者朱舜水，作为基本依据，用来为水户藩德川家圀制定祭孔典礼，因而成为后来日本孔庙祭祀乐舞的格局[②]。从一个乐舞传播的过程中，我们似乎可以看到文化接触中的“东山钟鸣，西山磬应”现象。第二个涉及朝鲜天主教

① 钟鸣旦（Nicolas Standaert）：“Ritual Dances and Their Visual Representations in the Ming and the Qing”, *The East Asian Library Journal*（Princeton Univ.）XII,1（Spring 2006）, pp. 68-181。

② 参看林俊宏《朱舜水在日本的活动及其贡献研究》第四章，台北：秀威资讯科技出版，第200～209页，2004。

传教史和政治史。在李朝朝鲜，18世纪末19世纪初虽然有像李承薰这样受过北京的西洋传教士汤士选（Alexander Gouvea）的洗礼，带了宗教书籍、十字架、天主教绘画等回国的朝鲜天主教徒，在两班阶层中开始传教活动，但是，另外一个重要的宗教领袖，居然是来自中国苏州的中国人周文谟（Jacques Vellozo），是他奉汤士选之命，“约会边境，扮作驿夫，昼伏夜行，混入国都，多年匿置，为伊等之渠帅”[①]，而且进入上层政治圈，向正祖大王的庶弟之子常溪君的妻子宋氏、媳妇申氏传教，并深得宋氏信仰，而宋氏即后来在1849年即位的哲宗的祖母。在这样的活动中，他把天主教在朝鲜的传教演变成了一个国际性的政治活动[②]，而且事涉西洋、清帝国、朝鲜王国三方，并在某种程度上激起了后来影响极大的“辛酉大教难”，而这一事件在后来，则间接影响了嘉庆十年（1805）清帝国对天主教传教的严厉禁令[③]。第三个来自朝鲜赴清帝国贺岁使和赴日本通信使的资料，对于取代明帝国的大清帝国的文化和政治，到底朝鲜人如何看？面对日本德川时代的文化，朝鲜人究竟采取什么态度？政治上和文化上逐渐强盛起来的日本人对于中华文化的发源地中国和转运地朝鲜，究竟是什么态度？在现存数以百计的《燕行录》和有关诗文集中，我们可以看到朝鲜人怀着对大明帝国的感情、对传统中华文明的崇敬和对朱子学说的执着，他

① 这是朝鲜李朝政府在嘉庆六年岁末（1802）给清廷报告中的话，见李晚秀《辅车集》，载林基中编《燕行录全集》第六十卷，第533~540页。首尔：东国大学校韩国文学研究所，1992。

② 参看浦川和三郎《朝鲜殉教史》：关于这一事件的研究（东京：国书刊行会，1973）。

③ 参看葛兆光《邻居家的陌生人——清中叶朝鲜使者眼中北京的西洋传教士》，载《中国文化研究》2006年第3期，第1~12页。

长期以来，我们的文史哲各个学科，不仅仿佛「铁路警察，各管一段」似地各自画地为牢，形成了各自的边界和壁垒，而且由于中国和外国的研究界限，使得我们的研究仿佛也像有了国界和海关一样，不办护照没有签证就绝不能出境，这也许在某种程度上限制了我们的视野。

们对清帝国相当蔑视和失望，这促成了朝鲜朱子学说的延续和坚守；而通过朝鲜通信使的日记和诗文，我们又知道他们在面对日本的时候，尽管在政治上对日本的虎视眈眈相当紧张和不安，但是在文化上又以“中华文明”代言人自居，对于日本有着一种无端的自负和傲慢；而日本人呢？通过现存大量的《唐风说书》、唐通事资料等等，我们知道通过长崎这个通商窗口，通过对大量到达长崎的清国商人的讯问和调查，通过各种唐船舶来的书籍，他们对于中国的政治、经济、军事以及文化状况有了相当了解，因而在政治上和文化上都对当时的清帝国渐渐形成了一直延续到近世的偏见和轻视[①]。

长期以来，我们的文史哲各个学科，不仅仿佛“铁路警察，各管一段”似地各自画地为牢，形成了各自的边界和壁垒，而且由于中国和外国的研究界限，使得我们的研究仿佛也像有了国界和海关一样，不办护照没有签证就绝不能出境，这也许在某种程度上限制了我们的视野。可是，自古以来，尤其是近世的中国和周边，就算是严厉的海禁时期也罢，彼此的来往是很多的，文学、宗教、学术、艺术等等，常常并不需要护照和签证，自己就越境出界，构成交错的图景。只是需要注意的是，文化河流漫堤而出顺势流到各个区域，这个时候，它会随着地势高低起伏的变化，改变流向，或急或缓，有时候积成大湖，有时

① 参看葛兆光《从朝天到燕行——17世纪中叶后东亚文化共同体的解体》，载《中华文史论丛》2006年第1期（总第81期）；葛兆光《地虽近心渐远——17世纪中叶以后的中国朝鲜和日本》，载《台湾东亚文明研究学刊》第三卷第一期（总第五期），台湾大学人文社会高等研究院，2006年6月。

候变成急流，一些看似相同的宗教、思想、学术和艺术，在不同区域生根，却会结出不同的果实，全看各地的风土适宜如何。比如同是程朱理学，当它在清帝国受到考据学的挑战和科举制的庇佑，从而既在知识上失去了权威性，又在思想上失去了生命力，越来越成为僵化的教条和虚伪的包装时，在李朝朝鲜，理学却被士大夫真诚而坚决地捍卫着。为什么？很简单，因为朝鲜当时有"两班制度"，就是在朝鲜人中，只有世家子弟才有参加科举的权利，由于只有世家子弟可以参加科举考试，就形成了一个不大流动的特权阶层，由于特权阶层的自豪和自负，使他们对属于自己文化和经验的捍卫特别固执，而理学就是他们自认为纯正正统的学问。可是在德川时代的日本，正如日本学者渡边浩所指出的，由于日本没有科举制度，士人不可能全靠这一学问安身立命，因而理学并不能成为绝对的和普遍的意识形态，由于日本本身的民众文化并不具备如此讲究日常道德和伦理秩序的传统，因而理学虽然经由藤原惺窝和林罗山等提倡而成为德川时代的上层思想，但是却无力渗透到生活世界[①]。同样是朱子学说，在三个不同的文化背景下，却命运如此不同。因此，我很赞同思想史理论家斯金纳（Quentin Skinner）的说法，他说，需要讨论的不是悬置在抽象半空中的，而是落实在语境中的思想（Ideas in Context）[②]。由于各自语境也就是风俗、

① 渡边浩《日本德川时代初期朱子学的蜕变》，中文本，载《史学评论》（台北：1983）第五期，第205页。

② （英）玛利亚·露西亚·帕拉蕾丝—伯克编《新史学：自白与对话》（彭刚中译本，北京：北京大学出版社，2006），第271页。

观念、组织和宗教等等生活世界的不同，传来的文学、宗教、艺术和学术也显出不同的面貌来。

四　结语：新资料、新方法和新典范——文史研究的展望

2000年秋天我到欧洲访问，曾经在荷兰莱顿大学汉学院参观了他们关于荷兰人早年在日本长崎绘制的各种图像与日本开国时期的图像资料，也和主持其事的著名学者许理和（Erich Zürcher）交谈。这一经验给我印象很深，使我联想到美国斯坦福大学的胡佛研究中心有关中国近现代文献的收藏，想到日本东京大学的史料编纂处和东洋文化研究所的中国绘画资料库等等。我们知道，在文史研究领域，任何一个有意义的研究，都是从发现新资料开始的。在中国，最近几十年里有大家所熟知的包括马王堆、张家山、郭店、上博、走马楼一直到里耶、悬泉置的战国秦汉竹简的发现，也有包括陆续发现的石刻资料的收集，还有由于研究视野转变之后，日益显出重要性的民众日常生活资料的引进，将来还会有"周边"关于中国的历史资料的研读。资料仿佛是建楼的基础，没有一个坚实的基础，就好像在沙上建房。我以为，中国的文史研究机构，当然需要在资料库的建设上下功夫，第一，尽可能收集和保存新的文献资料，这是"预流"的基础条件；第二，研究文史的文献资料不局限于传统的经典，也包括民间资料，不局限于文字文献，也包括图像与影像，不局限于中国的资料，也包括外国的资料，这是"拓宽文史研究视野"的必须；第三，尽可能形成一个自己的有特色的资料

当我们有了新资料之后，如果还有新的方法，这些新资料将会向我们提出很多过去没有想到的新问题。无论这些问题将来被证实，还是被证伪，它都将引起学术研究典范的新变化。

库，因为天下文献资料太多，没有什么研究中心可以包罗无遗。

当我们有了新资料之后，如果还有新的方法，这些新资料将会向我们提出很多过去没有想到的新问题。无论这些问题将来被证实，还是被证伪，它都将引起学术研究典范的新变化。就像甲骨卜辞的发现，经过王国维《先公先王考》等论文的考释，形成了地下资料与传世文献互证的两重证据法[①]；就像敦煌禅宗文献的发现，经过胡适《荷泽大师神会传》等论文的阐发，形成了对教内文献"攀龙附凤"的怀疑，剥开了子孙炮制传灯系谱的伪饰一样。新资料刺激起对新方法的需求，新方法又引出一个新典范的建立，这是一个必然的，也是最容易出现的学术新变。

最后，我想再回顾一下现代中国的学术史。当1902年梁启超写下《新史学》和《论中国学术思潮变迁之大势》这些不同于传统中国历史学的著作，宣告新的研究典范的开端时，也许他主要依靠的资源是西洋和东洋近代历史学的启迪[②]；而1919年胡适写下《中国哲学史大纲》上卷，成为中国哲学研究的"开山"，并成为新的典范的时候，也许他主要也是用的西方哲学研究的模式[③]。他们之所以可能开创新典

① 关于王国维《殷虚卜辞中所见先公先王考》的学术史意义，参见葛兆光《日本藏〈殷虚卜辞中所见先公先王考〉手稿跋》，载《九州学林》（香港：香港城市大学出版社，2003）第一卷第一期。

② 梁启超《新史学》、《论中国学术思潮变迁之大势》，见《梁启超全集》（北京：北京出版社，1999）第三卷，第736~753页，第561~615页。

③ 余英时《学术思想史的创建及流变》指出胡适的这部书"在于超越乾嘉各家个别的考证成就，把经史研究贯连成有组织的系统，运用的是西方哲学史研究方法。甚至本书最后还进行明显的评判部分—— 即以实验主义观点来批判古人的学说"，因此，胡适此书是"典范"（paradigm），这个所谓的"典范"，就是内容是中国的，形式和概念上是取西方的。见《古今论衡》（台北：1999）第三辑，第68~69页。

范，一方面是因为晚清民初中国学术大转型时期的特殊条件，即传统的文史研究刚好由于外来的新观念和新方法的冲击而来了一个大转向，他们适逢其时，一下子就站在了学术潮流的前列，但另一方面，他们也恰好顺应了当时中国需要建立自己的学术统绪和文化解释，以树立自己的民族自信心的契机，所以，他们看来只是学术的研究，却介入了民族国家重建的主流[①]。我们现在是否能有这样的时代机遇和国际潮流？我不敢作无根据的预言，正如我一开始说的，真正成为后来学人可以效仿的典范的学术成就，却是在四大发现之后，1920年代到1930年代，清华学校研究院和历史语言研究所以殷商甲骨研究上古史、以汉简和敦煌文献研究中古史、以大内档案研究近世史，追踪新史料开拓新领域，在文史研究的工具和资料上，在文史研究的视野上，在文史研究的方法上，都努力推陈出新。这些“新”资料、“新”方法、新“典范”，伴随着他们面对新世界而产生的新问题，开出了中国文史研究的新局面。正如前面我们看到的陈寅恪《陈垣〈敦煌劫余录〉序》所说的，“一时代之学术，必有其新材料与新问题。取用此材料，以研求问题，则为此时代学术之新潮流。治学之士，得预于此潮流者，谓之预流（借用佛教初果之名），其未得预者，谓之未入流”。正是因为“预流”，这两个研究机构才成为中国学界乃至国际学界引人瞩目的中心。

① 所以梁启超反复说，学术思想尤其是历史学与民族主义精神有关，是爱国心之源泉，能够促进国民团结和群治进化。见《新史学》，载《梁启超全集》第三卷，第736页；又，《论中国学术思潮变迁之大势》，第561页。

现在的中国大陆的文史学界，是否能够在这个国际国内形势越来越复杂的背景下重新出发，对传统中国文史有新的研究，不仅成为新的「国际学术潮流」的预流者，而且成为对中国文史有新诠释方式的研究基地呢？

差不多七十年过去了，清华学校研究院已经成为历史，虽然被学术史的热心者常常提起，但是往往只是作为针砭当下学术体制的样板，四大导师也好像是遥远的学术史上不可企及的背影；而中研院历史语言研究所则迁到了台北，研究中国的传统文史之学的学术群体渐渐缩小。那么，现在的中国大陆的文史学界，是否能够在这个国际国内形势越来越复杂的背景下重新出发，对传统中国文史有新的研究，不仅成为新的"国际学术潮流"的预流者，而且成为对中国文史有新诠释方式的研究基地呢？

参考文献

基本文献

近人论著

基本文献

《十三经注疏》，北京：中华书局影印本，1980。

《史记》以下二十四史，均用北京中华书局标点本。

《明太祖实录》，台湾中研院历史语言研究所校印本，1962。

赵汝愚编：《宋朝诸臣奏议》，北大中古史中心点校本，上海：上海古籍出版社，1999。

《宋元方志丛刊》，北京：中华书局影印本，1990。

陈公亮：《严州图经》，《丛书集成初编》本，上海：商务印书馆，1936。

《（万历）湖州府志》，收入《四库存目丛书》史部第191册。

《（正德）嘉兴志补》，收入《四库存目丛书》史部第185册。

《（正德）大同府志》，收入《四库存目丛书》史部第186册。

《（嘉靖）仁和县志》，收入《四库存目丛书》史部第194册。

《（嘉靖）河间府志》，收入《四库存目丛书》史部第192册。

《（嘉靖）抚州府志》，《中国方志丛书》本，台北：成文出版社，1989。

《（嘉靖）惟扬志》，《天一阁藏明代方志选刊》本，上海：上海古籍书店，1981。

《光绪朝朱批奏折》，北京：中华书局，1996。

汪荣宝：《法言义疏》，北京：中华书局，1996。

《四库全书总目》，北京：中华书局影印本，1981。

袁珂：《山海经校注》，上海：上海古籍出版社，1980。

艾儒略著、谢方校释：《职方外纪校释》，北京，中华书局，1996。

道宣撰、范祥雍点校：《释迦方志》，北京：中华书局，1983。

费信：《星槎胜览》，《续修四库全书》第742册影印古今说海本。

巩珍：《西洋番国志》，《续修四库全书》第742册影印知圣道斋抄本。

何乔远：《闽书》，福州：福建人民出版社，1994。

黄省曾著、谢方校注：《西洋朝贡典录校注》，北京：中华书局，2000。

黄衷：《海语》，影印文渊阁《四库全书》本，第594册。

季羡林等校注：《大唐西域记校注》，北京：中华书局，1985。

黎崱撰、武尚清校：《安南志略》，北京：中华书局，1995。

刘斧：《青琐高议》，上海：上海古籍出版社，1983。

罗曰褧：《咸宾录》，北京：中华书局，2000。

马欢：《瀛涯胜览》，《续修四库全书》第742册影印陈眉公家藏秘本。

田汝蘅：《留青日札》，上海：上海古籍出版社，1992。

汪大渊著、苏继庼校释：《岛夷志略校释》，北京：中华书局，1981。

王士点、商企翁编：《秘书监志》，杭州：浙江古籍出版社，1992。

吴自牧：《梦粱录》，济南：山东友谊出版社，2001。

严从简：《殊域周咨录》，《续修四库全书》本，第735册。

叶德辉：《书林清话》，北京：中华书局，1959。

叶盛：《水东日记》，北京：中华书局，1980。

耶律楚材撰、向达校注：《西游录》，北京：中华书局，1981。

游朴：《诸夷考》，《续修四库全书》本，第742册。

于慎行：《榖山笔麈》，北京：中华书局，1984。

俞樾：《茶香室丛钞》，北京：中华书局，1995。
赵汝适著、杨博文校释：《诸蕃志校释》，北京：中华书局，1996。
章潢：《图书编》，影印文渊阁《四库全书》本。
真人元开撰、汪向荣校注：《唐大和上东征传校注》，北京：中华书局，1979。
郑若曾：《筹海图编》，郑州：河南教育出版社，1994。
周达观撰、夏鼐校注：《真腊风土记校注》，北京：中华书局，1981。
周密：《癸辛杂识》，北京：中华书局，1988。
周去非：《岭外代答》，影印文渊阁《四库全书》本。
周致中撰、陆峻岭校注：《异域志》，北京：中华书局，1981。

《大正新修大藏经》，台北：新文丰出版公司影印本。

《全唐文》，上海：上海古籍出版社影印本，1990。
《宋文鉴》，北京：中华书局，1992。
贺长龄编：《清经世文编》，北京：中华书局，1992。
葛士睿编：《皇朝经世文编续编》，台北：文海出版社影印本，1979。
石介：《徂徕石先生文集》，北京：中华书局，1984。
欧阳修：《欧阳修全集》，北京：中华书局，2001。
邵雍：《伊川击壤集》，四部丛刊缩印本。
李觏：《李觏集》，北京：中华书局，1981。
苏辙：《栾城集》，北京：中华书局，1990。
周孔教：《周中丞疏稿》，《四库存目丛书》影印明刻本，史部64册。
郑若曾：《郑开阳杂著》，影印文渊阁《四库全书》本。
谢杰：《虔台倭纂》，《玄览堂丛书续集》影印明万历刊本，台北：正中书局，1985。

魏源:《魏源集》,北京:中华书局,1976。

贺铸:《贺先生书牍》,都门刻本,1920(引者按:刻本年代或当在1921年以后)。

《近代中国对西方列强认识资料汇编》,台北:中研院近代史研究所,1986。

王先谦:《清王葵园先生先谦自定年谱》,台北:台湾商务印书馆,1978。

翁同龢:《翁同龢日记》,北京:中华书局,1993。

李毓树主编:《近代史料丛书汇编》第一辑,台北:大通书局。

杨家骆主编:《中日战争文献汇编》,台北:鼎文书局,1973。

张枏、王忍之编:《辛亥革命前十年间时论选集》,北京:三联书店,1977。

何如璋等撰:《甲午以前日本游记五种》,长沙:岳麓书社,1985。

章太炎:《太炎文录初编·别录二》,收入《章太炎全集》第四卷,上海:上海人民出版社,1985。

章太炎《訄书》重订本,收入《章太炎全集》第三卷,上海:上海人民出版社,1985。

汪康年:《中国自强策》,收入《汪穰卿遗著》,民初排印本,出版地不详。

汪康年:《汪康年师友书札》,上海:上海古籍出版社,1986。

杨度:《杨度集》,长沙:湖南人民出版社,1986。

李大钊研究会编:《李大钊文集》,北京:人民出版社,1997。

《时务报》,北京:中华书局影印本,2010。

《清议报》,北京:中华书局影印本,2006。

大庭修编:《安永九年安房千仓漂着南京船元顺号资料》,《江户时代漂着唐船资料集》五,关西大学东西学术研究所资料集刊13-5,1990。

大庭修编:《宝历三年八丈岛漂着南京船资料》,《江户时代漂着唐船资料集》一，关西大学东西学术研究所资料集刊13－1，1985。

田中谦二、松浦章编：《文政九年远州漂着得泰船资料》，《江户时代漂着唐船资料集》二，关西大学东西学术研究所资料集刊13－2，1986。

松浦章编：《宽政元年土佐漂着安利船资料》，《江户时代漂着唐船资料集》三，351－352页，关西大学东西学术研究所资料集刊13－3，1989。

薮田贯编：《宽政十二年远州漂着唐船万胜号资料》，《江户时代漂着唐船资料集》六，关西大学东西学术研究所资料集刊13－6，1997。

林鹅峰：《华夷变态》，东洋文库丛刊第十五，东京：东方书店，1981再版。

《学びの世界——中国文化と日本》，京都大学综合博物馆，2002。

林基中编：《燕行录全集》，首尔：东国大学校韩国文学研究所，1992。

《燕行录选集》，首尔：成均馆大学校，1960。

影印标点《韩国文集丛刊》，首尔：韩国民族文化推进会影印本，1990—2001。

吴晗：《朝鲜李朝实录中的中国史料》，北京：中华书局，1980。

王圻编：《三才图会》，上海：上海古籍出版社影印本，1988。

王庸：《明代海防图籍录》，收入《中国地理图籍丛考》，上海：商务印书馆，1947，1956。

北京图书馆善本特藏部编：《舆图要录：北京图书馆6827种中外文古旧地图目录》，北京：北京图书馆出版社，1997。

曹婉如等编：《中国古代地图集》，北京：文物出版社，1990—1998。

菲利普·艾伦（Phillip Allen）著，薛诗绮、张介眉译：《古地图集精选——透视地图艺术与世界观的发展》，台北：猫头鹰出版社，2001。

聂崇正主编：《清代宫廷绘画》（故宫博物院藏文物珍品全集），香港：商务印书馆，1996。

李化龙：《全海图注》，北京图书馆藏明万历十九年（1591）刊本。

周敏民编：《地图中国》，香港科技大学图书馆，2003。

《近世の京都图と世界图》，京都大学附属图书馆，2001。

庄吉发：《谢遂〈职贡图〉满文图说校注》，台北：故宫博物院，1989。

《海外遗珍（绘画）》，台北：故宫博物院，1985。

《故宫人物画选萃》，台北：故宫博物院，1976。

近人论著

A

艾尔曼(Benjamin Elman)著,赵刚译:《从理学到朴学》,南京:江苏人民出版社,1995。

艾瑞克·霍布斯邦(Eric Hobsbawm,一译霍布斯鲍姆)著,李金梅译:《民族与民族主义》,台北:麦田出版社,1997。

艾田蒲(Rene Etiemble)著,许钧、钱林森译:《中国之欧洲》,郑州:河南人民出版社,1992。

B

芭芭拉·塔克曼(Babara W.Tuchman)撰,梅寅生译:《从史著论史学》(*Practicing History*),台北:久大文化公司,1990。

班尼迪克·安德森(Benedict Anderson)撰,吴睿人译:《想象的共同体:民族主义的起源与散布》(*Imagined Communities: Reflections on the Origin and Spread of Nationalism*),台北:时报出版公司,1999。

坂野润治:《东洋盟主论と脱亚入欧论——明治中期アジア进出论の二类型》,载佐藤诚三郎等编:《近代日本の对外态度》,东京:东京大学出版会,1974。

贝德士(M.S.Bates)编:《西文东方学报论文举要》,南京:金陵大学中国文化研究所,1933。

贝塚茂树:《孙文と日本》, 东京: 讲谈社, 1967。

本山幸彦:《明治二十年代における政论に表现する国家主义》, 载坂田吉雄编:《明治前半期の国家主义》, 东京: 未来社, 1958。

彼得·李伯赓(Peter Riebergen)著, 赵复三译:《欧洲文化史》(*Europe A Cultural History*), 香港: 明报出版社, 2003。

滨下武志著, 朱荫贵等译:《近代中国的国际契机——朝贡贸易体系与近代亚洲经济圈》, 北京: 中国社会科学出版社, 1999。

伯希和撰, 冯承钧译:《四天子说》, 载《西域南海史地考证译丛》第三编, 北京: 商务印书馆重印本第一卷, 1995。

伯希和撰, 王国维译:《近日东方古言语学及史学上之发明与其结论》, 载《北京大学国学季刊》第一卷第一号。

C

《蔡松坡年谱》,《蔡松坡先生遗集》附录, 台北: 文星书店, 1962。

陈家秀:《区域研究与社会经济史之关联——探讨宋代成都府路》, 台湾大学历史研究所博士论文, 1993。

陈尚胜等著:《朝鲜王朝(1392—1910)对华观的演变——〈朝天录〉和〈燕行录〉初探》, 济南: 山东大学出版社, 1999。

陈学霖:《宋史论集》, 台北: 东大图书公司, 1993。

陈寅恪:《金明馆丛稿二编》, 北京: 三联书店, 2001。

陈寅恪:《陈寅恪文集·诗集》, 北京: 三联书店, 2001。

陈寅恪:《寒柳堂集》, 北京: 三联书店, 2001。

陈垣:《中国现代学术经典·陈垣卷》, 石家庄: 河北教育出版社, 1996。

陈垣:《明季滇黔佛教考(外宗教史论著八种)》, 石家庄: 河北教育出版社, 2000。

陈垣:《火祆教入中国考》、《摩尼教入中国考》、《摩尼教残经》一、二, 分见《北京大学国学季刊》第一卷第一号, 第二号, 第三号, 1923年1月, 4月, 7月。

Colin Mackerras: *Western Images of China*, Oxford University Press, 1989.

D

Diana Lary ed. *The Chinese State at the Borders*, University of British Columbia Press, 2007.

丁文江:《中央研究院的使命》, 载《东方杂志》第三十二卷第二号。

渡边浩:《中国与日本人的"日本"观》(打印本), 中国社会科学院日本研究所主办国际研讨会论文, 2002年9月7日。

渡边浩:《日本德川时代初期朱子学的蜕变》, 载《史学评论》第五期。

杜维运:《屠寄传》, 载《历史的两个境界》, 台北: 东大图书公司, 1995。

杜赞奇(Prasenjit Duara)撰, 王宪明译:《从民族国家拯救历史——民族主义话语与中国现代史研究》(*Rescuing History from the Nation,Questioning Narratives of Modern China*), 北京: 社会科学文献出版社, 2003。

杜正胜:《新史学之路——兼论台湾五十年来的史学发展》, 载《新史学》第十三卷第三期。

杜正胜:《中国古代社会多元性与一统化的激荡——特从政治与文化的交涉论》, 载《新史学》第十一卷第二期。

杜正胜:《旧传统与新典范》, 载《庆祝中研院历史语言研究所成立七十五周年演讲会文集》, 台北: 中研院历史语言研究所, 2003年12月22日。

E

Edward Soja: *Postmodern Geographies: The Reassertion of Space in Critical Social Theory*, London, Verso, 1989.

Evelyn S.Rawski（罗友枝）: *The Last Emperors: A Social History of Qing Imperial Institutions*, Berkeley:University of California Press,1998.

Evelyn S.Rawski（罗友枝）: "Presidential Address: Reenvisioning the Qing: The Significance of the Qing Period in Chinese History", *The Journal of Asian Studies*,55,No.4(Nov.1996).

F

方豪:《清代禁抑天主教所受日本之影响》, 收入《方豪文录》, 北平上智编译馆, 1948。

费赖之编, 冯承钧译:《在华耶稣会士列传及书目》, 北京: 中华书局, 1995。

冯承钧译:《西域南海史地考证译丛》, 北京: 商务印书馆, 1999。

冯客（Frank Dikotter）撰, 杨立华译:《近代中国之种族观念》（*The Discourse of Race in Modern China*）, 南京: 江苏人民出版社, 1999。

福柯（Michel Foucault）撰, 严锋译:《权力的眼睛》, 上海: 上海人民出版社, 1997。

傅乐成:《汉唐史论集》, 台北: 联经出版事业公司, 1977, 1995。

傅乐成:《傅孟真先生年谱》, 台北: 传记文学社刊行, 1964。

傅斯年:《历史语言研究所工作之旨趣》, 载《历史语言研究所集刊》第一本第一分, 1928。

傅斯年:《东北史纲》, 中研院历史语言研究所, 1932。

福泽谕吉:《福泽谕吉全集》, 东京: 岩波书店, 1959。

G

冈仓天心:《东洋の理想》,载龟井胜一郎、宫川寅雄编:《冈仓天心集》,东京:筑摩书房,1968。

高桥正:《混一疆理历代国都之图再考》,载《龙谷史坛》第56、57合刊号(1966)。

高桥正:《混一疆理历代国都之图续考》,载《龙谷大学论集》第400、401合并号(1973)。

葛兆光:《七世纪至十九世纪中国的知识、思想与信仰——中国思想史》第二卷,上海:复旦大学出版社,2000。

葛兆光:《古地图与思想史》,载《二十一世纪》2000年10月号。

葛兆光:《互为背景与资源——以近代中日韩佛教史为例》,载《中国典籍与文化论丛》第七辑(2002)。

葛兆光:《葛兆光自选集》,桂林:广西师范大学出版社,1997。

葛兆光:《邻居家的陌生人——清中叶朝鲜使者眼中北京的西洋传教士》,载《中国文化研究》2006年第3期。

葛兆光:《十九世纪初叶面对西洋宗教的朝鲜、日本与中国——以"黄嗣永帛书"为中心》,载《复旦学报》2009年第3期。

宫纪子:《モンゴル帝国が生んだ世界图》,东京:日本经济新闻出版社,2007。

宫崎市定:《自跋集:东洋史学七十年》,东京:岩波书店,1996。

宫崎市定:《日本古代》,收入《宫崎市定全集》,东京:岩波书店,1992。

宫崎市定:《中国周边史总论》,载《宫崎市定全集》,东京:岩波书店,1992。

宫崎市定:《东洋のルネッサンスと西洋のルネッサンス》,载《宫崎市定全集》,东京:岩波书店,1992(中译本《东方的文艺复兴和西方的文艺复兴》,载中国科学院历史研究所编译组译:《宫崎市定论文选集》下卷,北京:商务印书馆,1965。

龚予等编:《中国历代贡品大观》, 上海: 上海社会科学院出版社, 1992。

沟口雄三、濱下武志、平石直昭和宫岛博史编:《アジアから考ぇる》, 东京: 东京大学出版会, 1993—1994。

古屋哲夫:《近代日本のアジア认识》, 东京: 绿荫书房, 1996。

桂岛宣弘:《思想史の十九世纪: 他者としての德川日本》, 东京: ぺりかん社, 1999。

郭丽萍:《绝域与绝学》, 北京: 三联书店, 2007。

H

鹤见祐辅著, 一海知义校订:《后藤新平》, 东京: 藤原书店, 2005。

海野一隆著, 王妙发译:《地图的文化史》, 香港: 中华书局, 2002。

海野一隆:《地图に见る日本: 倭国、ジパング、大日本》, 东京: 大修馆书店, 1999。

和田清:《东亚史论薮》, 东京: 生活社, 1942。

贺昌群:《贺昌群文集》, 北京: 商务印书馆, 2003。

黑住真:《日本思想とその研究——中国认识をめぐって》, 载《中国—社会と文化》第十一号, 东京大学, 1996。

黄现璠:《宋代太学生救国运动》, 上海: 商务印书馆, 1936。

荒野泰典、石井正敏、村井章介编:《アジアのなかの日本史》, 东京: 东京大学出版会, 1992。

荒野泰典:《近世日本と东アジア》, 东京: 东京大学出版会, 1988, 1992。

J

J.B.Harley, David Woodward ed: *The History of Cartography*, Vol.2, Book.2: *Cartography in the Traditional East and Southeast Asian Societies*, The University of Chicago Press, 1994.

吉川幸次郎编:《东洋学の创始者たち》, 东京: 讲谈社, 1976。

江上波夫编:《东洋学の系谱(1)》, 东京: 大修馆书店, 1992。

今西龙:《朝鲜古史の研究》, 东京: 国书刊行会, 1970。

今崛诚二:《北京の学界それから》, 载《东洋史研究》第八卷五—六号。

酒田正敏:《近代日本にぉける对外硬运动の研究》, 东京: 东京大学出版会, 1978。

K

康纳顿(Paul Connerton)著, 纳日碧力戈译:《社会如何记忆》(*How Societies Remember*? Cambridge University Press,1989), 上海: 上海人民出版社, 2000。

柯能(Victor G. Kiernan)撰, 陈正国译:《人类的主人: 欧洲帝国时期对其他文化的态度》(*The Lords of Human Kind: European Attitudes to Other Culture in the Imperial Age*), 台北: 麦田出版, 2001。

L

拉铁摩尔(Owen Lattimore)著, 唐晓峰译:《中国的亚洲内陆边疆》, 南京: 江苏人民出版社, 2005。

李济:《感旧录》, 台北: 传记文学社, 1967。

李明仁:《中国史上的征服王朝理论》, 台湾历史学会编《认识中国史论文集》, 台北: 稻乡出版社, 2000。

利奇温著, 朱杰勤译:《十八世纪中国与欧洲文化的接触》, 北京: 商务印书馆, 1991。

梁庚尧:《南宋城市的社会结构》(上), 载《大陆杂志》第八十一卷第四期。

梁庚尧:《南宋的社仓》, 载《史学评论》第四期, 台北: 华世出版社, 1982。

梁启超:《亚洲地理大势论》,《新民丛报》(影印本)第四号,1902年3月。

梁启超:《梁启超全集》,北京出版社,1999。

烈维(S.Levi)撰,冯承钧译:《大藏方等部之西域佛教史料》,载《西域南海史地考证译丛》第九编,北京:商务印书馆重印本第二卷,1995。

列文森(Joseph R. Levenson)著,郑大华译:《儒教中国及其现代命运》,北京:中国社会科学出版社,2000。

林俊宏:《朱舜水在日本的活动及其贡献研究》,台北:秀威资讯科技出版,2004。

林悟殊:《摩尼教研究之展望》,载《新史学》第七卷第一期。

刘为:《清代中朝使者往来研究》,哈尔滨:黑龙江教育出版社,2002。

刘子健:《两宋史研究汇编》,台北:联经出版事业公司,1987。

柳诒徵:《中国文化史》下册,上海:东方出版中心,1996。

罗兰·巴特(Roland Barthes)撰,孙乃修译:《符号禅意东洋风》,香港:商务印书馆,1992。

罗志田:《民族主义与近代中国思想》,台北:东大图书公司,1998。

吕春盛:《关于大陆学界"历史上的中国"概念之讨论》,载《台湾历史学会通讯》第二期。

M

马建春:《元代东传回回地理学考述》,载《回族研究》2002年第1期。

玛利亚·露西亚·帕拉蕾丝—伯克编,彭刚译:《新史学:自白与对话》,北京:北京大学出版社,2006。

茂木敏夫:《清末における"中国"の创出と日本》,载《中国—社会と文化》第四号。

孟席斯(Gavin Menzies)撰,鲍家庆译:《1421——中国发现世界》(*1421: The Year China Discovered the World*),台北:远流公司,2003。

弥永信美:《幻想の东洋》,东京:青土社,1987。

莫东寅:《汉学发达史》,北平文化出版社,1949;上海:上海书店重印本,1989。

末木文美士:《"连带"か"侵略"か——大川周明と日本のアジア主义》,载末木文美士、中岛隆博编:《非·西欧の视座》,东京:大明堂,2001。

Morris Rossabi ed: *China among Equals: The Middle Kingdom and Its Neighbors, 10th –14th Centuries*, University of California Press, Berkeley, 1983.

N

Nicolas Standaert: "Ritual Dances and Their Visual Representations in the Ming and the Qing", *The East Asian Library Journal* (Princeton Univ.) XII,1 (Spring 2006).

鸟井裕美子:《近世日本のアジア认识》,载沟口雄三等编:《交错するアジア》,东京:东京大学出版会,1993。

P

Pataricia Buckley Ebrey: *Confucianism and Family Rituals in Imperial China*, New Jersey : Princeton University Press, 1991.

Peter K.Bol(包弼德):"The Multiple Layers of the Local: A Geographical Approach to Defining the Local",第九届"中华文明的二十一世纪新意义"学术研讨会论文,上海:复旦大学,2004年4月8日。

平石直昭:《近代日本の"アジア主义"》,载沟口雄三、滨下武志、平石直昭和

S

萨义德（Edward W. Said）著，王宇根译：《东方学》（*Orientalism*），北京：三联书店，1999。

杉山正明：《モンゴル帝国と大元ウルス》，京都：京都大学出版会，东洋史研究丛刊之六十五，2004。

山内弘一：《洪大容の华夷观について》，载《朝鲜学报》第一百五十九辑。

桑兵：《国学与汉学》，杭州：浙江人民出版社，1999。

桑原骘藏：《支那学研究者の任务》，载《桑原骘藏全集》第一卷，东京：岩波书店，1968。

申叔：《亚洲现势论》，载《天义》第11、12卷合册，1907年11月30日。

施坚雅（G. William Skinner）编，叶光庭等译：《中华帝国晚期的城市》，北京：中华书局，2000。

史景迁（Jonathan D.Spence）撰，阮叔梅译：《大汗之国——西方眼中的中国》（*The Chan's Great Continent : China in Western Minds*），台北：商务印书馆，2000。

市古宙三：《近代日本の大陆发展》，东京：萤雪书院，1941。

石田干之助：《欧人の支那研究》（现代史学大系第八卷），东京：共立社，1932。

矢野仁一：《近代支那论》，东京：弘文堂书房，1923。

矢野仁一：《大东亚史の构想》，东京：目黑书店，1944。

松村润：《白鸟库吉》，载江上波夫编：《东洋学の系谱（1）》，东京：大修馆书店，1992。

宋荣培：《韩国儒学近百年の概况》，载《中国—社会と文化》第十四号，东京大学，1999。

宋恕：《宋恕集》，北京：中华书局，1993。

孙宝瑄:《忘山庐日记》,上海:上海古籍出版社,1983。

孙中山:《孙中山全集》,北京:中华书局,1984。

T

台湾历史学会编:《认识中国史论文集》,台北:稻乡出版社,2000。

谭其骧:《两千一百多年前的一幅地图》,载《马王堆汉墓研究》,长沙:湖南人民出版社,1979。

汤开建:《中国现存最早的欧洲人形象资料——东夷图像》,载《故宫博物院院刊》(北京:故宫博物院)2001年第1期。

陶英惠:《抗战前十年的学术研究》,载《抗战前十年国家建设研讨会论文集》上册,台北:中研院近代史研究所,1985。

陶晋生:《宋辽关系史研究》,台北:联经出版事业公司,1983。

桃木至朗:《"中国化"と"脱中国化"——地域世界の中のベトナム民族形成史》,载大峰显等编《地域のロゴス》,东京:世界思想社,1993。

田中正美:《那珂通世》,载江上波夫编《东洋学の系谱(1)》,东京:大修书店,1992。

V

V.H. Mair: "Old Sinitic Myag, Old Persian Magus and English 'Magian'", *Early China*, Vol.15, 1990.

W

丸山真男著,区建英译:《福泽谕吉与日本近代化》,上海:学林出版社,1992。

王代功:《清王湘绮先生阊运年谱》,台北:商务印书馆,1978。

王汎森辑:《史语所藏胡适与傅斯年来往函札》,载《大陆杂志》第九十三宫岛博史合编:《近代化像》,东京:东京大学出版会,1994。

Ping-ti Ho(何炳棣):“The Significance of The Ch’ ing Period in Chinese History”, Journal of Asian Studies, 26, No.2(1967), PP.189–195.

Ping-ti Ho:“In Defense of Sinicization: A Rebuttal of Evelyn Rawski’ s Reenvisioning the Qing”, Journal of Asian Studies,57, No.1, (1998),PP.123–155;中文本,《捍卫汉化:驳伊芙琳·罗斯基之〈再观清代〉》,载《清史研究》2000年第3期。

浦川和三郎:《朝鲜殉教史》,东京:国书刊行会,1973。

Q

钱穆:《中国文化史导论(修订本)》,北京:商务印书馆,1994。

秦永章:《日本涉藏史——近代日本与中国西藏》,北京:中国藏学出版社,2005。

R

饶宗颐:《中国史学上之正统论》,上海:远东出版社,1996。

Richard J.Smith(司马富):*Chinese Maps*, Hongkong : Oxford University Press, 2000.

任达(Douglas R. Reynolds)著,李仲贤译:《新政革命与日本—— 中国,1898—1912》(*China, 1898–1912: The Xinzheng Revolution and Japan*),南京:江苏人民出版社,1998。

Robert Hartwel(郝若贝):“Demographic, Political and Social Transformation of China 750–1550”; HJAS, 42(1982), PP.355–442.

卷第三期。

王遽常:《沈寐叟先生年谱》,台北:商务印书馆,1977。

王赓武:《王赓武自选集》,上海:上海教育出版社,2002。

王国维:《观堂集林》,《民国丛书》第四编第93种。

王国维:《东洋史要序》,《东洋史要》卷首,上海:东文学社,1899。

王柯:《日本侵华战争与“回教工作”》,载《历史研究》2009年第5期。

王謇:《宋平江城坊考》,南京:江苏古籍出版社,1999。

汪前进、胡启松、刘若芳:《绢本彩绘大明混一图研究》,载《中国古代地图集(明代)》,北京:文物出版社,1997。

王晴佳:《台湾史学五十年》,台北:麦田出版社,2002。

汪荣祖:《太炎与日本》,载《章太炎研究》,台北:李敖出版社,1991。

王晓秋:《近代中日关系史研究》,北京:中国社会科学出版社,1997。

王毅:《皇家亚洲文会北中国支会研究》,上海:上海书店出版社,2005。

王庸:《中国地理学史》,上海:商务印书馆,1938。

王志弘:《后现代的空间思考——爱德华·索雅思想评介》,载《流动、空间与社会》,台北:田园城市文化事业有限公司,1998。

魏而思(John E.Wills)撰,宋伟航译:《1688》(*1688 : A Global History*),台北:大块文化,2001。

韦思谛(Stephen Averill)撰,吴喆、孙慧敏译:《中国与“非西方”世界的历史研究之若干新趋势》,载《新史学》第十一卷第三期,台北,2000。

五井直弘著,姜镇庆、李德龙译:《中国古代史论稿》,北京:北京大学出版社,2001。

武田清子:《国家、アジア、キリスト教》,收入《正统と异端の“ぁぃだ”》,东京:东京大学出版会,1976。

X

西川长夫:《国民国家论の射程》, 东京: 柏书房, 1998。

西嶋定生:《日本の国际环境》, 东京: 东京大学出版会, 1985。

西嶋定生:《中国古代国家と东アジア世界》, 东京: 东京大学出版会, 1983。

小仓芳彦:《日本にぉける东洋史学の发达》, 载《小仓芳彦著作集Ⅱ》, 东京: 论创社, 2003。

小岛毅:《东亚的海域交流与日本传统文化的形成——以宁波为焦点开创跨学科研究》, 日本文部省科学研究费平成十七年度特定领域研究申请书(未刊), 2004年11月。

小路田泰直:《日本史の思想: アジア主义と日本主义の相克》, 东京: 柏书房, 1997。

萧启庆:《元朝的统一与统合——以汉地、江南为中心》, 载《中国历史上的分与合学术研讨会论文集》, 台北: 联经出版事业公司, 1995。

信夫清三郎著, 周启乾译:《日本近代政治史》, 台北: 桂冠图书公司, 1990。

邢义田:《古代中国及欧亚文献、图像与考古资料中的"胡人"外貌》, 未刊打印稿。

薛福成:《薛福成选集》, 上海: 上海人民出版社, 1987。

许倬云:《寻索中国历史发展的轨迹》, 载《江渚候潮汐》(一), 台北: 三民书局, 2004。

Y

严绍璗:《二十世纪日本人的中国观》, 载《日本学》第三辑。

杨志玖:《元代西域人的华化与儒学》, 载《中国文化研究集刊》第四辑, 上海: 复旦大学出版社, 1987; 收入《陋室文存》, 北京: 中华书局, 2002。

姚大力：《中国历史上的民族关系与国家认同》，载《中国学术》总第十二辑，北京：商务印书馆，2002。

野原四郎：《大アジア主义》，载《アジア历史事典》第六卷，东京：平凡社，第七版，1971。

伊藤之雄：《日清战前の中国・朝鲜认识の形成と外交论》，载古屋哲夫编：《近代日本のアジア认识》，东京：绿荫书房， 1996。

伊原弘、小岛毅编：《知识人の诸相——中国宋代を基点として》，东京：勉诚出版社，2001。

《异民族の支那统治史》，东京：大日本雄辩会讲谈社，1944—1945。

羽田亨：《白鸟库吉の思出》，载《东洋史研究》第七卷第二、三号。

羽田亨：《挽近における东洋史学の进步》，收入《羽田博士史学论文集》，京都：同朋舍，1957，1975。

余英时：《学术思想史的创建及流变》，载《古今论衡》第三辑。

Z

张广达：《文书、典籍与西域史地》，桂林：广西师范大学出版社，2008。

张光直：《中国青铜时代》，北京：三联书店，1999。

张启雄：《中华世界帝国与近代中日纷争》，载蒋永敬等编：《近百年中日关系论文集》，新店：中华民国史料研究中心，1992。

赵矢元：《孙中山的大亚洲主义与日本的大亚洲主义》，载《中日关系史论文集》，哈尔滨：黑龙江人民出版社，1984。

织田武雄：《地图の历史——世界篇》，东京：讲谈社，1974。

芝原拓自：《对外观とナショナリスム》，载芝原拓自、猪饲隆明、池田正博编：《对外观・日本近代思想大系12》，东京：岩波书店，1996。

郑孝胥：《郑孝胥日记》，北京：中华书局，1993。

中见立夫：《元朝秘史渡来のころ》，载《东アジア文化交涉研究（别册4）》，关西大学文化交涉学教育研究据点，2009年3月。

中见立夫：《日本の东洋史黎明期にぉける史料への探求》，载《清朝と东アジア·神田信夫先生古稀纪念论集》，东京：山川出版社，1992。

中野正刚：《我が观たる满鲜》，东京：政教社，1915。

周佳荣：《近代中国的亚洲观》，载郑宇硕主编：《中国与亚洲》，香港：商务印书馆，1990。

周质平：《胡适笔下的日本》，载《胡适丛论》，台北：三民书局，1992。

竹内好编：《アジア主义》，《近代日本思想大系》第9种，东京：筑摩书房，1963。

朱瑞熙等：《辽宋西夏金社会生活史》，北京：中国社会科学出版社，1998。

子安宣邦：《日本近代思想批判——国知の成立》，东京：岩波书店，2003。

后　记

这篇后记里是一些必要的说明和感谢。

本书中的各章大都曾以单篇论文的方式在刊物上发表过。其中最早的是写于2002年年初的《想象的和实际的：谁认同"亚洲"？》，最晚的一篇是2009年年末写成的《边关何处？》，前后差不多经历了八年时间。其中，《绪说：重建关于"中国"的历史论述》曾经有一个删节本发表在《二十一世纪》2005年8月号（总第九十期，香港中文大学），第一章《"中国"意识在宋代的凸显》发表在《文史哲》2004年第1期，第二章《山海经、职贡图和旅行记中的异域记忆》收录在《明代文学与思想中的主体意识》（台湾中研院文哲所，2003），第三章《作为思想史的古舆图》则综合了我历年来从思想史角度研究古地图的论文，发表于《东亚历史上的天下与中国观念》（台大出版中心，2007），而附录《谜一样的古地图》，则有一个删去了所有注释的文本，发表在2008年7月31日的《南方周末》"文化版"。第四章《西方与东方，或者是东方与东方》，发表在《九州学林》（香港城市大学出版社，2005）第三卷第二期，第五章即前面提到的《想象的和实际的：谁认同"亚洲"？》，发表在《台大历史学报》第30期上，第六章《国家与历史之间》

发表于《中国社会科学》2009年第5期，第七章《边关何处？》写得最晚，将发表在《复旦学报》2010年第3期，而第八章《从“西域”到“东海”》，则是一个会议发言，已刊于《文史哲》2010年第1期。至于最后一篇《结论：预流、立场与方法》，原来是我为复旦大学文史研究院成立典礼而写的报告稿，有一个删节本发表在《复旦学报》2007年第2期上。我要感谢这些学术刊物发表我的论文，也感谢他们允许我把它们编辑成书。需要说明的是，因为这些章节原来是以单篇论文形式在各刊物上发表的，各篇之间不免有重复杂沓、不相照应的地方，因此，我在编入此书时，尽可能地作了一些整理、补充或删节，或许已经和原来的文字有所不同。

我还必须在这里表示我对朋友和同事的谢意。在写作这本书的过程中，我的想法直接得到了很多学界师友的启发，这里不仅有余英时先生、林毓生先生、张灏先生和已故的王元化先生等长辈，也有同辈学人北京大学的罗志田教授，复旦大学的周振鹤教授，台湾大学的古伟瀛和甘怀真教授，日本东京大学的渡边浩、末木文美士、羽田正、尾崎文昭教授，京都大学的夫马进、平田昌司、杉山正明教授，香港城市大学的张隆溪、郑培凯教授，台湾中研院的王汎森、邢义田、李孝悌教授，美国普林斯顿大学的艾尔曼（Benjamin A.Elman）教授。这几年也得到了很多年轻朋友的帮助，他们是孙卫国、杨俊峰、林韵柔、土屋太祐等，特别是复旦大学的张佳，本书的一些工作如编制引用书目等，就是他代劳的。

我还要感谢戴燕，几乎每一个想法的形成和落实，都曾出现在和她每天的交谈中，作为同学和同行，她的评论和意见对我至关重要，而且总能给我信心。

葛兆光

2010年4月

于美国普林斯顿大学